AI時代のマインドセット

The New Automation Mindset
The Leadership Blueprint for the Era of AI-For-All

ビジネスの調和を生み出すオーケストレーション

ビジェイ・テラ／
スコット・ブリンカー／
マッシモ・ペッツィーニ [著]

ダイヤモンド社

「AI時代のマインドセット」に対する推薦の言葉

「経営が求める変革のスピードに応じたDX推進のためには、スピード＆アジリティが極めて重要であることが強調されています。また、IT部門や従業員のマインドセットの変革が必要であることが説得力を持って語られています。DXの成功を目指す企業のリーダーや担当者に対して、貴重なインサイトを提供してくれる一冊です。」
── **メルカリ 執行役員CIO 進谷浩明氏**

「AIドリブンカンパニーに向かうには、アジャイルにつながる必要がある。」
── **横河電機 執行役常務（CIO）兼デジタル戦略本部長 舩生幸宏氏**

「ITの幹部がこのような素晴らしい作品を受け取ったのは数十年ぶりです。生成AIによって定義されたこの時代に、これ以上必要な作品はありません。ビジェイの考え方は素晴らしいです。彼は個人やチームが現代の時代に勝つためにどのように運営すべきかを正確に説明しています。それは明確で、理解しやすく、シンプルな言葉で表現されています。『AI時代のマインドセット』は「必読」です。明日ではなく、来週ではなく、今すぐ手に取り、開いてみてください。あなたのキャリアは必ず変わります。」
── **ネーラジ・アグラワル、バッテリー・ベンチャーズのゼネラルパートナー**

「未来に繁栄するために、あらゆる組織が積極的な自動化の考え方を持つことが重要です。この本は、CIOに対して、この考え方をどのように身につけるかだけではなく、組織全体にそれをデモクライズする方法についての実践的なガイダンスを提供しています。」
— **ポディウムのIT担当SVP、ノニ・アズハール**

「ビジェイ・テラほど企業ミドルウェアにおいて影響力のある道のりを歩いた人はいません。この本で彼がその秘訣を共有してくれることは非常にラッキーです。もし課題を乗り越え、生成AIを最大限に活用して堅牢な会社を築きたいのであれば、The New Automation Mindsetがあなたのガイドになります。」
— **アミット・ベンドフ、GongのCEO**

「私はビジェイ・テラとは長年知り合いで、彼がこのような本を書くのをずっと待っていました。ビジェイはエンタープライズ統合(Enterprise Integration)とAIの状況、そしてこれらがいろいろな業界のデジタル変革に果たす役割について、最も総合的でありながら簡潔な理解を持っています。過去20年間で最も変革的なミドルウェア企業を振り返ると、ビジェイがそれらに重要な役割を果たしていたことがわかります。統合と自動化市場はAIによって覆い尽くされるでしょうが、新しい自動化のマインドセットを活用する企業が勝ち残り、関連性を保つことができるでしょう。この市場には多くの騒音とハイプが存在する中、この本は解明するための真摯な努力です。私は今後数年間、この本を何度も参照するでしょう。」
— **アナンド・ビルジェ、エンコラのCEO、元デジタルビジネスサービス、HCL部門の社長**

「ビジェイ・テラは、過去10年間で最も影響力のある統合と自動化の先駆者の一人であることは間違いありません。Tibco、Oracle Fusion Middleware、そして現在のWorkatoを通じて、ビジェイはトレンドの数年先を見ていました。『AI時代のマインドセット』は、新しい時代に勝つために生成AIとLowコードの自動化を活用したい企業にとっての基礎となる書籍です。」
— Andrew Chen、Andreesen Horowitzのゼネラルパートナー、「The Cold Start Problem」の著者

「『AI時代のマインドセット』は、企業がこれまでの自動化のやり方から抜け出し、本当のビジネス適応性を備えた変革の早道に進むための重要な考え方の集まりです。」
— **アーサー・フー、レノボのグローバルCIO**

「自動化ソフトウェアに関する本はたくさんありますが、『AI時代のマインドセット』ほど洞察力と実践的なアドバイスを提供しているものはありません。それは、ビジェイのミドルウェア領域での豊富な経験によるものであり、この本から明確に表れています。これは、すべてのCIOが読むべき本です。」
— **キム・ホフマン、NavanのCIO**

「自動化は最高のデジタル変革です。『AI時代のマインドセット』は、ビジネステクノロジーとITのすべての方にとって読むべき本です。この本では、企業全体の自動化戦略をコンセプトから具体的なビジネスの成果まで包括的にガイドし、スケールで推進する方法を紹介しています。」
— **ナターシャ・イラニ、ハシコープのITシニアディレクター**

「私は、ビジェイ・テラ以外に自動化技術の未来についてより上手に話せる起業家は知りません。もし、現在のリーダーまたは将来のリーダーで、先を見越したいのであれば、この本はあなたにぴったりです。この本は、次の10年間のビジネスにおける自動化の役割を包括的に見ることができます。」
— ショーン・ジェイコブソン、ノースウェスト・ベンチャー・パートナーズのパートナー

「ここ数年、ビジェイとWorkatoチームに触れる機会があり、彼らがプロスポーツの優勝チームやカルチャー構築においてどのように成功しているか、そしてテクノロジー業界でも同じように成功する方法に感動しました。システム思考、長期的なビジョンとプロセスへの信頼、避けられない課題を通じて組織を強化する文化、そして全員が関与することが、私たちのスポーツ界での基本的な原則でした。少数の選ばれた人だけでなく、全員が関与するアプローチは、報酬が増えるだけでなく、より強固で楽しいものです。これは成功を目指すビジネスリーダーのための本です。」
— ボブ・マイヤーズ、4回のNBA世界チャンピオン、ゴールデンステート・ウォリアーズの社長、2回のNBAエグゼクティブ・オブ・ザ・イヤーを受賞

「『AI時代のマインドセット』は、今のテクノロジーリーダーにとって一番大事な本です。実践的で現実的なアドバイスがいっぱいで、どんな技術者やビジネスエグゼクティブにも役立ちます。次の10年でビジネスを成功に導きたいなら、この本を読まないのは損ですよ。」
— アミット・ナイア、VituityのCIO

「AIは現在の景色の変化を加速させるでしょう。『AI時代のマインドセ

ット』は、読者をその革命の最前線に押し出す、本当に画期的な傑作です。この本は、AI、自動化、ローコード・テクノロジーの破壊的な力に深くかつ正確に立ち入ります。それはCIOや他のリーダーに効率、イノベーション、競争上の優位性を解き放つ力を与えます。BroadcomのCIOとしての任期中、私はこれらの利点を個人的に目の当たりにしました。自動化を新しいAI時代に活用する方法を再定義する、キャリアを変える旅に備えてください。」

― **Andy Nallappan, CTO, ソフトウェア開発とオペレーションズの取締役、ブロードコムオペレーションズ、ブロードコム**

「『AI時代のマインドセット』は、自動化の新しい時代を見据え、成功を目指すすべてのビジネスにとって必読の書です。この本は、企業の多岐にわたるニーズに対処するための包括的なガイドとして、自動化を取り上げています。自動化に関する戦略的思考から、適切なマインドセットと実践的な戦術へのアプローチ、ベストプラクティスの定義、そしてそれが企業全体でどのように組み合わさるかまで、すべてを網羅しています。」

― **スリデヴィ・パスマルティ、チェッカーのIT担当副社長**

「この重要なビジネスの時点で、エントロピー（無秩序）は敵となります。我々は大局観を持ち、堅固な戦略を描き、AI時代に参入する必要があります。『AI時代のマインドセット』は、今のテクノロジーリーダーが求める指針です。もしAIと自動化があなたのITとビジネス戦略の中心に位置しているなら、この本を読むことは不可欠です。」

― **ウェンディ・フェイファー、元CIO、NutanixおよびGoPro**

「ビジェイのオーケストレーション、プラスチシティ、民主化の組み

合わせの表現は、この新しいデジタル時代において、複雑なハイブリッド、オンプレミス/プライベートクラウド、SaaSアプリケーションの展開において、価値を解放するためのフライホイール効果を生み出します。」
— **ハリシュ・ラマニ、ヘレン・オブ・トロイの元CIO**

「ビジェイ・テラの豊富な経験が『AI時代のマインドセット』で光ります。彼は技術の深い理解を提供し、自動化と革新を進め、組織全体の効率向上とのつながりを専門的に説明しています。この本は自動化の基礎を理解するための素晴らしいリソースであり、自動化を導入しようとするプロフェッショナルにとって貴重なツールです。実践的な例や事例研究により、この本は将来の現実のシナリオに適用できる有用な参考資料となります」
— **AtlassianのITイノベーション部門の責任者、モヒット・ラオ**

「次の10年で成功するための戦略は、以前の時代に効果があった戦略とはまったく異なるものになるでしょう。AI時代のマインドセットは、新しい時代で私たちの会社を位置づけるために必読です。」
— **ダン・ロジャース、LaunchDarklyのCEO（また、Rubrikの元社長、ServiceNowおよびSymantecのCMO）**

この本は、自社の内部業務を変革するリーダーシップの役割を求めるすべてのCIOに読まれるべきです。ビジェイのWorkatoチームは、統合と自動化の市場を新たな自動化の時代に導いています。彼の本は単なるテクノロジーの宣言ではなく、将来の世界クラスの企業を構築するための設計図です。
— **Mark Settle, 7回のCIOおよび「Truth from the Trenches: A Practical Guide to the Art of IT Management」と「Truth from**

the Valley: A Practical Primer on Future IT Management Trends」の著者

「次の10年間で、すべての組織は、人々が行う仕事に自動化とAIがますます加わることにより、仕事の進め方を大幅に再構築することに取り組むことになります。この本は、成功する人々や企業と、遅れをとる人々や企業を分けるための3つの重要なマインドセット（適応性、システム思考、エンパワーメント）を説明することに優れています。この変革の最前線にいたい人々にとって、必読の一冊です。」
— **テッド・シェルトン、ベイン・アンド・カンパニーのパートナー**

「テクノロジーと変革が急速に進む中、この本はマネージャーにとって、自動化の力を最大限に引き出すための必須のガイドとなります。あらゆるビジネスのケースに影響し、あらゆるリーダーが戦略を検討する必要があります。視点を変える準備をしましょう！」
— **ゲーリー・サービス、インサイト・パートナーズのオペレーティング・パートナー**

「ビジェイ・テラは新しい技術を企業の日常業務に成功裏に組み込んできたリーダーです。20年以上にわたり、彼はシリコンバレーで多くの人々から信頼されるパートナーとなっています。この本では、ビジェイが私たちを近い未来に案内します。そこでは、最高のテクノロジーが組み合わさり、自動化を通じて地球のITアーキテクチャーの基盤になるでしょう。」
— **エリック・タン、Flock SecurityのCIOであり、かつてCoupaのCIOでもあった。**

「私たちは、単なる業務効率化を超えた自動化の時代に入りました。この新しい本『AI時代のマインドセット』は、リーダーに自動化を実現するために必要な要素を示しています。それは、プロセス、成長、スケールの複数の次元での自動化です。さらに、著者たちは、人間が機械のスケールで活躍する方法も示しています。」
―「Disrupting Digital Business」と「Everybody Wants to Rule the World」のベストセラーを持つConstellation Research, Inc.のCEOであるR "Ray" Wang氏

『AI時代のマインドセット』は、一般的な経営コンサルティングガイドやIT関連の職種向けの本以上のものです。ベンチャーキャピタリストからCEO、将来のリーダーまで、誰にでも読んでいただきたいです。この本は、彼らの会社で可能なことについて、まったく新しいビジョンを与えます。成長、スケール、プロセスの3つの要素は、成功するすべての企業の新しい要素です。
― **ブライアン・ワイズ、6SenseのCIOであり、GitLab, Snowflake, とDocuSignの元IT副社長**

『AI時代のマインドセット』は、AIと自動化が会社の未来にどれだけ重要かを理解しているすべてのリーダーにとって必読の書です。私はビジェイ・テラと数年間の知り合いであり、彼が自動化の文化を築くための知識から、どのプロセスをどのように自動化するかまで、多くを共有していることに興奮しています。
― **ポーリン・ヤン、アルティメーター・キャピタルのパートナー**

AI時代のマインドセット

ビジネスの調和を生み出すオーケストレーション

ビジェイ・テラ

（共著者）

スコット・ブリンカーとマッシモ・ペッツィーニ

AI時代のマインドセット●目次　　　Contents

- 2 ｜ イントロダクション
- 14 ｜ まえがき
- 22 ｜ はじめに

37 第1部 ●新しい自動化のマインドセット　Part 1

- 38 ｜ 1. 自動化の新時代
- 48 ｜ 2. プロセスのマインドセット
- 62 ｜ 3. 成長のマインドセット
- 77 ｜ 4. スケールのマインドセット

91 第2部 ●アーキテクチャーの基盤　Part 2

- 92 ｜ 5. オーケストレーション
- 106 ｜ 6. 可塑性
- 123 ｜ 7. 民主化

137 第3部 ●世界クラスの自動化に向けた実践ガイド　Part 3

- 138 ｜ 8. オートメーションの旅をマスターする
- 147 ｜ 9. バックオフィス
- 164 ｜ 10. フロントオフィス

180	11. 従業員の体験
195	12. 顧客体験
207	13. サプライヤー業務
221	14. プラットフォーム駆動型のビジネス
235	15. 日本企業の事例(メルカリ、横河電機)

247 | 第4部 ●実現に向けて Part 4

248	16. 企業向け AI プラットフォーム
258	17. 自動化エコシステム
285	18. エンタープライズ・オーケストレーション
304	19. ザ・ニュー・オペレーティング・モデル
315	20. エンタープライズの未来
324	21. 新しいキャリアの道

336	Appendix 付録 A：Key Roles for Democratization
342	謝辞
345	著者について

まえがき

　IT業界での45年以上の経験、そのうち25年はガートナーのアナリストとして過ごした私は、常に統合と自動化に興味を持っていました。数十年前、数日間の作業の末にオリベッティのシステムをIBMのメインフレームと接続できたとき、異なるシステムを連携させることが、部分の合計以上のビジネス上の利益をもたらすことに気付きました。その場合は、イタリアの地方公共機関が特に重要な業務プロセスを自動化するのを支援することでしたが、それ以来、世界中の何百、もしくは何千もの組織が、彼らにとって最適な方法を考案するのを手助けし、彼らの複雑な統合と自動化の問題を解決し、ビジネス価値を提供するお手伝いをしてきました。

　このトピックに集中していた私は、この分野のパイオニアの一人であるビジェイ・テラと交わることになりました。ガートナーのアナリストとして、私はTIBCO、Oracle、そして最近ではWorkatoにおけるビジェイの革新を見ていました。ビジェイの起業家精神、ビジネスの洞察力、業界へのビジョン、リーダーシップ、柔軟な考え方、そして抑制の非凡な組み合わせは、私が彼との関係を構築するのを非常に容易にしました。それはプロの尊重やITベンダーとアナリストのステレオタイプなラブ／ヘイトの関係を超えるもので、私たちは単なる同業者としてだけでなく、親しみを込めて互いを尊重し合っています。ビジェイと私は、統合と自動化以外にも共通の趣味があることも手伝っています：美味しい食べ物、上質なワイン、自転車、そして私の母国であるイタリアへの愛です。

　さらに、ビジェイと私はITの役割や性質に関する多くの視点で意見が一致しています。その多くはこの著作に反映されています。私たちが何十年も共有してきた本当に強い信念の1つは、現代のエンド・ツー・エンドの自動化モデルには統合が必要であるということです。自動化が目

標であり、統合が手段です。この本では、個々のタスクではなく、エンド・ツー・エンドのクロスファンクションプロセスを自動化することによって、自動化の動機、ドライバー、利点を最大限に活用する方法について、オリジナルの視点を提供します。

ますます多くのユーザー組織が自動化イニシアチブを動かし始めており、増え続けるプロバイダーが自らを自動化ベンダーと称しています。しかし、「自動化」という言葉は、「統合」とますます関連付けられるようになっています(私たちはそれがそうあるべきだと考えています)。

例えば、従来統合テクノロジー市場で確立されていたいくつかのベンダーは、統合＋自動化・プロバイダーとして再ポジショニングしています。では、オートメーション(自動化)とインテグレーション(統合)という概念について、どのように考えるべきでしょうか？また、この2つの分野は互いにどのように関係しているのでしょうか？私の見解では、答えはシンプルです：それらは単なる同じコインの二つの面に過ぎません。統合なしには自動化がなく、自動化は統合のビジネス成果です。

自動化とは何か？

ITにおいて、「自動化」は一般的に、ソフトウェア技術を使用して、ビジネスタスク(例えば、発注書を発行する)やビジネスプロセス(例えば、ローンの発行)を完了するために行われるべき、明確に定義された一連の条件に依存する手順を確立し、実行することを指します。自動化の目標は非常に直感的で、以下のようなものが含まれます：

- タスクやプロセスの実行時間を劇的に短縮すること
- 手作業を最小限に抑えること
- 手動のデータ再入力を排除することによる精度の向上
- トラッキングおよび全体のプロセス活動に関する報告。

したがって、ほとんどのITアプリケーションは自動化に関するものです。例えば、財務アプリケーションは、総勘定元帳、売掛金、買掛金、財務締めなどの業務プロセスを自動化することを目指しています。した

がって、組織が最初のコンピューターシステムやアプリケーションを購入して以来、自動化が行われていると言っても正当です。

このクラシックな形式の自動化は、通常、個々の組織単位（例えば、財務、人事、営業、調達、サプライチェーン、製造など）内で孤立し、広範なアプリケーションスイート（例えばERPやCRMスイート）を使用しています。しかし、長い間にわたり、組織はエンタープライズサービスバス(ESB)やデータの抽出、変換、ローディング(ETL)ツールなどの統合技術を使用して、異なるアプリケーション間でデータを同期させてきました。

組織の内部の隔たりを取り払い、クロスファンクショナルなビジネスプロセス（例えば、受注からキャッシュ（order to cash）、調達から支払い、採用から退職まで）を自動化する必要性は、新たなエンド・ツー・エンドの自動化アプローチにつながりました。このモデルによれば、アプリケーションポートフォリオをビジネス機能の最善の組み合わせのコレクションとして捉え、APIを公開し、外部のオーケストレーションレイヤーを介してオーケストレーションすることができます。これにより、より効果的で影響力のあるプロセスを定義し、実装することができます。

先進的な企業経営者は、複数のシステム（最近では「マシン」（3Dプリンター、ドローン、産業用ロボットなど）も含まれるようになってきている）のビジネス機能をオーケストレーションすることで、複雑で多くの場合機能間エンド・ツー・エンドのプロセスを迅速に自動化したいと考えています。また、新たな要件が出現した際には、これらのプロセスをアジャイルな方法で簡単かつ迅速に再構築、拡張、変更できるようにしたい。ローコード・オーケストレーション・ツールの使用が極めて重要な理由は、このような価値実現までの時間の短縮とビジネスのアジリティーの追求にあります。

ビジネスのアジリティーを重視するためには、自動化戦略はIT部門、ビジネスユーザー、そして潜在的にはビジネスパートナーにも、さまざまなチャネル(ウェブ、モバイル、ボット)を通じてこれらのプロセスに関与することを可能にする必要があります。

　これは、この本で議論されているオーケストレーション、プラスチシティ、およびデモクラタイズの概念を実現するための技術です。

統合とは何か？

　現代のエンド・ツー・エンドの自動化モデルでは、独立して設計されたシステムが協力して動作する必要があります。これは簡単な課題ではなく、これらのシステムは、構築方法、使用する技術、データ処理の仕方、およびそれらとの対話方法において一貫性がないことがよくあります。これらは異なるベンダーや開発チームによって、数年の間に、かつ事前の調整なしで開発されてきました。その結果、データモデル、外部インターフェース（APIまたはイベントのいずれか）、交換形式、通信プロトコル、技術プラットフォーム、さらにはデータセマンティクスさえも、しばしば大きく異なります。

　幸いなことに、市場には「独立して設計されたシステムを連携させる」という課題に対処するための技術、アーキテクチャー、および手法が存在します。これが一般的に「統合」と呼ばれるものです。統合技術は異なるシステムを接続し、データのセマンティクス、外部インターフェース、および通信プロトコルの違いを調整してデータのやり取りを可能にします。統合は、現代のクラウドベースのセールスマネジメントシステムが、例えば自動化されたエンド・ツー・エンドの発注からキャッシュまでのビジネスプロセスの中で、40年前のオンプレミスERPシステムとセールスデータをやり取りできるようにする魔法の要素です。

　したがって、現代のエンド・ツー・エンドの自動化モデルは、明示的

にも暗黙的にも、オーケストレーション能力を補完し支援する統合能力の使用を必要とします。

自動化戦略と密接に整合し、一貫性のある統合戦略がないと、自動化戦略は意味がありません。逆に、自動化のニーズをサポートするために設計されていない統合戦略は、不十分で不完全です。

したがって、組織の自動化と統合戦略は、同じコインの2つの側面として一緒に設計されるべきで、そのコインの名前は「企業の自動化」になります。

統一された企業の自動化戦略と異なる統合と自動化戦略のビジネス価値は、以下の点で評価される貴重なビジネスの利益につながります。

- コストを減らし、効率を向上させるために、プロセスを効率的にまとめ、手作業によるミスを最小限に抑え、人のリソースを単調で繰り返しの多い低付加価値な業務から解放します。
- ビジネスのアジリティーを向上させ、確立されたプロセスを段階的に再構築し拡張することが可能になり、価値を生み出すまでの時間を短縮すること。
- ビジネスの差別化は、「商品」としてのITシステムやデバイスを創造的に組み合わせて革新的な製品やサービスを実現することができるようにすること。

顧客や従業員の体験を向上させるため、ビジネスプロセスに対して統合された、一貫性のある、直感的で会話形式のUIを提供すること。

- リアルタイムのビジネスインサイトと状況認識の向上は、ビジネスイベントデータをリアルタイムで収集し、集計し、分析し、行動することによって実現されます。企業の自動化によるビジネス価値は、それ自体だけでなく、組み合わせた戦略の魅力的な要素でもあります。
- AIや高度な分析、デジタルトランスフォーメーション、API経済、ハイパーオートメーション、アプリケーションの近代化、クラウド

への移行、そしてコンポーザブル・エンタープライズ など、幅広い戦略的イニシアチブを可能にします。
- 技術、スキル、コストを最適化するために、自動化と統合の分野全体で共通の目標技術と手法を明確に定義し、複雑なシナリオに対処する能力を向上させ、技術とスキルの相乗効果を促進し、統合と自動化の取り組みの計画、管理、監視、ガバナンスがより簡単になります。

統一された戦略を実施する

統一された企業の自動化戦略に従って、統合と自動化のアプローチを整合させることは、あなたにとって簡単ではないかもしれません。通常、統合戦略はITが所有しており、一方で自動化戦略は、例えば財務や人事などのビジネスチームの責任かもしれません。これらを統一することは、摩擦、組織の抵抗、領土争いを引き起こす可能性があります。しかし、それは可能です。Atlassian、MGM、Kaiser Permanente、Adobe、HubSpotなどの多くの大規模な組織がその証拠です。

通常、統合と自動化の戦略を別々に進めると、異なる「エクセレンスセンター（CoE）」が設立されることがよくあります。したがって、統一の道のりの最初のステップは、統合と自動化のエクセレンスセンターを1つのエンタープライズ・オーケストレーションチームに統合することです。残念ながら、私の経験では、組織的、政治的、技術的な要因が、一元的なエンタープライズ・オーケストレーション戦略の構築を妨げる可能性があります。そのため、この統一に関する合意形成は成功のために重要です。これは簡単なことではなく、ビジネスリーダーからの賛同を得るための方法論的かつ慎重に考え抜かれたプロセスが必要です。このプロセスには以下のステップが含まれるべきです：

- ITとビジネスリーダーに自動化と統合は同じコインの2つの側面であるという考えを教えます。

- デモンストレーションを通じて、統合と自動化のスキルと技術を組み合わせることで、効果、コスト、価値の時間においてより良い結果を達成することを、実生活の優れたプロジェクトを通じて示します。
- 異なるチームを一緒に集め、ツールやアプローチを組み合わせてより強力なものを作る方法についてブレーンストーミングを行い、2つの分野間の技術とスキルの重複を減らすことでスケールメリット(規模の経済)を見つけてください。

決定的な統一への推進力は、企業の自動化における生成AIの利用による生産性の飛躍的な向上から生まれるでしょう。これにより、両分野の区別は事実上消えてしまいます。アイデアは、基本的にタスクやプロセスがどのように見えるかを自然言語で「説明」し、その後、生成的AI技術を使用してタスク/プロセス自体と必要な統合アーティファクトを実装することです。このアプローチは、開発者の生産性を劇的に向上させるだけでなく、企業の自動化をさらに民主化することにも貢献します。ITスタッフのサポートを必要とせず、最小限またはほとんどのトレーニングなしで、ビジネスパーソンはシステムに目指すビジネスの成果を伝えることでタスクやビジネスプロセスを自動化することができるようになります。彼らは自動化や統合の用語で考えるでしょうか？おそらくどちらでもありません。彼らは新しい統合アプローチが彼らに提供するビジネス価値に焦点を当てるだけです。

信じられないくらい良さそうじゃないですか？間違いなく、生成型AIはまだ初期段階にあります。企業の自動化をサポートするために使われることさえありません。セキュリティ、コンプライアンス、プライバシー、信頼性、信頼性、知的財産の問題が整理される必要があります。

しかし、最初のPOCは非常に非常に有望な予備結果をもたらしました。もし2、3年後に生成型AIが企業の自動化開発で最も人気のある手法になったとしても、私は驚きません。

新しいSaaS、クラウド、アプリの専門化の世界において、自動化の世界は、単一のドメイン活動からエンド・ツー・エンドのマルチシステムのビジネスプロセスへのシフトが必要とされてきました。このシフトにより、統合は望ましい成果を達成するために必要な中核能力となりました。一部の組織は、統合と自動化を別々の学問として無視し、見ないふりをすることを選択しています。これにより、同じ目標を達成しようとしている現場のチームに問題が生じますが、それぞれ異なる名前の下で行われています。統合と自動化の戦略を統一することで、次の数年間にわたって幅広いエンド・ツー・エンドのプロセス自動化のニーズに効果的かつ効率的に対応することができます。

　この本では、ビジネスおよびITリーダーがなぜ、そしてどのようにして企業自動化、AI、およびビジネスの未来について考えるべきかについて、実践的な洞察と貴重な例を見つけることができます。企業自動化は、あなたとあなたの組織がビジネスを維持するだけでなく、競争上の差別化を築くのに役立ちます。しかし、これには短期的なタスク最適化に焦点を当てたアプローチから、全体的で戦略的な、企業全体にわたる自動化のマインドセットへの根本的な転換が必要です。この本は、この旅をナビゲートするために必要なコンパスを提供することを目的としています。

マッシモ・ペッリーニ

はじめに

　AIは我々の経済に驚異的な影響を与えると期待されており、ゴールドマン・サックスによれば、年間1.5%の生産性向上をもたらすとされています。しかし、高い投資と話題にもかかわらず、デジタルトランスフォーメーションは企業の90%にとって失敗に終わっています。AIは救世主となるのでしょうか？ AI-for-allの時代ではないのでしょうか？

　はいと言えますし、いいえとも言えます。ビジネスの変革イニシアチブの多くは、技術に重点が置かれてきました。私たちは、変革に対する組織のマインドセットが常に重要であり、将来的にはさらに重要になると考えています。それは、AIをどのように適用するかを決定します。私たちはビジネスとプロセスを最初の原則から包括的に考えるか、既存のプラクティスを自動化することによって進むかを考えるかを決めるでしょう。

　私たちは、コンピューティングと仕事の未来において、重要な転換点に立たされています。生成型AIの出現により、アイデアを生み出す人々と自動化を行う人々の間の障壁がなくなりました。エンタープライズ領域におけるクラウドネイティブでローコードのプラットフォームの登場は、前例のない透明性、操作の容易さ、ガバナンスを提供しています。これらの技術が組み合わさることで、組織内で驚くべき連続的なイノベーションと自動化の可能性が開かれるのです。

　TIBCO、Oracle、Workatoでのキャリアの中で、FedEx、Amazon、Nike、Grabなどの先駆的な企業と協力する機会を得ました。彼らは変革の旅において、作家ナシーム・タレブがアンチフラジリティと呼ぶものに特徴づけられ、挑戦を受け入れる独自の組織的なマインドセットを

持っていました。さらに、彼らは技術と人材の両面で十分なリソースを持っており、計画を効果的に実行することができました。

　このデジタル時代の最も有望な進展の一つは、どんな組織でもこの変革のレベルを達成できるようになったことです。適切なマインドセットがあれば、以前の世代のリーダーたちが持っていた非凡なリソースのレベルは必要ありません。生成型AIとローコード自動化技術の出現により、どんなビジネスでも変革し繁栄するためのスピードとスケールを実現できるようになりました。

　しかし、コーネル大学の労働研究所を率いるルイス・ハイマン教授は言います。「産業時代の大幅な生産性向上は、単に新しい技術が発明されたからではなく、その技術を中心に仕事を再編成する方法を人々が最善と考えることもあった」それは技術的な側面だけでなく、組織的な側面も同様でした。

　この本に対する私の希望は、CEOやCIO、他のビジネスやテクノロジーのリーダーに、大局を重視し、変化に対応し、全員が参加するという新しい働き方の設計図を提供することです。この新しい働き方は、私がAI時代の自動化マインドセットと呼んでいるものを取り入れることによって生まれます。

　私たちの組織がそのようなマインドセットを持っているかどうかを評価するために、3つの重要な質問をすることができます。
- 問題解決や意思決定において、私たちは広い文脈やビジョンを考慮することでアプローチするのか(システム思考)、それとも主に個々のタスクやプロセスを自動化することに集中するのか(タスク思考)？
- 最初の原則から考え、変化を受け入れるのか、それとももものごとを壊すことを恐れているのか？挑戦されたとき、再考するのか、単に適応するだけなのか？
- 組織内では、技術の専門家に主に依存するのか、それとも全員が貢

献できるようにするのか、どちらが主流ですか？ビジネスに近い人々には変化を始め、リードする権限が与えられていますか？

次の3つのセクションでは、AI時代の自動化マインドセットの基礎となるこれらの質問のそれぞれを探求します。

システムに従うのか、タスク思考に従うのか？

調査によれば、企業内のアプリケーション数と従業員の手動作業量との間には直接的な相関関係があります。これは皮肉なことです。個々のアプリケーションはビジネスプロセスや機能を自動化し、手動作業を代替するために存在しています。しかし、データの断片化やコンテキストの切り替えにより、会社全体に多くの雑用が積み重ねられています。アプリケーションの「切り替え税」が急激に増加しています。新たなアプリケーションを導入することが、すでに使用している数百のアプリケーションに追加するだけでなく、総コンテキスト切り替えに費やす時間を減少させるのではなく増加させていることが研究で示されています。

大きな問題は、私たちがビジネスのマージンでの増加改善に焦点を当てていることです。私たちは、個別のアプリケーションとタスクに基づいて組織化され、運営してきましたが、より大きな広範な視点を考慮することはありませんでした。自動化の主流のパラダイムは、手作業のタスクを見つけてボットで自動化することです。

タスクの自動化は短期的にはコスト削減につながりますが、それは現在のプロセスがどのように機能するかを固定化することでもあります。これは変革の逆です！このタスクに焦点を絞った視野狭窄は、細部に埋もれて戦略的な転換の全体像を見逃す原因となります。マネジメントのプロであるピーター・ドラッカーは言いました。

「本来行うべきでないことを効率的に行うほど無駄なものはありません。」

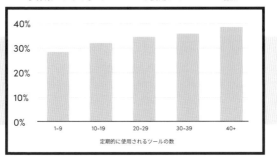

手作業は、より多くのアプリを使用するにつれて増加

手作業、運営タスクに費やされる週間労働時間の平均割合

定期的に使用されるツールの数

ChiefMartec, "待って、より多くのマーテックツールがより多くの手作業を生み出すの？！", 2021

　生成AIがこの断片化されたITとタスク中心の業務の世界に押し寄せる中で、私たちの本能的な反応は再び、現在手動で行っているタスクにAIを適用することでしょう。それは理にかなっています。労働コストを節約できます。ゴールドマン・サックスのAIが経済に与える影響の推定も、彼らがAIで自動化できると見積もる現在行われている手動タスクの割合に基づいています。しかし、もしAIを適用する範囲がそれだけであれば、私たちは今日のビジネスの運営方法を固定化することになり、約束されている変革的な影響を実現するには遠く及びません。

　私たちはすでに、今日の企業における技術の過剰供給によってこれが起こるのを見てきました。私たちのITの極端な分断とそれに続く断片的な仕事の世界では、生産性はピークに達し、やがて後退し始めます。しかし、システム思考を適用し、私たちの人材、プロセス、技術を総合的に大きなビジョンに向けて組み合わせると、生産性の向上からの私たちの影響全体は、その部分の合計以上になります。

テックスタックの拡張

　人類史上最も画期的な技術である自動車、蒸気機関、印刷機は、人々

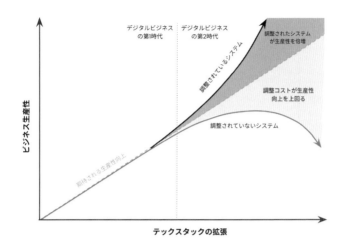

の移動、仕事、学び方を変えました。これらの技術は生産性の大幅な向上をもたらし、仕事の変革を引き起こし、よりやりがいのある仕事を生み出し、人類の存在の軌道を変えました。AIも同様の可能性を持っています。

しかし、それを達成するために、企業はAI時代の自動化マインドセットが必要です。彼らは顧客のニーズ、最初の原則、エンド・ツー・エンドのプロセスを取り巻く大局を見るでしょう。その出発点から、彼らは変革を始めるでしょう。

大局を把握していても、ビジネスを進めるためには大きな摩擦が生じることがあります。これが、AI時代の自動化マインドセットに関する2つ目の質問につながります。

変化を受け入れるのか、それとも ものごとを壊すことを恐れるのか?

AI時代の自動化マインドセットを持つ企業は、変化を受け入れ、"反脆弱性"(Anti Fragility)という概念を体現しています。作家ナシーム・

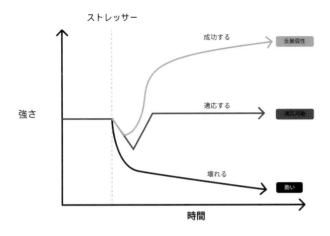

タレブは、アンチフラジリティを、衝撃に耐えるだけでなく、これらの衝撃に対して繁栄し成長する能力として説明しています。

彼は「風はろうそくを消し、火を活気づける」と言っています。一部のビジネスは逆境に打ち勝ち、一部は生き残り、他の一部は繁栄します。経済の低迷、世界的なパンデミック、クラウド、ビッグデータ、AIなどの技術による混乱などのシステム・ショックに対応して、ほとんどの企業は適応しました。例えば、パンデミック中、私たちのほとんどはZoomやSlackなどのリモートワークツールを使いました。この新しいマインドセットを持つ企業は、単なる適応は終焉を遅らせるだけだと知っています。むしろ、彼らはシステム・ショック、技術の変革、そしてビジネスの課題を再考し、新しい市場や新しい機会に取り組むための契機として捉えています。

ほとんどの企業はAIの変革に適応するだろう。しかし、アンチフラジャイルな企業はその変革を利用して、自身の目標や進むべき道を見直す。彼らはものごとを壊してより良く再構築することを恐れない。

過去30年間に私が見てきたカテゴリーを支配する企業は、すべて反

脆弱性であり、今もなおその特徴を持ち続けています。Amazon、Toast、FedEx、Grab、Airbnb、Navanなど、これらの企業は何度もこの特徴を示してきました。パンデミックが誰もが困難に直面したとき、反脆弱性な企業は本当の姿を見せました。ライドシェアビジネスが消えたため、Grabは東南アジアの顧客に食品から金融サービスまで幅広いサービスを提供するスーパーアプリに変身しました。レストランのポイントオブセールビジネスが行き詰まったとき、Toastはデリバリーや金融、タッチレス注文などに変身しました。ビジネス旅行が消えたとき、TripActions（現在のNavan）は自身を出張費管理サービスに変えました。

生成AIは、新しいソリューションのコーディングを劇的に高速化し、それらを迅速に進化させることができます。そのため、アンチフラジャリティを受け入れ、AI時代の自動化マインドセットを取り入れる組織は、現在のプロセスを容易に分解し、新しいプロセスを再構築し、より良いものにすることができます。

課題は、すべての企業には何千ものプロセスがあるということです。これにより、次の質問が浮かび上がります。
- 誰がすべての分解と構築を行うのでしょうか？
- 自動化はチームスポーツですか、それとも特化した専門家に限られますか？

ビジネスは、数千もの大小さまざまなプロセスで構成されています。これらのプロセスは、ビジネスの運営方法を定義しています。これらのプロセスの数が非常に多いため、それらを上から下へと指示することは不可能であり、変革することもできません。

スティーブ・ジョブズはうまく言った。「自分たちのプロセスを改善するために働く人々に権限を与えるべきだ」と。このようなボトムアップの発明を規模に合わせて可能にすることは、組織内のあらゆるレベルの才能ある個人によって形成されるものであり、ITの技術エキスパートだけでなく、数百ものプロセス、小さなものから大きなものまで、競争

相手との差別化を可能にします。チームの権限委譲はガバナンスとガードレールと共に行われなければなりません。それがなければ、リスクと技術的負債が蓄積されます。ガバナンスのない民主主義は無秩序になります。ITの役割が変わる必要と機会があります。彼らはサービスプロバイダーからエンエーブラーへ進化します。以前は、会社のビジネス側がプロセスの要件を送って実装されていましたが、今ではビジネスチームのプレーヤーコーチとなります。したがって、この新しい時代においてCIOはビジネスにおいてより中心的な存在となり、変革の議題においてより戦略的な役割を果たすようになります。民主化された自動化の興味深い副作用は、生成AIによって加速され、クロスプロセスの作業を内部チームに戻すことが増えることであり、これはForresterのアナリストLeslie Josephが「インサウシング」と呼んでいるトレンドです。

生成AI＋クラウドネイティブの自動化はすべてを変える

　ローコード、クラウドネイティブ技術により、組織内のさまざまな人々が自動化を行うことが可能になりました。以前は数週間または数カ月かかっていた自動化作業が数日で完了し、より多くのチームメンバーがプロセスに参加できるようになりました。ローコードの開発者たちは、たとえ技術的なコーディングの知識やスキルは必要ありませんが、コーダーのように考える必要があります。これにより、アイデアを持つ多くの人々が自動化に生産的に関与することができなくなります。

　生成AIは、企業のあらゆる側面に関するアイデアを持つ人々が、AIの支援を受けてプロセスを自動化することを可能にし、これによりコーディングの障壁を取り除きます。同時に、エンタープライズにおけるクラウドネイティブでローコードの自動化プラットフォームの透明性、ユーティリティレベルの消費者向け操作、ガバナンス、セキュリティにより、AIによって生成された自動化を理解し、確認し、展開し、継続的に改善することが可能になります。

AIとクラウドネイティブプラットフォームが組み合わさることで、私たちの企業における自動化の幅が広がり、新しいアイデアが自動化されて日の目を見ることができるようになります。自動化とAIが融合するこの瞬間は、Google以前と以後の検索の世界に似ています。Googleの登場により、検索は私たちの生活に普及しました。現在の自動化の世界、特にローコードの自動化は、Googleがオフラインで数日かけて結果を提供する世界に似ています。私たちは劇的に検索することが減るでしょう。同様に、数日から数週間かかる「オフライン」の自動化では、プロセスの一部しか自動化せず、アイデアの一部しか改善に活かせません。クラウドネイティブの自動化と生成型AIは、残りの99%に到達し、私たちの継続的な反復と改善を支援します。これは私たちの働き方に革命的な影響を与えるでしょう。

　組織がAIと自動化の動きを受け入れ、AI時代の自動化マインドセットの重要な原則であるシステム思考、適応性、仕事を真のチームスポーツにすることを取り入れると、他の組織とは一線を画し、止められなくなるでしょう。

AI時代の自動化マインドセットの設計図：
企業の自動化と生成AI

　AI時代の自動化マインドセットは実際には新しいものではありません。先代の先駆的な企業は、システム思考、耐久性、そして企業内の全員を巻き込むというその中心的な原則を完全に体現していました。この考え方は、主に手作業のタスクを見つけて自動化するという現在の自動化のパラダイムの文脈で、新しく感じられます。先代の草分けたち全員が、人々とテクノロジーの非凡なリソースにアクセスしていました。巨大な変革プロジェクトの現実は、ほとんどの企業が負担できるレベルではないリソースのアウトプットを必要としていました。

前述したように、適切なマインドセットを持つことで、私たちは先代のリーダーたちのリソースを必要とせずに、私たちのビジョンを達成することができます。生成AI、クラウドネイティブプラットフォーム、データクラウドプラットフォーム、そしてローコード自動化の劇的な進歩と収束が、画期的な変革のための現代の設計図を作り出しています。この設計図は私たち以外の人々にも手の届く範囲にあります。

　ローコードの自動化は、複雑な変換プロジェクトを実行するために必要な技術スキルのレベルを大幅に低下させます。クラウドネイティブな展開とユーティリティのような消費モデルにより、エンタープライズソフトウェアの採用と運用は、最高の消費者向けテクノロジーとほぼ同じくらい簡単になります。

　企業が必要とするガバナンスとセキュリティのガードレールをバックにした、多機能でローコードのクラウド自動化プラットフォームを、私たちはエンタープライズ・オーケストレーションと呼んでいます。
　エンタープライズ・オーケストレーションプラットフォームは、どんな規模や業界の企業でも意義のある変革イニシアチブを開始し、実行するための障壁を大幅に低くします。

　生成AIはこれらの障壁をさらに低くします！ローコードを使用すると、技術的なスキルを持つ必要はありません。Generative AIは、コードを書く必要すらなくすことで、これらの障壁を完全に取り除きます。私たちのビジネスチームは、LLMと対話することで自動化やソリューションを作成することが可能です。

　しかしながら、企業において生成型AIを適用し、その潜在能力を実現するためには：
　LLMのパワー、多様性、表現力に匹敵する実行能力（企業の自動化プラットフォームに見られるようなもの）によってサポートされる必要が

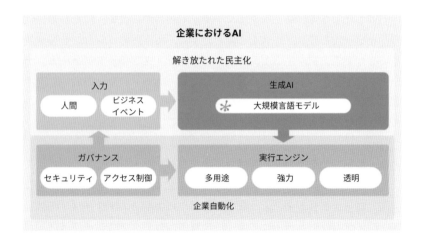

あります。

LLMが生成する解決策は説明可能で透明でなければならないため、私たちは自信を持ってそれらを本番環境で使用することができます。ローコードプラットフォームは、ビジネスユーザーにとって本質的に透明であるように設計されています。それが彼らをローコードにする要素の一部です。

クラウドネイティブな展開は、ソリューションを作成するためにLLMを使用する技術的にあまり詳しくない人々が、お気に入りの消費者向けアプリを使用しているかのように簡単に展開できることを意味します。

セキュリティと企業の自動化のガバナンスにより、AIを企業内で大規模に採用することが安全になります。今後数年間、生成型AIと企業の自動化は、組織の変革の旅において密接なシナジーとなるでしょう。

現代の自動化の視点から変革に取り組んでいるのか、AIの視点から取

り組んでいるのかに関わらず、AI時代の自動化マインドセットを採用し適用するための設計図は同じです。AIは扉を広く開き、これまで以上に多くの人々が自動化できるようになります。エンタープライズの自動化は、多様性、透明性、消費者のような使いやすさ、そしてスケールでの変革を可能にするガバナンスを提供します。

デジタルの新時代

過去10年間で最も影響力のある多くの企業が、すでにこの旅を始めています。これらは、通常の疑わしいデジタルネイティブテック企業だけではありません。これには、デジタルで競争する伝統的な産業の主要企業も含まれています。例えば、Broadcom、Disney、Nike、Lego、DHL、Caterpillar、IKEA、Capital One/ING Directなどの企業です。新しい時代には、どの企業もこの考え方が必要になるでしょう。私たちはビジネスに合わせてソフトウェアをカスタマイズする時代であり、型にはまったアプリケーションに無理に合わせる時代ではない。

ソフトウェアの歴史の重要な転換点を通じて、成功した企業は組織内で集合的な成長マインドセットを採用し、混乱期からより強い立場で出てくることができました。これらの企業が新しい時代とマインドセットを先導していたことには、後になって気づきました。

Bain & Companyは、2008年の大不況前後に3900社の企業を調査しました。危機前の企業の成長率は比較可能でしたが、不況が襲ったときにはそのパフォーマンスには鮮明な対照が現れました。研究ノートによると、勝者は不況期において年平均成長率（CAGR）17%で成長し、敗者は0%でした。さらに、勝者は利益を確保し、不況期後の8年間で平均13%のCAGRで事業を4倍に成長させましたが、敗者は停滞しました。MITの研究者は次のように述べています。経済全体にとって最悪の時期は、個々の企業にとっては運命を改善する最良の時期となることがあります。

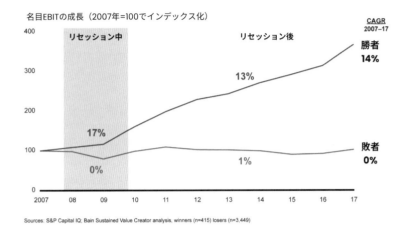

Sources: S&P Capital IQ; Bain Sustained Value Creator analysis, winners (n=415) losers (n=3,449)

言い換えると、もし私たちが挑戦に乗り切るための会社を築くことができれば、偉大さを達成し、自分たちを他と区別することができます。

私たちは、困難な時代にリードし、好況時に優れた成果を上げることができる企業を築くチャンスがあります。私たちは、前の時代に築かれた基盤を活かし、その約束を果たすチャンスがあります。この本は、その方法を示します。

AI時代の自動化マインドセットへの道筋

この本は、AI時代の自動化マインドセットとそれを実現するアプローチを歩みながら学ぶために、4つのセクションに分かれています。この本は、Cスイートの役員、ITリーダー、自動化の実践者を含む幅広い読者を対象にしており、自動化が協力的な取り組みとなるように設計されています。コンテンツは、読者の役割と興味に基づいて簡単に消化できるように構成されています。セクション1とセクション4の関連部分は、Cスイートおよび取締役レベルの専門家を対象としており、セクション2はCIO、チーフデジタルオフィサー、エンタープライズアーキテクト

にとって有益です。セクション3は、自動化の実践者宛になります。

セクション1では、「新しい自動化のマインドセット」という章で、反脆弱性な会社を構築するために必要な3つの基本的なマインドセットについて詳しく説明します。私たちは、自動化についての新しい考え方を紹介し、現在のモデルからのパラダイムシフトの必要性を強調します。

セクション2では、「アーキテクチャーの基礎」と題して、適切なマインドセットと強力な戦術的アプローチを組み合わせる必要があることについて説明します。このセクションでは、成功したエンタープライズ・オーケストレーションに実装できるアーキテクチャーの基礎について概説します。

セクション3は、私たちの会社の実務家向けです。このセクションでは、ビジネスのほぼすべての側面に適用できる自動化と革新的な自動化のストーリーやベストプラクティスを共有しています。フロントオフィス、バックオフィス、顧客体験、従業員体験、サプライヤーおよびパートナーの業務に対してです。上級幹部はこのセクションをざっと目を通すか、セクション4に進むこともできます。このセクションの章に集中することができます。それらは最も関連性の高い機能領域に対してです。それらは最も関連性の高い機能領域に対してです。

そして最後に、セクション4では、これらすべてが私たちの企業でどのように結びつくかについて議論します。マインドセットとアーキテクチャーの基盤が、既存の統合と自動化技術とどのように連携するかについて説明します。その後、オペレーティング・モデルと自動化が将来のキャリアに与える影響について議論します。

PART 1

第1部
新しい自動化の
マインドセット

01
自動化の新時代

Chapter 1

「自動化に適応した企業」は出現し、競合他社を差し置いて大きな成長と利益を享受するだろう。
— **レスリー・ジョセフ、フォレスター・リサーチ**

「自動化」という言葉は多くの範囲をカバーしています。一部の人にとっては、手作業をボットで置き換える手段です。他の人にとっては不安なものでしょう。自動化について新しい視点で考えることが重要です。自動化の恩恵を逃さないために、適切なマインドセットを持つ企業が将来的には課題に立ち向かい、それに屈しないで繁栄するでしょう。このマインドセットが、私たちが生成AI（GenAI）のようなエキサイティングな機会を活用するか、それによって混乱させられるを決定します。言い換えれば、自動化とAIに対する考え方が、私たちが成功するか失敗するかを決めるのです。適切なマインドセットを持つ企業は、自動化と生成AIの進歩を活用して、止められない存在になります。彼らは大局を見据え、挑戦を受け入れる倫理観と、企業内のすべての才能を包括的に取り入れるアプローチを持っています。

それは厳しい経済状況では甘い考えのように聞こえるかもしれません。しかし、私はそれがまさに私たちが「窮地に立たされている」ときに必要だと思います。私たちが困難な時期にどのように対応するか、基本的な変化が私たちの未来を決定するのでしょうか。それでは、Toastの例を見てみましょう。多くのレストランは、Toastなしでは焼けてしま

ったでしょう。

　ウェイン・キャリントンは、18年間勤めたニューヨーク市警察を辞めてラーメン店を開くことになったが、6年後には世界的なパンデミックのためにすべての従業員を一時解雇することになるとは思ってもみなかった。『それは怖い時期だった』と彼は言った。『本当に自分のビジネスが続くのか分からなかった』。1 最低の時には、彼のビジネスはパンデミック前の水準から75％も落ち込んだ。2 彼は言った、『私たちは迅速に方向転換しなければならないという緊急性を感じていました』。

　パンデミックは特にレストラン業界にとって厳しいものでした。全米レストラン協会によると、パンデミックの最初の13ヶ月間で業界は2800億ドルの売上を失い、全レストランの6分の1が永久に閉店しました。幸いにも、ラーメン店は生き残りました。キャリントンは、数千人のレストラン経営者の一人であり、レストランテック企業Toastのおかげで乗り切ることができたと認めています。『そのレストランは95％が店内での飲食であり、私たちはそのプラットフォームを完全に変えなければなりませんでした。Toastなしでは、正直に言ってそれをする方法はありませんでした』、キャリントンは言いました。

　パンデミック（世界的大流行）が起こる前、Toastは未来に明るいレストラン・テクノロジー・プラットフォームだった。しかし、2020年の春、同社はレストランの顧客と同じような状況に陥っていました。収益が激減し、まるで沈没しているかのようだった。しかし、Toastは状況を把握し、行動を開始します。ToastのCIOであるアニーシャ・ヴァスワニは、Toastとその顧客を救うために行った迅速な取り組みの一部を振り返ります。『私たちがしたことは、製品を非常に迅速に転換することです。例えば、Toast Nowという製品をレストランのお客様向けに立ち上げました。これにより、デジタルまたは電子商取引のみの存在を作り出しました。多くのレストランは、パンデミック前にそれを考えたり、

それに投資するための十分なインセンティブを持っていなかったでしょう』とアニーシャは述べています。『私たちのミッションは常に、レストランを開業する人々に奉仕することでした』彼らのおもてなしと食への情熱のために。私たちは彼らが危機を乗り越え、繁栄する手助けをすることを確かめたかったのです。

Toastはまた、レストランを支援するための地域の運動「Rally for Restaurants」も始めました。この運動では、ギフトカードやテイクアウトの注文を通じてレストランを支援し、レストランが日々の運営やスタッフの給与を続けることができるようにしました。また、同社はRESTAURANTS法案の通過を支援するためのロビー活動も行い、Toast Capitalを通じて顧客が融資にアクセスできるよう支援し、さらには顧客が新たな課題に対応するための多くの新製品や機能を提供しました。

彼らがレストランを最も困難な時に支援するための取り組みは成功し、その会社は2021年末にIPOを果たしました。Toastは今やレストラン業界のヒーローです。Carrington氏のような感謝しているレストラン経営者は数千人います。彼らの言葉によれば、Toastの変革の旅がなければ、彼らは今日ビジネスをしていないでしょう。

適応を超えて

適応はよく使われる言葉ですが、Toastの物語を説明するには十分ではありません。私たちは皆、自分自身のやり方でパンデミックに適応しました。知識労働者はリモートワークに適応し、医師はテレヘルスに切り替え、子供たちはオンラインクラスに参加しました。企業はZoom、Teams、Slackなどのリモートコラボレーションツールを導入しました。これらの適応は私たちが動き続けるために必要でした。

Toastは異なる種類の会社に属しています。大変動の中で、彼らは自分たちの戦略を見直し、その挑戦を利用してより強くなりました。他の

企業が生き残るために苦労している間、彼らは迅速に適応し、重要な時期にお客様への提供に集中しました。これらの企業は単に適応しただけではありません。英語にはこの状況を説明するための適切な言葉はありません。これは何かがシステムの衝撃のためにより強くなる状況です。導入で、著者ナシーム・タレブがこのギャップを見つけ、その現象を説明するために「アンチフラジャイル」という用語を作り出したことを述べました。彼はアンチフラジャイルなシステムが自然界のあらゆる場所に存在することを指摘しています。アンチフラジャイルなシステムは逆説的にも自身の存在を要求します。コンポーネントは壊れることができる必要があります。それによって、それらはより良く、異なるものに再構築することができます。それらは人類の歴史上、産業革命から人間のゲノムプロジェクトまで、最も大きな変革の背後にあります。

Toastは、企業や組織にも適用される重要なアイデアです。Toastは、アンチフラジャイルな企業の素晴らしい例です。意思を持ってものごとを壊し、再考する意欲：まず、Toastはものごとをさらに壊すことを恐れず、より良いものに再構築することに躊躇しなかった。例えば、彼らのコアコンピタンスは販売時点でありながら、彼らは新しい技術や領域に進出しました。こうした動きは、彼らのビジネスと苦境に立たされている顧客の可能性の幅を広げました。

文化の変化：次に、Toastは変化を受け入れる文化を作り出しました。タレブは、システムや社会がランダム性と変化を排除すると、より脆弱になると指摘しています。これは、守りのプレーと攻めのプレーの基本的な違いです。一方は安定性を保護し保存しようとするのに対し、もう一方は楽観的で建設的な視点を持ち、より良い未来を創造しようとします。

集団参加：Toastが行った3つ目のことは、製品チームからビジネスチーム、ITまで、彼らの全チームを旅に参加させることでした。Taleb

が言うように、全員が参加している民主主義は、脆弱な命令統制スタイルを持つ独裁政権よりも強力です。

Toastはシステム思考を用い、変化を受け入れ、スケールで取り組みました。これらの3つの基本的なビルディング・ブロックは、あらゆる企業がアンチフラジャイルであるために行う必要があることの一例です。

新しい組織のマインドセット

それは、Toastのようなテック企業だけでなく、CaterpillarやIKEAのような象徴的な大手企業も既にこの道を歩んでいます。彼らは新しいアプローチを取り、自身の変革について新しい考え方をしています。自動化とAIはこの新しい考え方の中心にあり、それを新しい自動化のマインドセットと呼んでいます。

これらの企業を見ると、彼らの変革は既存の業務の最適化からは生まれていません。アンチフラジャイルになるためには、ビジネスと市場の大局観と長期的な視点を持つ必要があります。AIと自動化を活用することで、可能性を拡大する必要があります。既存の業務の自動化と最適化はコストを削減し利益率を向上させますが、市場における立場を変えることはありません。ビジネスを変革するには、大局観と長期的な思考が必要です。私たちがプロセスマインドセットと呼ぶものです。プロセスマインドセットを持つ企業は、単なるタスクの自動化にとどまらず、プロセス全体を見て、今日と将来のニーズに対応するためにどのように変革できるかを考えます。AIは、プロセス全体を理解し、プロセス内の自動化の機会を特定し、生成的AIを使用して自動化を構築し、自動化のROIを測定することで、この中で重要な役割を果たします。

ビッグピクチャー思考やプロセスのマインドセットは、始まりに過ぎません。深く変革するためには、システムやプロセスにおいて高い適応

性と可塑性が必要です。また、チャレンジや変化を受け入れるマインドセットを持ったチームも必要です。私たちの企業には、集合的な成長マインドセットが必要です。成長マインドセットを持つ企業は、変革の取り組みにアジャイルなアプローチを取ります。彼らは常にマクロ市場レベルや企業内部で起こっていることに基づいて、自分たちのアプローチを理解し適応させることを求め続けます。

私たちのチームには大きなビジョンと変革の可能性があっても、私たちの変革の目標を達成するために必要なスケールとスピードで変革することはできません。私たちが仕事をするのは技術的に熟練したわずかな人々に頼っている場合、再び行き詰まってしまいます。現在のビジネス変革は複雑であり、速く、ダイナミックでなければなりません。追いつくためには、ITや技術の専門家からビジネスや運用の専門家まで、全チームが関与し、ガバナンスによって支えられたローコード、AIを活用したアプローチが必要です。このスケールを実現するために、企業は民主化、または私たちがスケールのマインドセットと呼んでいるものが必要です。

大規模な変革を達成するためには、アンチフラジルになるためには、これらの3つの要素が必要です。大局的な思考、適応性、または民主化だけでは十分ではありません。プロセス、成長、スケールのマインドセットがすべて企業内で連携して働く必要があります。それが実現すると、それを新しい自動化のマインドセットと呼びます。

すべての3つのマインドセットが備わると、私たちの組織は止められなくなります。
したがって、アンチフラジャイルまたはストップできないようになるためには、AI時代の自動化マインドセットを取り入れる必要があります。

これらの3つのアイデアは深く関連しており、互いを補強しています。

新しい自動化マインドセット

理論的には、これらの概念は明らかに聞こえるかもしれませんが、実際には、多くの企業がそれらを実現するのを妨げるいくつかの基本的な問題があります。

　AI時代の自動化マインドセットを適用するには、プロセスを終端まで組織化し、これらのプロセスを簡単にリファクタリングや適応ができるようにするための新しいアーキテクチャーと技術的な基盤が必要です。これをプラスチシティと呼ぶ能力を持ち、スケールとセキュリティを民主化によって実現することができます。セクション3では、AI時代の自動化マインドセットの3つの技術的な基盤であるオーケストレーション、プラスチシティ、民主化について詳しく説明します。

新しい自動化のマインドセットを解き放つ

　AI時代の自動化マインドセットを導入すると、いくつかのことが起こることがわかります。それでは、そのような会社での具体例を見てみましょう。下の図の最下部には、自動化に関与する人々の数が時間とともに増えていることがわかります。会社はIT、オペレーション、人事から始まり、現在は財務、マーケティング、およびカスタマーサポートにも

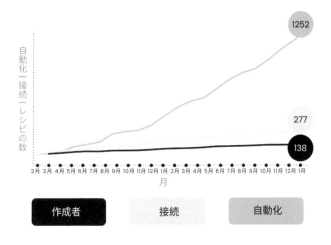

拡大しています。

　これらの成長しているクリエイターのグループのそれぞれは、毎月さらに多くのシステムに接続または統合しています。したがって、接続されたシステムの数は、クリエイターの数よりもさらに速く成長しました。これは中央の線で表されています。

　人々がより関与するようになり、より多くのシステムが接続され、AIがこれらの接続されたシステムを生成し、学習し、活用するために使用されるにつれて、エンド・ツー・エンドのオーケストレーションの数は指数関数的に増加しました。

　これらの数字は印象的ですが、重要なのはこのパターンです。彼らは自社の人材を活用しており、ビジネスを迅速に適応させることができ、彼らの前にある自動化の機会のスケールに対応することができます。彼らはアンチフラジャイル企業のDNAを持っています。

歩くこと

　私たちは皆、私たちのビジネスがこの素晴らしい特性を持つことを望んでいます。変化によってより強くなり、挑戦によってより強くなるために構築されることを。

　過去30年間、私はリーディングカンパニーがアンチフラジャイルになるように構築されたときに、ブレイクスルーを目撃してきました。彼らは共通の戦略、マインドセット、そしてプラクティスを持っています。Tibco、Oracle、そして現在のWorkatoでの私の経験から、停止しないカンパニーが自動化を使ってビジネスを構築し進化させる方法にはパターンが見られます。

　人間は長い歴史の中で、新しい方法でものごとを行うために技術を応用してきました。自動化は、手作業を自動化したり、最適化することによってコストを節約する以上のものです。アンチフラジャイルな企業は最高のレベルで実行し、瞬時に変革するために、技術の進歩を活用する方法を見つけ出しました。彼らは両方を目的に作られています。

　これらのパターンは、プロセスのマインドセット、組織の成長のマインドセット、チームとして勝つためのスケールのマインドセットから成り立ち、新しい自動化のマインドセットを構成しています。
　この本では、これらの教訓を共有します。私は、これらの信じられないほどの企業が、時には極端な状況の中で、AI時代の自動化マインドセットを使って、止められない存在になった方法を示します。

　AI時代の自動化マインドセットはそれほど新しいものではありません。私は30年前からこれらの手法を使って驚くべきことを達成している企業を見てきました。ただし、今日は2つの違いがあります。現代の変革の旅のスピード、規模、複雑さ、およびダイナミズムは、この考え

方を適用することをますます重要にしています。特に生成型AIを含むAI技術は、小規模企業から大企業まで、フェデックス、アマゾン、ナスダックのような企業のリソースを必要とせずに、この考え方を大規模に適用できるようにしています。私は、新しい食料品配達のスタートアップから近所の車のディーラーまで、どの企業でもAI時代の自動化マインドセットを適用し、アンチフラジャイルになることができると信じています。この本は、その方法を示しています。

02

プロセスの
マインドセット

Chapter 2

「細かい部分にこだわりすぎていると、全体像を正しく把握することはできない。」

── **ルロイ・フッド**

　私たちは、問題を解決するためにアプリを購入し、機能を追加します。アプリは仕事を完了させ、ある業務領域における仕事のまとまりを簡単にする役割を果たします。しかし、各々のアプリは孤立しているわけではなく、それらが組み合わさって業務プロセスを構成しています。ビジネスを構成する要素です。私たちは皆、仕事を効率化するためにアプリを購入していますが、それらが全体にどのような影響を与えるかについて考えているでしょうか？各々の仕事が全体像にどのように適合するかを理解するために、システム思考を適用する必要があります。

　ビジネスは目に見えない相互に関連する行動から成っており、これらの影響が完全に現れるまでにはしばしば数年かかります。私たちはその一連のプロセスの中の一部であるため、変化の全体的なパターンを見ることは非常に困難です。それとは逆に、私たちはシステムの孤立した部分を見ることばかりに集中して、なぜ私たちの最も深刻な問題が解決されないのか疑問に思ってしまう傾向があります。

　ここ15年のテクノロジーを表す言葉と言えば、「そのためのアプリがある！」かもしれません。これは、タスクに中心を置いたテクノロジー志向の普及を捉えています。アメリカでは、企業がタスク向けのソフト

ウェアをたくさん導入していますが、平均生産性の向上率は年平均1％にすぎません。比較すると、1996年から2004年の間の生産性向上率は、平均して年間3％以上、1950年代と1960年代の戦後ブームでは年平均3.8％でした。

　最近の研究では、私たちの多くが直感的に既に知っていることが明らかになりました。アプリの数と忙しさは比例するということ。この本の序文で言及されている2021年のAirtable/Lawless Researchの研究では、マーケティングチームのアプリケーションスタックの増加と、手作業のオペレーションタスクに費やす時間の増加との相関が見つかりました。

　研究者たちは、この現象の原因を「コンテキストスイッチング」と呼ばれるものに帰しています。これは、私たちが一つのタスク（またはアプリケーション）から別のタスク（またはアプリケーション）に切り替える際に私たちの脳に課せられる労力を表す言葉です。

　これにより、私たちのチームはアプリからアプリへと移動するため、私たちの自然な思考プロセスに連続的な中断が生じ、時間のロスにつながります。コーネル大学の研究では、平均して、アプリ間の移動により従業員は一度に生産的な仕事から9分半離れることがわかりました。参加者の約半数も、一日中にアプリを変更することで疲労を感じていると認めています。私たちはどうしようもできない状況に陥っているようです。私たちの生産性は横ばいかまたは減少しており、みんな疲れ果てています。『そのタスクにはこのアプリがある！』という明るい楽観主義は、皮肉な『ああ、素晴らしい、また別のログインだ』に変わっています。私のお気に入りのインフォマーシャルを言い換えると、「もっと良い方法」がタスク志向よりも存在するはずです。そのもっと良い方法は、システム思考、またはプロセス思考です。

タスク志向 vs プロセス志向

　私のチームと私は、象にまつわる有名なたとえ話が好きです。それは次のようなものです。あるグループが夜の暗闇の中で初めて象に出会い、触った感触だけでその動物を説明しようとします。問題は、各人が象の異なる部分を触っていることだ。脚を触っている者は木だと主張し、鼻を触っている者は蛇だと確信する。それぞれが自分が正しいと信じているにもかかわらず、全員が間違った結論に達してしまいます。それぞれの限られた視点が、全体像を見逃すのです。

　多くの企業の現状はこの寓話に似ています。例えば、私たちの各部門はお客様をある特定の視点からしか見ておらず、大局を欠いています。カスタマーサポート担当者は、お客様が現在抱えている問題に対して非常に不満であることを認識しているかもしれませんが営業チームのメンバーは問題にまったく気づかず、お客様に紹介を頼むかもしれません。

　ほとんどの仕事が反復的な手作業で構成されていた産業革命の時代には、タスク・マインドは理にかなっていました。しかし、仕事が飛躍的に複雑化しているにもかかわらず、このタスク・マインドは根強く残っています。自動化はCFO（最高財務責任者）プロジェクトとみなされ、各分野で時間とコストを削減することを目標としています。ビジョンは、同じビジネスのよりスリムで安価なバージョンに限定されています。

　利用されているジェネレーティブAIに関する利用事例を見ると、それらはしばしばタスクに関連しています。ほとんどの場合、それがプロセスにどのように適合するかについては考えられていません。同じマインドセットでアプローチすれば、ジェネレーティブAIツールは従業員が業務を進める中で別の文脈の変化になるかもしれません。

　CFOはスタッフのコストを最適化しようとしていますが、同時に技

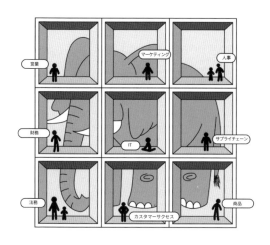

術予算の増加にも注意を払っています。企業のアプリケーションスタックは急速に成長しています。自動化ツールの量は増え、多様性も増しています。新しい自動化と統合ツールごとに、企業を変革し断片化を減らすと約束していますが、パッチワーク的なアプローチは新たな断片化を作ってしまっています。私たちはサイロを壊す代わりに新たなサイロを作っているのです。

象に例えると、象の身体の各部のために道具を買っているような感じですが、まだ全体像が見えていないようです。それによって、象の体全体のような大きな問題が生まれます。

実際の例を見てみましょう。今日、ほとんどの自動化は、下の図の左側の例のように見えます。そこでは、ボットが署名された契約から詳細を抽出し、ERPに入力します。以前は、誰かがPDFファイルからそのデータをコピー＆ペーストするために数時間を費やしていましたが、新しいボットが導入されたことで、彼らは他のことにエネルギーを集中できるようになりました。CFOは満足しているので、何が気に入らないのでしょうか？

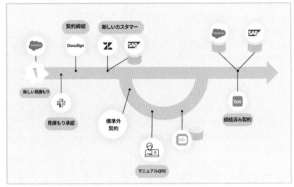

　効率を見い出すことに問題はありませんが、タスク志向の考え方では、顧客の注文を解決するために何が必要かについて狭い視野しか持ちません。私たちが大局的に見て、見積もりからキャッシュまでのプロセスの大枠を理解していくと、目標は注文の実行時間を短縮し、支払いまでの時間を短縮すること(または売掛金の日数を減らすこと)、タッチレスの注文の割合を増やし、エラー率を減らすことです。右側では、全体のワークフローが自動化されています。これには非標準の注文などの特殊なケースも含まれます

謙虚なチェックリストの力

　実際には、プロセスは、従業員が互いにどのように働く必要があるかを説明するチェックリストです。ビジネスにおける予測可能な優れた結果をもたらすプロセスの力を理解するために、謙虚なチェックリストというアイデア、ビジネスプロセスの現実世界の対応物を詳しく見てみましょう。

　2009年、医師のアトゥル・ガワンデは「チェックリストのマニフェス

ト」という本を出版しました。この本は、基本的なチェックリストが患者の結果に驚くべき改善をもたらしたという物語を語っています。当時の医療文化はチェックリストを受け入れていませんでした。代わりに、医師の自律性を重視し、医学の芸術を実践することを優先しました。この本は、「ロックスター文化」と呼ばれるものに対する批判であり、「高リスクで複雑な状況では、正しい決断をするためにはある種の専門家的な大胆さが必要だ」という中心的な信念に対する批判でもありました。ロックスターであろうとなかろうと、人間によって瞬時の決断はしばしば誤ったものです。

　高いリスクがある場合、専門家には合理的な判断をしてもらいたい。このように、ICUの医師は他の分野の専門家、つまり飛行機のテストパイロットから学ぶことができる。ICUでは、病気の人の体をケアする際に考慮すべき要素が数千あります。飛行機の運航とメンテナンスも非常に複雑です。テストパイロット業界は時間の経過とともに、プレッシャーの中で瞬時の判断をする際には、誰でもミスをする可能性があることを学びました。彼らは数十年前にロックスター文化を捨てました。今日、すべてのパイロットは普遍的なチェックリストに従っています。これらのリストは災害や新たな学びに基づいて更新され、飛行は最も安全な旅行手段の1つとなっています。同じアプローチを病院でも取ることで、ガワンデは劇的な成果を目にしています。彼は、すべての病院がチェックリストを使用すれば、何百万人もの命が救われると推定しています。

　数年前、ある女性が有名な病院に行きました。その病院は、ガワンデが彼の本で引用している研究の一部が行われた場所です。彼女は片方の膝の手術が必要でした。その外科医は、ガワンデが調査したチェックリストを採用した別のチームで働いていました。その外科医は、膝の置換手術の専門家として定評がありました。しかし、彼の専門知識にもかかわらず、彼は彼女の膝に縫合物を残してしまいました。彼はそれを取り除くためのフォローアップを忘れてしまいました。また、彼は医師の付

き添いにそれについて知らせることもありませんでした。これはまさに、チェックリストがあれば、発見できたようなものだったのです。彼女の家族からの脅迫的な電話があってようやくフォローアップの予約をとることができました。というのも、そのフォローアップ利用は高額であり、病院の利益を減らすものだったから。予想通り、その時点で膝はひどく感染しており、彼女の膝組織に重大な損傷を引き起こしました。彼女はその後も痛みを抱えながら生活しており、歩行能力も一生にわたって損なわれています。その女性は私の母です。彼女は今日もなんとかやっていますが、より複雑な矯正手術によって一部の機能を回復させることができました。しかし結局、病院は彼女の治療に必要以上の費用をかけることになりました。

このようなケースを他にも目にしたことがあります。シルビアという9歳の家族の友人は、片方の目の感染症でその目の視力を失い、手術が必要でした。残念なことに、外科医は間違った目に手術を行いました。それ以来、シルビアは完全に視力を奪われています。

もしガワンデのチェックリスト・アプローチが、航空会社のパイロットのように外科医の標準作業手順として整備されていたら、シルヴィアや私の母の人生はどうなっていただろうかとよく考えます。私たちは今、この種のチェックリストが、人々がこの種のエラーを毎回回避するのに役立っていることを知っています。手術中の基本的なミスについては、たとえ1%のエラー率でも許容できるものではありません。ガワンデによれば、簡単に回避できるエラーや見落としは、医療チーム全体ではそれよりもはるかに頻繁に起こっています。

すべてのビジネスが生死に関わる結果を扱っているわけではありません。しかし、真実は、私たちは皆、ロックスター文化よりも予測可能で最高水準の結果を得ることから利益を得ることができます。ビジネスにおいて、運用化されたチェックリストは自動化されたプロセスです。そ

れらは毎回正しく実行される一連のアクションです。

20年前、ITチームはシンプルなスプレッドシートでサポートしているビジネスアプリケーションの数を追跡することができました。最大でも数十のアプリを使用していました。今日、平均的な企業は数百のアプリを使用しています。または、数千ものアプリを使用して会社を運営することもあります。現在ではまさに、企業がアプリケーションの在庫を管理し、追跡するために設計されたアプリもあります。

これは新しい時代です。私たちの組織にはこれらのアプリとデータソースがありますが、個々の技術や個々のタスクに焦点を当てることは、会社の大きな目標を無視しています。ビジネスに対する具体的な成果を生み出すためには、アプリやタスクのレベルではなく、エンド・ツー・エンドのビジネスプロセス（またはチェックリスト）のレベルで考える必要があります。単一のタスクではなく、全体のプロセスを変革する人々が成功するでしょう。

断片的な部分からつながった全体へ

2021年3月にスエズ運河で6日間も立ち往生したコンテナ船エバーギブンに関連する事件を思い出すかもしれません。すべての消費財の約90%が海路で運ばれています。6日間も船が立ち往生することは長い時間には思えないかもしれませんが、エバーギブンが交通を遮断した1日ごとに、100億ドル相当の貨物が滞留していたことを考えると、それは大きな問題です。

供給チェーンは広範で複雑なエンド・ツー・エンドのプロセスであり、成功するためには調和して組織化する必要があります。エバーギブンのような広範な影響を与える災害は珍しいですが、海上で失われたコンテナや閉鎖された港、故障した鉄道などのような小さな災害はほぼ毎日発生します。どの場合でも、物流企業が貨物や材料を目的地に届ける必要

があります。

　貨物のルートが変われば、各企業がやり取りする必要のあるインターフェースも変わります。例えば、コンテナがある船から別の船に移され、ロジスティクス会社は突然、異なる船会社とやり取りする必要が生じるかもしれません。元の船会社は洗練されたシステムを持つ世界的なコングロマリットかもしれませんが、新しい荷送人はまだ古い電子メールや紙ベースのプロセスに頼っている小さな会社かもしれません。ロジスティクス企業は、どのような相手とやりとりをしなければならないかわからないため、サプライチェーンを健全に保つために、あらゆるシナリオに備える必要があります。

　ドイツの最大の物流鉄道会社の一つは最近、そのようなダイナミックな環境に適した自動化の手法を探しました。彼らにとって、プロセスの単一のタスクを自動化することにはほとんど価値がありませんでした。彼らは数百のパートナーと協力しており、それぞれがまったく異なる関わり合いを持っています。1つのパートナーとのタスクを自動化する方法は他のパートナーにはスケールしないのです。さらに、そのようなダイナミックで常に変化する環境では、一度にタスクを自動化することは単にスマートな戦略ではありません。自動化の手法を評価するにつれ、彼らの目標は、彼らの全プロセスをサポートし、他の企業の多様な要件と迅速に対話することを可能にする技術を持ったプラットフォームに焦点を当てることでした。

　例えば、彼らの配送パートナーの多くは、コンテナのGPS追跡を導入し始めています。各パートナーは異なるアプローチを取ります。電源を持っている冷蔵コンテナでは、GPSやBluetoothなどの技術が選択肢となります。電源がないコンテナでは、RFIDタグが使用されます。各配送パートナーは、選択した追跡技術に合わせて独自のソフトウェアを開発します。鉄道会社は、これらのオプションに対応するために迅速に

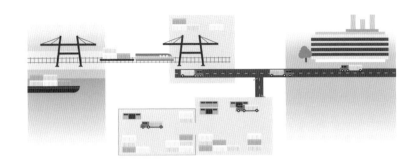

ソリューションを設定できる必要があります。鉄道会社が関わるすべてのパートナー（顧客、サプライヤー、輸送会社、トラッカー、さらには製造業者）でも同様のストーリーが展開されます。

　複雑さの上に、会社は顧客が容量を追跡し予約するためのソフトウェアポータルを提供しなければなりません。原材料のベンダーが国内で商品を出荷するための容量を探している場合、鉄道は予約のための使いやすいポータルを提供することで競争力を保たなければなりません。このようなプログラムの基礎となるビジネスロジックは非常に複雑です。

　「デジタルトランスフォーメーションは到達すべき段階や終わりの状態として見るべきではないということを念頭に置くことが重要です」と、鉄道のIT責任者は述べています。「むしろ、それは変革の状態です。」このアプローチにより、彼らは急速に変化する供給チェーンに遅れずについていくことができます。これは重要な仕事です。供給チェーンの近代化は、物流会社に価値を創出するだけでなく、商品や雇用などを求めて供給チェーンに依存する何百万人にも広範な影響を与えます。

多くの物流業界を含む企業が、視点を変え、プロセス志向を進めるために、世界的なパンデミックにより、多くの物流業界を含む企業が、視点を変え、プロセス志向を進めざる得なくなった。しかし、一部のパンデミックの圧力が和らいだとしても、変化に対応し、迅速に反応する必要性は変わりません。信頼性のあるサービスを提供することが、不確実な世界で勝者を決める要素です。

統合の断片化

　私たちの「そのためのアプリがある」世界は、より専門的で目的に特化したツールを意味するが、それは同時に、私たちが会社を小さな部品に切り刻んでいることを意味します。それをつなぎ合わせるために、企業は自動化に対して断片的なアプローチをとり、パッチワークのようなツールで自分たちを囲うことを余儀なくされています。

　Integration platforms (iPaaS) はアプリ間でデータを同期し、extract（データの抽出）、trans-form（変換）、load（書き出し）のETL、extract（データの抽出）、load（書き出し）、trans-form（変換）のELTはSnowflakeなどのデータウェアハウスにアプリから一括でデータをロードします。ロボティックプロセスオートメーション(RPA)はコールセンターや請求書処理スタッフの作業を自動化し、API管理はモバイルアプリやカスタムアプリを可能にし、ビジネスプロセス管理（BPM）はオンボーディングのワークフローを自動化し、チャットボットはSlackやMicrosoft Teamsなどの製品を統一されたユーザー・エクスペリエンスにします。

　上記の図はきれいで整然としています。しかし、これが私たちの会社で展開されると実際はまったく異なります。次の図は、実際の企業が統合技術を組織全体に展開する際の簡略化されたビューです。これらのツールのそれぞれはアプリケーションを統合し、特定のプロジェクトのニ

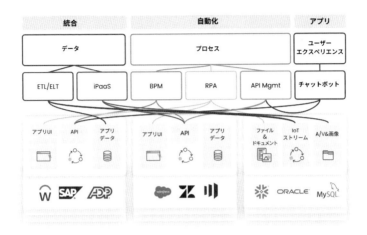

ーズに対応するためのデータであり、当時は意味がありました。残念ながら、このアーキテクチャーの技術用語はめちゃくちゃです。

ツールが多すぎると、要所要所でそれぞれのプロジェクトが作られます。これらは互いに切り離された自動化の集まりとなります。よりつながった企業を作る代わりに、新たなサイロが生まれることになります。新しい生成型AIアプローチがスタックに追加されると、新たなサイロが生じるかもしれません。複雑さに加えて、注文の状態などのコアのオペレーティングフローの状態を知ることも難しくなります。どのツールや基礎となるアプリを調査すればよいのでしょうか？このような環境では、経験豊富なテクノロジーリーダーでも不安を抱かせる質問です。企業は、成功した変革を推進するために、データ、ワークフロー、ユーザー・エクスペリエンスの統合された基盤が必要です。

大規模なプラットフォーム、アプリ、およびそれに関連する専門家への大量の投資にもかかわらず、私たちの生産性は向上していません。同時に、従業員はますます疲れており、企業の結果にも達していません。企業における欠けている要素を認識し、何か対策を取る時が来ています。

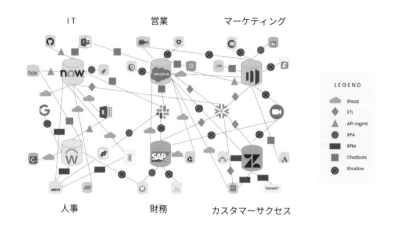

　自動化とAIは単に数時間を節約することについてではありません。それは大局を見直し、生産性を再発見することについてです。自動化の真の価値は、すべてのアプリを接続し、既存の投資を結びつけることにあります。私たちの組織をサポートするさまざまなプロセスの包括的な部門横断的な見方を可能にするものが必要です。私たちのプロセス間の分断の問題を解決するために。

　AIの真の価値は、この価値連鎖を加速させる重要な要因です。生成AIを使用すると、アプリケーションに接続するためのコードを構築したり、それらを自動化するためのワークフローを設計したりすることができます。大規模な言語モデル（LLM）を使用してデータを理解し、洞察と意思決定を加速させるために知恵を絞ることができます。また、ChatGPTのようなインターフェースを使用して、企業内の誰もが質問に回答を得ることができます。もはやヘルプデスクや他の人を待つ必要はありません。

　この「プロセス志向」の世界では、強力なガバナンスを備えた自動化とAIが、エンド・ツー・エンドのオーケストレーションを実現するための

技術的な基盤となります。これにより、私たちの会社の断片を一体化させるだけでなく、企業全体の生産性を飛躍的に向上させることができます。この本の第II部で詳しく探求します。

　私たちのシステムをオーケストレーションするだけでは十分ではありません。市場は急速に変化しており、変化は常にあり、不確実性はすべての企業にとっての標準です。私たちはこれらの変化を私たちの利益に活かすために非常に適応性があり、形作る必要があります。次の章では、成長マインドセットを持つ企業でどのようにそれが実現されるかを見ていきます。

03
成長マインドセット

Chapter 3

「組織は...成長の考え方をより具現化するかもしれない。人々が努力や良い戦略、良い指導を通じて成長し改善できることを伝える。」
― **キャロル・ドゥエック**

環境が絶えず変化する中で、私たちはそれを受け入れる以外の選択肢はほとんどありません。いつでも顧客の要求や市場の動向、その他の要素が変わる可能性があります。ChatGPTのような画期的なAI技術は、いつでも登場する可能性があります。そうなると、固定されたプロセスや硬直した方法は負担となります。しかし、一部の企業は変化をプロセスの一部として受け入れ、先を行っています。すべての企業が変化のためのプロセスを構築しなければならない時がすぐにでも来るでしょう。

変化を受け入れることを選ぶ人々は、心理学者キャロル・ドゥエックが成長マインドセットと呼ぶものを持っています。ドゥエックの著作は主に個人に焦点を当てていますが、彼女は組織も成長マインドセットを持つことができると言っています。彼らは単に課題に適応するだけでなく、喜んで熱心に受け入れています。

「持続可能な構築」対「変化に適した構築」

過去30年間で、ビデオコンテンツはさまざまな形態を取ってきました。テレビのアンテナからVHSカセットやレーザーディスク、そして

ミニディスクへと進化しました。DVD、ブルーレイ、そして今ではNetflixやTikTokもある。多くの企業が利益を上げ、他の企業はこの絶え間ない進化の結果として壊滅的な失敗をしました(ベータマックスのファンを知っていますか?)。テクニカラーやMGMなどの広範なコンテンツエコシステムの企業は、彼らのビジネスモデルが絶えず逆転するのを見てきた。

どの産業も必ずしもこのようなジェットコースターを経験するわけではありませんが、変化の速度は誰にとっても増しています。テクノロジーがビジネスの隅々まで広がることが一因です。どの企業にとっても、この絶え間ない変化は機会であるか破壊的な力であるかの違いです。結果の違いは、組織が成長志向を持っているかどうかに直結しています。

Joey Wat, Yum ChinaのCEOは、それを継続的なイノベーションと表現しています。「私は常に、ダイナミックで競争力のある市場で生き残り、繁栄する企業は、必ずしも最も強いまたは最も賢いわけではなく、迅速に対応し、変化する状況に効果的に適応できる企業だと信じてきました。それには、私たちがサービスを提供している人々への共感、回復力、創造性が必要です。」

Watは、アジリティーと持続的な革新と改善の意欲が他の多くの要素よりも重要であることを説明しています。 快適な時期には、多くの企業が緊急性を欠いているため革新を停止し、クレイトン・クリステンセン教授が示したように、それによって自らを破壊にさらすことになります。危機の時期には、革新はさらに重要です。パンデミックが示したように、私の業界では、従業員のための新しい健康・安全対策を迅速に採用し、非接触注文やピックアップのための新しいソリューションを設計した企業がより強くなりました。

成長マインドセットは、パンデミックや市場の低迷、グローバルな供

給チェーンの問題などの大きな出来事に対する対応能力だけでなく、私たちの会社で継続的に発生する日常の課題への対応についても言及しています。市場に新たな競合他社が参入するかもしれませんし、不満を抱えた顧客や従業員の士気問題、重要なプロジェクトの遅延なども発生するかもしれません。私たちのビジネスは、日常の課題と会社を脅かす危機の両方に対して同じくらい効果的に対応する必要があります。

成長マインドセットは、一般的な企業のほとんどの人にとって、考え方の大きな転換を必要とします。しかし、それはビジネスの世界に完全に新しいものではありません。実際、ほとんどのITチームや開発者は、これに慣れています。

過去10年間、彼らは気づいていたかどうかに関わらず、成長マインドセットの原則に触れてきました。アジャイル手法は、ソフトウェア開発やプロジェクトの提供において人気のあるアプローチであり、私たちが今日愛用している多くの成功した製品の背後にあります。

アジャイルの価値

歴史的に、チームはより厳格なアプローチに頼ってきました。これは通常、ウォーターフォールスタイルの管理と呼ばれています。これらの古い方法では、前もっての計画、一連のステップ、専門家による機能の分離、そして最後の製品やプロジェクトの提供が含まれています。

アジャイルは、変化を予測し、管理し、受け入れるための手法です。タスクは「スプリント」と呼ばれる短い作業フェーズに分割されます。スクラムは、各スプリントが計画ミーティングで始まる一般的なアジャイルの形態です。計画ミーティングでは、チームメンバーがそのスプリントで何に取り組むかを決定します。チームはその後、自分たちの活動に取り組み、スプリントの終了時に他のチームメンバーに対して進捗状況をデモンストレーションします。このシンプルなプロセスにより、チー

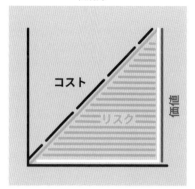
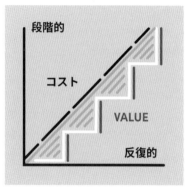

ムはこれまでに作成されたものを継続的に評価し、そこから学び、次の最善の手順を決定することができます。アジャイルチームは常に進捗状況をテストし、元々の予定された進むべき道がまだ最善のものであるかどうかを判断しています。このように、アジャイルは企業が環境の変化に迅速に適応するのを助けながら、イノベーションを可能にします。段階的な進捗状況は、私たちが正しい方向に進んでいるか頻繁にチェックすることでリスクを最小限に抑えます。私たちは継続的に周囲の環境が変化していないかを確認し、アプローチを変更する必要があるかどうかを確認することができます。

アジャイルは一部の企業に入り込んでいますが、多くのビジネスプロジェクトはまだウォーターフォールスタイルで進行しています。過去の難しい企業資源計画（ERP）の導入は、誰もが忍耐を試されるものでした。今日でも、主要なIT、人事、または財務プロジェクトは6カ月から数年にわたることがあり、私たちの企業がゆっくりと進んでいるように感じられます。

おそらく、この長い配送時間の原因の一つは、プロセスがまだ順次に管理されていることです。

- ビジネスマネージャーたちはアイデアを持っている
- 彼らはそのアイデアをITに引き継ぐ
- 技術チームはそれを開発し、それをビジネスにレビューするために解決策を返す

アイデアが概念化された時から解決策が実装されるまで、数カ月、あるいは数年が経過しています。そのアイデアの意図したビジネスの成果が達成されない場合、私たちは驚き、責任を指摘することになります。しかし、私たちは驚くべきではありません。アイデアが数カ月または数年かかるということは、すべての意思決定が大幅に遅れているということです。まるで30秒遅れたブレーキペダルで車を制御しようとしているようなものです。私たちはブレーキを踏みますが、信号を無視して突っ込み、最終的には溝に入ってしまいます。なぜなら、反応時間が遅すぎるからです。現在の市場は、このような作業スタイルに対して容赦がありません。

成長マインドセットと呼ぶかアジャイルと呼ぶかは別として、証拠は明確です。古いやり方では高パフォーマンスの企業にはなれません。むしろ、変化を受け入れて絶えず学び、革新することが未来の道です。

プロセスのばらつき vs. 適応性

私たちは、プロセス管理に関する現在の考え方の多くを、人々や物が物理的な世界で移動することだけが重要だった時代から受け継いできました。私たちは、それらの移動部品を最適化するためにプロセスを設計しました。古いプロセスがデジタル時代に持ち込まれるにつれて、それらは必要なほど適応性がないことがわかってきており、AIの新しい世界ではますます悪化するでしょう。

プロセスの実装や変更は高額だったため、私たちはそれらを柔軟性の

あるものとは考えていませんでした。実際、プロセスの硬直性はバグではなく、特徴でした。私たちは「これがプロセスです」というフレーズに安心感を抱いていました。プロセスに従ってください。プロセスから逸脱しないでください。私たちは分散を排除しました。しかし、分散と適応性はまったく異なるものです。

固定された、繰り返し可能なプロセスによって分散を排除することで、私たちはある程度の内部の予測可能性を得ることができます。それは、$y = x + 1$のような決定論的な関数のようなものです。そのプロセスへの入力として$x = 2$を代入するたびに、出力として$y = 3$を得ることができます。（この本での数学の範囲はこれに限ると保証します。）

しかし、現在では外部の予測可能性についてはほとんどありません。私たちは急速かつ継続的な変化の環境で運営しています。技術、競争力の動向、そして何よりも顧客の行動と期待は常に私たちの周りで変化しています。

それらの変化が脅威なのか機会なのかは、主に適応力にかかっています。新しい状況にどれくらい速くビジネスを適応させることができるのでしょうか？

私たちのビジネスを適応させるということは、プロセスを変えることを意味します。$y = x + 1$という古いプロセスで$x = 2$を取り、突然$y = 5$を出力することはうまくいきません。それは混乱を招くでしょう！代わりに、$y = x + 1$を別のプロセスに置き換える必要があります。少し変更したもの、$y = x + 3$かもしれません。または、追加のステップと変数を持つ完全に新しいもの、$y = 2x + 5z + 7$かもしれません。（オーケー、本当にもう数式はありません。約束します。）

私たちはまだこの新しいプロセスが古いものと同じくらい予測可能で

あることを望んでいます。しかし、ポイントは、新しい状況に適応された新しいプロセスであることです。

そして、ここが美しいところです：

ほとんどすべてのプロセスが今日はデジタル化されているか、デジタルで組織化されているかのいずれかであるため、非常に柔軟です。それは、原子よりもビットが流れているのです。

スイングセットを過剰に建設する

誰かがプロセスを永久に自動化するとき、私たちはそれを「ブランコの遊具を建設するために超高層ビルの建設作業員を呼んだ」と言いたいと思っています。これはプロジェクト管理の有名な木のブランコの比喩に対する遊び心のある皮肉であり、多くの企業が自分たちのプロセスを固める方法を揶揄しています（軽く）。

IT部門が自動化を独占し、ITは要請に応じて活動やプロセスを自動化するために呼び出されます。これは、リクエストが順番に待機するサービスキューを中心に構築された集中型の運用モデルです。このモデルでは、コンピューター科学の学位を持つ専門家（時には魔法使いの帽子を被った人々）が複雑で強力な技術を使用して各プロセスを自動化します。

このモデルは成長マインドセットの反対です。それは固定されたマインドセットです。

それは次を前提としています：

1. 技術的な能力は、私たちのプロセスを自動化するための固定された、限られた、貴重な資源です。
2. 過去のプロジェクトのメンテナンスやサポートには、自動化スキルという貴重なリソースを浪費すべきではありません。
3. 自動化スキルという貴重な資源は、会社の最も重要な1%のプ

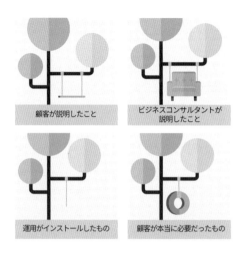

顧客が説明したこと	ビジネスコンサルタントが説明したこと
運用がインストールしたもの	顧客が本当に必要だったもの

ロセスに慎重に使われるべきです。

このモデルで、ブランコの遊具を建設するために超高層ビルの建設作業員を呼ぶようなことになるのかは容易に理解できる。後で変更する時間がないため、100年もつスイングセットを建てます。ITチームは最初の試みで正しくやらなければならないことを知っています。自動化の専門家は次のプロジェクトに移らなければならない。そうしなければ何も進まないでしょう。固定マインドセットは彼らを希少なリソースとして扱い、組織のボトルネックを作り出します。

加速する変化の世界において、この固定観念はもはや効果的ではありません。実際、勝ちたい企業はこのアプローチとは逆の方向に進まなければなりません。顧客、あなたの市場、従業員がいつ足元をすくわれるかわかりません。チームとプロセスは新しい常に変化する要求の世界で繁栄する準備が必要です。

ファンにものごとが当たる時

　ビジネス旅行および経費管理会社Navan（旧称TripActions）は、2020年に大きな計画を持っていました。3,000以上の顧客を抱え、2019年は同社にとって素晴らしい年でした。700人以上の新しい従業員を採用し、翌年の成長目標を「控えめな」400％に設定しました。2020年の最初の数カ月は順調でしたが、それは3月までの話です。

　新型コロナウイルスのパンデミックは、業界によって異なった影響がありました。ビデオ会議、自宅用フィットネス機器、フードデリバリーなどは急成長しました。一方、対面での飲食、小売り、旅行などは壊滅的な打撃を受けました。特に出張は、従業員が安全に旅行できない場合には旅行を許可する能力が制限されるため、大きな影響を受けました。各企業への影響は、そのビジネスモデルが対面でのやり取りにどれだけ依存しているかに基づいていました。残念ながら、Navanは後者でした。出張は消滅しました。収益予測は急速に95％減少しました。マーケティング予算と従業員数は半分に削減されました。状況は厳しいものでした。彼らの元CMOであるメーガン・アイゼンバーグは、それを「戦時」の経験と表現しました。

　Navanは、プレッシャーに屈するのではなく、ビジネスの変革に取り組んだ。彼らは、顧客に価値を提供する方法について迅速に再度フォーカスした。会社は、従業員が新しい方法で会社のお金を使うために権限を与える必要があることを理解していた。自宅のオフィス用品、ソフトウェアの購読料、さらには食品の配達にも使えるようにした。そして、会社はNavan Expenseという支出管理製品に力を入れた。彼らは製品の能力を迅速に拡大し、旅行費だけでなくすべての従業員の経費を処理できるようにした。それは大成功につながりましたた。Navanは災害をチャンスに変えました。これこそが成長マインドセットの実践です。

成長マインドセットの基盤である柔軟性を、Navanは問題の考え方だけでなく実装していました。これは、彼らが自動化を行う際に既存のプロセスを固定化せず、チームや会社の焦点を再調整することを可能にしたということです。彼らが柔軟性を実現するために使用した方法を共有します。

　彼らの独自の自動化手法による速さと機敏さがなければ、彼らは迅速に焦点を変えることができず、今日のNavanは存在しなかっただろう。

　Navanような話は他にもあります。もう1つの素晴らしい例はAirbnbです。Airbnbは迅速に自社の中核事業に焦点を当て、顧客の清潔さや直前のキャンセルに関する新たな懸念に対応するために施策を適応させました。このような課題を乗り越えるには、特別なタイプのGrit（粘り）が必要です。それは組織の成長マインドセットです。つまり、課題を自然の一部として受け入れる意欲と能力です。AirbnbのCEOであるBrian Cheskyは次のように述べています。「変化が速い世界で、生き残るものは適応力のあるものだということを知っています。適応力のあるものは常に変化するものです。

成長マインドセットの実践

　成功した企業を外部から見て、「私たちもあんな風になるべきだ！」と言うのは良いことですが、実際にはどうなっているのでしょうか？もう少し詳しく見てみましょう。ここでは、見積もりからキャッシュまでのプロセスが、端から端までさまざまなシステムと相互に作用しあってることを示しています。

　この「見積もりからキャッシュへ」の例は、前の章で紹介したプロセスの考え方を適用している企業を示しており、単一のタスクを超えた自動化について考えています。

　新しい見積もりがSalesforceのアカウントチームによって作成され

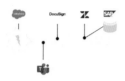

ると、見積もりはすぐにSlackの通知をトリガーにして、ディールデスクの承認を求めます。

承認が完了し、顧客が契約書に署名した後、完了したDocusignは、顧客サポートプラットフォーム（この場合はZendesk）とERP（ここではSAP)に新しい顧客レコードが生成されます。

途中で、ドキュメントは保存され、データは一貫性を保つために更新されています。

ビジネスが進化し、新しい市場セグメントを発見するにつれて、単にプロセスに合わない非標準的な注文がかなり入ってきていることに気づき始めるかもしれません。おそらく、取引規模が大きすぎて、顧客は複数のサポート要請やERP記録の更新を必要としているのだろう。もし、IT部門が単にプロセスを構築し、それを永遠に実行させるという固定的な考え方を持つ企業について話しているとしたら、このプロセスに関わるチームは運が悪かったと言わざるを得ないでしょう。彼らは、ガムテープで貼り付けたような解決策で対処するしかないでしょう。

成長志向の企業では、プロセスは変化に対応するために構築されています。この例では、企業は非標準の注文を専門家にルーティングするた

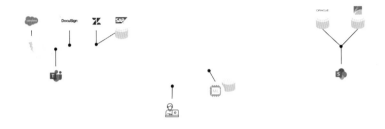

めに「人間を介したステップ」を追加しました。さらに、彼らはAIエンジンも組み込んでおり、専門家の行動を継続的に監視し、パターンを認識し、生成型AIを使用して適切な行動セットを生成します。非標準の注文パターンに加えて、遅延や非承認のパターンも認識し、注文を作成している人々に正しい期待を設定するように通知することもできます。プロセスの改善方法は無限です。これらすべては、ガムテープで貼り付けたような一時的な解決のためのプロジェクトや新しい注文タイプに適応するための6カ月のITプロジェクトの必要性なしに行われます。

おそらく、プロセスが進行し、仮想の会社が成長するにつれて、これらの大口顧客はより念入りでハンズオンなアプローチが必要であることに気付きます。したがって、年間40万ドル以上を費やす顧客向けに、サービスおよびアカウントチームへのアラート送信、高級ワインの自動ギフト、およびZendeskのVIPフィールドの有効化のための一連の手順を追加します。

成長マインドセットを活用することで、プロセスは会社のニーズに合わせて進化し、非常に効率的で結果重視のプロセスとなります。このプロセスは、一部のチームメンバーの頭の中だけに存在するのではなく、明確に定義されているが、非常にダイナミックです。

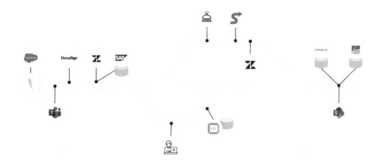

　「マインドセット」という本で、キャロル・ドゥエックは私たちの調査結果は、固定的なマインドセットまたは成長的なマインドセットを組織の骨組みに織り込むことで、天才の文化または成長の文化を作り出すことが可能であることを示しています。過去のビジネスモデルはもはや有効ではなく、現代の企業は生き残るために常に自社を再構築しなければならないことは誰もが知っています。

　あなたは、今日の世界で繁栄する可能性がより高い企業はどれだと思いますか？

　ドゥエックは、企業のリーダーとして選択肢があることを私たちに思い出させてくれます。私たちは、重要な仕事を成し遂げるために一握りのスーパースターに頼る「天才の文化」を追求するか、成長のマインドセットを取り入れ、変化、挑戦、そして努力を受け入れる組織を導くためのプロセスと技術を実装するかの選択ができます。選択は私たち次第です。

変革の壮大なスケール

　今日、私たちが後退して自動化される必要のあるプロセスの大規模な

スケールを見ると、数百、おそらく数千のプロセスが浮かび上がります。この機会の巨大さは理解するのが難しいかもしれません。

これまで、私たちは心理学と成長マインドセットを使って、組織がプロセスについて考えるべき方法を理解してきました。これを大規模に行うためには、心理学から神経科学への視点の変更が役立ちます。この分野で最も興奮している最近の発見の一つは、神経可塑性という概念です。神経可塑性は、脳が常に新しいプロセスを配線し、使用されていない経路を剪定し、時間とともに既存の経路を強化することによって、自分自身を作り直していることを説明しています。この特性が私たちが学び、成長し、改善することを可能にしています。それは成長マインドセットの生物学的な基盤です。

私たちの企業を人間の脳のように神経可塑性のあるものにする方法を見つけることは、リーダーにとって賢明な戦略的選択肢だと信じています。それは、Navan、Airbnb、Toast（第1章から）のような企業が、存在の脅威に対応して迅速に自己を解体し再編成することができた方法です。ある意味、これはAIと自動化にぴったりの組み合わせです。AIは、大量のデータから学習し、行動を起こし、新しい調整が必要なものを継続的に監視するという前提で構築されています。以前に説明したorder-to-cashの例のように、AIは組織全体のプロセスで何が起こっているかを監視し、新しいパターンが現れるにつれて主要な関係者に学習と情報提供を行い、さらに会社全体のプロセスの自動化に調整を加える素晴らしい方法です。

神経可塑性は、脳が完全に相互接続される能力にかかっています。実際、認知の衰退に関する研究では、病気の最初の兆候の一つが、脳の異なる部分間での神経の流れが止まることであり、それによって機能の喪失が起こるということがわかっています。同様に、企業全体の自動化戦略にとって、手がつけられない業務のサイロ化は弱点です。重要なデー

タ(顧客データや製品使用データなど)が閉じ込められている場合、AIは効果的ではなく、関連する自動化も苦しむことになります。したがって、成長志向は会社全体に浸透しなければなりません。トップダウンによって、サイロ化に取り組む手段として活用することができます。

　今日のビジネスの多くは、いまだにロックスター的な考え方を持ち、エグゼクティブや技術者のような少数派に、プロセスの自動化や（もしあったとしても）改善方法を決定する権限を与えています。しかし、私たちの組織がこの不安定な世界で成功しようとするなら、私たちのビジネス・システムは人間の脳のように神経可塑的である必要がある。エグゼクティブ・レベルではなく、「ニューロン」レベルで適応し、反応できる必要があるのです。脳は単に違うことを考えるだけでなく、絶えず自分自身を作り変えているのです。

スケールの マインドセット

Chapter 4

「従業員主導のデジタルイノベーションの可能性は、組織内の隔離された小規模な技術者やデータサイエンティストのグループだけでは達成できない。」
── サティア・ナデラ&マルコ・イアンシティ

　自動化は新しい概念ではありません。ほとんどの人はその価値を理解し、ビジネスにおける自動化の十分な機会を認識しています。では、何が彼らを止めているのでしょうか？なぜビジネスのすべての隅々にわたるすべてのプロセスを自動化しないのでしょうか？多くのリーダーはそれが不可能だと言うでしょう。

　中堅企業が200のアプリを持っているとしましょう（保守的な見積もりです）。その企業には1000人の従業員がいます。各従業員は1日に3つのアプリと3つのプロセスを使用します。企業内のプロセスの規模はこれらの数字の何倍にもなります。数千のプロセスとサブプロセスになることもあります。トップのプロセスには名前があり、確立されたチェックリストがあります。しかし、その他の多くにはありません。

　ほとんどの企業では、名前のないプロセスは手動のものです。通常、関与するチームメンバーの頭の中にのみ存在します。これらのプロセスはめったに自動化されません。これには以下のようなものが含まれます：
- 顧客関係管理プラットフォーム（CRM）へのデータ入力

- 四半期ごとのパフォーマンスに関する報告
- チーム間のプロジェクトリクエスト

そしてそれ以外にも数千あります。

普通のITチームは人手不足で過労なので、名前のないプロセスを優先するのは意味がありません。その結果、会社の中で最も重要で目立つプロセスのみが自動化されます。残りの99％のプロセスは取り上げられません。伝統的な自動化の考え方では、これは完全に理にかなっています。ITチームが自動化を構築するのに1ヶ月かかり、自動化するプロセスが1000ある場合、完了までの時間は83年を超えます。

必要な規模と利用可能なリソースが一致していません。つまり、伝統的な自動化アプローチにはスケールの問題があります。影での作業—IT部門を通さずに10人中8人の従業員が、ITチームの知らないところでソフトウェアを使用しています。彼らには良い意図があります。成功したいし、購入したソフトウェアが役に立っています。これは新しいことではありません。ノートパソコンがデスクトップを置き換えた時、オフィスでは有線インターネットは提供されていましたが、Wi-Fiはありませんでした。

従業員は個人的にWi-Fiルーターを持ち込み、ローカルネットワークポートに接続してこの問題を解決しました。当時、オフィス内の移動性はITの優先事項ではなかったので、従業員は自分たちの解決策を見つけました。これらは、シャドウITと呼ばれるものの例です。

シャドウITは問題です。悪い場合には、従業員が重要なビジネスデータを許可されていない方法で使用する不正なITに変わります。機密データが間違った手に渡ると、さらに大きな問題が生じます。AI技術の成熟に伴い、今ではIT部門の助けなしに自動化することがさらに容易になっています。誰かが生成AIツールに自動化したい内容を伝えるだけで、自動化が作成されます。一方で、これは会社が自身を変革する速度を加速

するのに役立ちます。しかし一方で、機密データが間違った手に渡るリスクを高めます。

ビジネスチームがITチームの支援なしで自動化を試みる際、シャドウITの問題はビジネスにとって脅威となります。制限のない自動化は莫大な損害の可能性を秘めています。ビジネスの中断、顧客体験の低下、セキュリティやコンプライアンスの問題に至るまで、影響は深刻です。これらの損害を修復することは、ITチームの既に多いバックログにさらに多くの作業を加える大きな技術的負債を生み出す可能性があり、ITとビジネスチームの間の関係をさらに悪化させる原因となります。

リーダーとして、私たちはシャドウITを解決すべき問題と捉えています。しかし、それはまた、私たちの会社が必要とするサポートを提供できないITモデルの兆候でもあります。ビジネスチームはITチームの優先事項でない問題を解決しようとしており、そのため他の場所で解決策を探しています。この問題の根本を解決するためには、マインドセットの変化が必要です。変革はITに限定されるべきではありません。

過去には、多くの企業が規模を拡大するために、より多くのリソースを追加しようと試みてきました。自動化チームに新しい人材を追加したり、外部のコンサルタントを雇用するなどです。ベストプラクティスでは、100人の従業員に対して1人のIT専門家が必要とされています。しかし、人員を増やし続けることは、現実的でコスト効果的な選択肢ではありません。プロセスの膨大な数を考えると、ごく少数の技術専門家に自動化革命を単独で推進させることはできません。需要に追いつくためには、専門家が十分にいるわけではありません。

ビジネスチームは創造的で思慮深く、問題解決に意欲的です。多くの場合、彼らは自分たちの領域の中核プロセスの基礎となるデータ、アプリケーション、ビジネスロジックに精通しています。彼らは組織のビジョンとミッションをよく知っています。労働力に参加する新しい世代ご

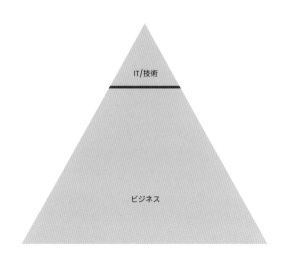

とに、技術的な知識がますます向上しています。ビジネスチームが問題解決の権限を持たない場合、それは失われたチャンスです。ビジネスチームは自動化のための未開拓の潜在能力の山と言えます。

ITチームが単独で自動化を担当すると、シャドウITは増加します。ビジネスチームは自ら自動化を作成し、しばしば会社にリスクと技術的負債をもたらします。上述の通り、生成AI技術がより広く普及するにつれて、この状況はさらに加速するでしょう。

自動化の機会はこのようなピラミッドの形をしています。ITチームは会社を存続させ、創造的な人々は影の中で構築します。ほとんどの自動化の潜在能力は未開拓のままです。生成AIにはこのピラミッドを逆転させる潜在能力がありますが、適切なコントロールがなければ、すべての組織にとって大きなリスクを生み出します。ChatGPTの採用はすでにこれの兆候を示しており、企業はそれに対してどう対処し、データをどのように保護するかについて戦略を練っています。一部の企業では、それにアクセスをブロックするまでに至っています。

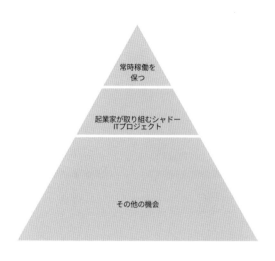

技術的スキルのメンタルモデルを更新する時が来ました。多くの人々は、未だに労働者を古いメンタルモデルに分類しています：技術的なものと非技術的なものです。コード、複雑な設定ファイル、コマンドラインツール、SQLクエリを通じて管理されるアプリケーションや情報システムが一般的でした。これらの複雑な技術は深い技術的専門知識を必要とし、特別な専門家を一般のビジネスユーザーから分離しました。

しかし、人々と技術は進化しました。技術リテラシーは向上していますが、技術もまたよりアクセスしやすくなっています。パッケージ化されたクラウドサービス、セルフサービスの分析ツール、ローコード/ノーコード、生成AI、改善されたユーザー・エクスペリエンスなどが助けになっています。企業ソフトウェアの消費者化が進行中です。

ITと非ITの間の技術的なギャップは縮小していますが、私たちの認識はまだ20年前の世界に根ざしています。同時に、ITとビジネスの整合性は依然として改善が必要です。ITとビジネスの間の「私たち対彼ら」の考え方は問題の一部かもしれません。この異なる視点で技術的専門知識について考えると、私たちが考えていたよりも大きなリソースを持って

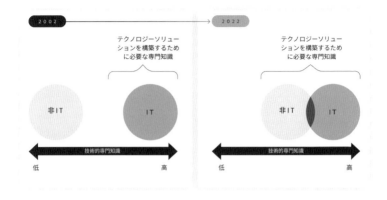

いるかもしれないことが明らかになります。これは、会計部のスティーブが明日にでもPythonコードを書き始めることを期待するという意味ではありません。

しかし、スティーブはアプリケーションやAIを使って、自分の仕事をより良く、より速く行うことができるでしょう。これは、行うべき作業と必要な専門知識の種類を見るとき、すべての仕事に深い技術専門家が必要ではないことを意味します。それでも、多くのビジネスリーダーや技術リーダーは、20年前と同じように運営し続ける必要があると依然として信じています。

重要なリソースが不足しているときに不足マインドセットを発達させるのは人間の性質です。それは重要なものがほとんどない場合の自然な人間の反応であり、私たちの考えを支配します。研究者たちはそれをトンネルビジョンに例えており、自分たちのニーズを満たすことがすべてとなります。

それは悪い決定の根源であり、空腹時の不健康なファーストフードから、急速な現金が必要なときの給料日ローンに至るまでさまざまです。研究によると、不足マインドセットを持っているとき、私たちのIQは低下することが示されています。

スティーブ・ジョブズはかつてこう述べました。「人々は何かをするために管理部門の許可を求めるべきではない。権限はその仕事をしている人々に与えられるべきで、彼ら自身のプロセスを改善し、それを測定する方法を学び、理解し、改善する方法を身につけるべきです。彼らは自分たちのプロセスを改善するための許可を求める必要はありません。[彼ら]は何が起こるべきかを決定する最良の立場にあります。」

　不足マインドセットの反対は豊富マインドセットです。ビジネスの文脈では、これをスケールマインドセットと呼びましょう。これは、会社の潜在的な能力を活用する新しい運営モデルを受け入れることを意味します。

　最近の調査で、Gartnerは「CEOの67%がビジネス機能内で直接より多くの技術作業を行いたいと考えている」と発見しました。チームが自分たちの仕事を改善する能力を持つことは、会社がその全潜在力に到達するために不可欠です。これはまた、これらのチームメンバーに所有感と誇りを生み出し、最終的にはより多くの仕事の満足感をもたらします。

　急流の川がダムによってせき止められていると想像してみてください。川は抵抗の少ない、最も速く確実な道を進みたいのですが、ダムによってそれが不可能になっています。ダムを取り除き、水の流れを下流に向けるためのガードレールを設けることで、企業は革新の速く、強力な流れを解き放つことができます。

　一部のITチームやCIOは、ダムを取り除くことがコントロールの喪失やカオスの受け入れであると心配しています。「民主化」や「市民開発者」といった言葉は痛みを伴う表情や恐れを引き起こします。しかし、後述する民主化の章で説明するように、健全な民主主義と完全な無政府状態との間には大きな隔たりがあります。

スケールなマインドセットは、ITチームの力を奪うものではありません。それは組織内での彼らの役割を高めます。品質、安全性、コンプライアンスを備えた自動化に対する監督と指導の役割を果たす者が必要です。ビジネスチームは、トレーニング、コンサルティング、メンタリング、サポートサービス、そして適切な技術の組み合わせによって権限を与えられる必要があります。ITチームはこれに理想的です。技術的専門知識の再考は、彼らを置き換えるためではなく、会社の潜在力の管理者として彼らを高めるためのものです。例えば、AIや自動化技術の使用をブロックするダムを作るアプローチをとるのではなく、ガードレールと監督を提供し、組織全体がこれらの技術を利用できるようにすることで、他では日の目を見ない99％の自動化プロジェクトを組織全体で実行できるようにします。中央ITはビジネスチームのための自動化工場ではなく、彼らを支援するサービスプロバイダーになります。

スケールマインドセットを採用することで、企業の技術的能力が拡大するだけでなく、それを集中させることもできます。多くの企業にとって、この考えは夢物語のように聞こえるかもしれません。しかし、実際には、多くの企業がすでにこの道を歩み始めており、驚くべき成果を得ています。

民主化革命

伝統的な企業だけが不足マインドセットの影響を受けると考えるのは誤りです。クラウド時代に誕生した若い企業も、同じ課題に直面しています。ある大手で成功しているマーケティングSaaS企業は最近、典型的なITとビジネスの対立の緊張を経験しました。ITが管理していたいくつかの主要な社内プロジェクトがうまくいきませんでした。予算超過、長期の遅延、そして完全に的を外れた解決策がありました。チーム間の信頼は低く、ITとビジネスはほとんど話をしていませんでした。ビジネスがITの成果に完全に失望する状態になった」とあるアナリストは述べ

ています。ITがプロジェクトを構築した場合、深いバックログのために何ヶ月もサポートが利用できませんでした。ビジネスチームはITに行くことは時間の無駄だと感じていました。

ITチームが会社の目標とは完全に異なる優先事項を自ら選んでいるように見えました。ある時、会社を驚かせる形で、ITチームが顧客向けの新しい教室トレーニングポータルを構築したことを発表しました。ビジネスの観点から見ると、これは低優先度のものであり、リストにも載っていませんでした。誰も求めていなかったプロジェクトでした。数ヵ月以内に、新しいポータルはサポートが必要な問題を抱えましたが、ITチームは他のプロジェクトに移っていました。

ビジネスチームが何かを成し遂げる必要があるとき、彼らはしばしばITを迂回し、シャドウITツールを購入しました。彼らはそれが正当化されていると感じ、結局のところ、箱から出してすぐに使えるネイティブ統合と彼らのシャドウIT統合ツールは仕事を成し遂げているように見えました。このアプローチは、ある時点で誰かが機密顧客データを含むデータベースを外部公開のスプレッドシートに接続したときに、彼らの顔に衝撃を与えました。顧客の名前、メールアドレス、電話番号、住所が世界中の人々の目に触れるように公開され始めました。それは技術的な失敗であり、ITチームが決して犯すことのないものでした。

リーダーシップは問題を認識しました。対応として、完全に新しい自動化チームを結成しました。チームの短期目標は、会社全体で自動化プロジェクトの圧力を軽減することでした。中期目標は、ITとビジネスチーム間の壊れた関係を修復することでした。最終目標は、会社が全体的なパフォーマンスの新たなレベルに達することを助けることでした。新しい自動化チームの最初の業務は、自動化プラットフォームを見つけることでした。彼らは技術知識に関係なく使いやすいローコード/ノーコードオプションを選びました。しかし、新しいチームは、サービスキュ

ーを開いてすぐに自動化リクエストの受け付けを開始したいという衝動に抵抗しました。代わりに、彼らはまずクラスを提供することから始めました。彼らはビジネス全体から人々とITチームのメンバーを招待しました。卒業した全員に自動化のライセンスが与えられました。

　時間の経過とともに、このクラスは会社文化の基盤となりました。この少数のチームは、社員が自分たちのプロセスを自動化する道を拓くことで、会社全体で数百のプロセスを自動化する道を造りました。少しの教育とガイダンスを通じて、何百人ものチームメンバーが自分たちのアイデアを構築し始めました。

　自動化チームはまた、規模の大きな自動化プログラムに必要なインフラストラクチャを作成しました。このインフラストラクチャには、エラー処理、承認されたAIアプリケーション用のカスタムビルドコネクタを通じたAI技術の使用、および運用フレームワークが含まれていました。災害を避けるために、彼らは自動化レビューパイプラインと呼ばれるプロセスを開発しました。ビジネスによって作成されたすべての自動化は、実施される前にレビューと承認を受けなければなりませんでした。

　最終的に、自動化チームは2つのサブチームを持つセンターオブエクセレンスに成長しました。一つは内部のビジネス向けチーム、例えばHR、財務、IT、セキュリティなどをサポートし、もう一つは収益面向けチーム、例えば営業、サービス、マーケティングなどをサポートしました。チームは、トレーニング、インフラストラクチャ、ガバナンス、その他の手段を通じて、組織を強化する方法を探し続けました。

　単一のプロセスを自動化せずとも、自動化チームは大きな影響を与えました。プログラム開始から数カ月で、彼らは1日に最大20件の自動化レビューリクエストを受け取っていました。会社のプロジェクトの70％から80％は、深い技術的専門家で構成されていないチームによって自動化されていました。この時期には、最近の停滞から会社の成長も改

善しました。

　リーダーシップは、ITとビジネスの関係が改善していることを指摘しました。士気も上昇しているようでした。ITチームは特定の自動化プロジェクトに関してビジネスに協力を求めるようになりました。

　もしこの会社が元の道を歩み続けていたら、どれだけの潜在能力が未活用のままであったでしょうか？これは特別なケースや異常な例ではありません。どの会社も、少数の技術専門家以外の人々がプロジェクトの80％を自動化する点に達する可能性があります。それを始めるには異なるマインドセット、すなわちスケールマインドセットが必要です。一度それが確立されると、最も懐疑的なITのベテランでさえも、高い人員増加を求めるのではなく、将来は異なる方向にあると認識します。

　民主化は大きなアイデアです。流行りであり、時には議論の的になりますが、実現可能です。マーケティングSaaS企業で起こったことは、新しい自動化マインドセットを採用する企業で常に起こっていることです。しかし、ビジネスチームにアクセスを与えて最善を期待するだけでは不十分です。適切な技術を使って民主化を可能にする必要があります。そうすることで、全員を巻き込むことができます。

新しい自動化マインドセット：それを実現する方法

　この本の第1部の最後に達しました。第1部で学んだ各コンセプトには、第2部に対応するアーキテクチャーの基盤があります。ここでは、次の3章の舞台を整えるために、最後の3章のコンセプトを要約します。

● **システム思考とプロセスマインドセットをオーケストレーションで適用する**

　第2章では、多くの企業がタスクを自動化する複雑なツールを使用す

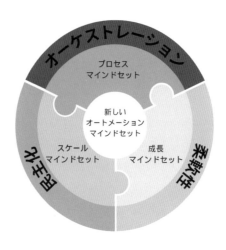

るために行き詰まりを感じていることを学びました。タスクの自動化の問題を克服するためには、プロセスマインドセットが必要です。

では、タスク中心の思考に固執しないためにはどうすれば良いでしょうか。第5章では、オーケストレーションについて学びます。これはプロセスマインドセットの技術的基盤であり、私たちのチームがシステム思考を使用して、プロセスの根本的なビジネス目標に対処することを可能にします。オーケストラが指揮者を必要とするように、私たちのビジネスにはエンド・ツー・エンドのプロセスを調和させるオーケストレーションエンジンが必要です。オーケストレーションを用いることで、すべてのプロセスの生命線である複雑なシステムアクション、ユーザー・エクスペリエンス、データを織り交ぜます。その結果は、私たちが既に行っているアプリケーションや既存の自動化ツールへの投資を増やします。

● プラスチシティ（可塑性）による成長マインドセットで変化を受け入れる

第3章では、成長マインドセットを持ってプロセスの変化を受け入れ

る必要があることを学びました。私たちの自動化されたプロセスは、市場の要求に応じて素早く変化することが容易であるべきです。つまり、私たちのビジネスは神経可塑性の脳のように機能し、常にプロセスを配線し直しているべきです。

そのダイナミズムをどのようにサポートするのでしょうか。第6章では、プラスチシティについて学びます。これは技術的な基盤であり、私たちが継続的に適応し、学習し、時には根本的にプロセスを再配線することを可能にします。

● スケールマインドセットを民主化で達成する

第4章では、企業にはさまざまなスキルを持つ人々がおり、それらを直接私たちが行う自動化に応用できることを学びました。未利用の潜在能力を見出し、ビジネスチームとITチームが未来を構築するための道筋を描くために、スケールマインドセットを適用する必要があります。

ただし、注意点があります。強力なガバナンスシステムがなければ、自動化のスケーリングは民主主義ではなく無政府状態になりかねません。セキュリティ、スケーラビリティ、変更コントロール、コンプライアンスなどの要件が満たされるように、ガードレールを設ける必要があります。第7章では、民主化のための技術的な基盤について話します。

ここまで読んでいただいた場合、新時代の止まらない企業を導くコンセプトをしっかりと理解しているはずです。では、第２部に進んで、その方法を理解しましょう。

AIによるオーケストレーション、プラスチシティ、民主化の加速

第1章では、生成AIの原始的な力をガバナンスと実行エンジンで洗練することがいかに重要かについて話しました。第２部ではこの実行エン

ジンに触れ、第4部はさらに詳しく取り上げます。しかし、これは単純な作業ではありません。例えば、ガバナンスは多くの形を取り得ます。セキュリティ、アクセスコントロール、プライバシー、スケーラビリティが機能するために必要です。実行プラットフォームは多用途で、強力で、透明であるべきです。

エンタープライズAIプラットフォームの各主要要素は、新しい自動化マインドセットの3つのアーキテクチャー的基盤に対応しています。

上記のように、生成AIは民主化を現在制限している「ダム」を取り除く最良の方法ですが、強力なガバナンスと入力メカニズムを通じて革新の急流を制御する方法が必要です。さらに、生成AIから生み出される自由形式で無限の設計図に対応できるほど多用途で強力なオーケストレーションエンジンが必要です。最後に、この新世代のAIプラットフォームは、これまでにない規模でのプラスチシティを提供する必要があります。ここでは、人々がAIによって生成されたものを理解するだけでなく、ビジネスのニーズとともに絶えず進化するAIを通じて継続的なフィードバックメカニズムが存在します。

エンタープライズにおけるAIのモデルについては、第7章と第15章で詳しく見ていきます。

PART 2

第2部

アーキテクチャーの基盤

05
オーケストレーション

Chapter 5

「オーケストラの指揮者は音を出さない。彼らの力は、他の人々を力強くする能力に依存する。」
— **マエストロ・ベンジャミン・ザンダー**

医療は高いリスクを伴うものであり、医療スタッフの派遣会社は非常に複雑なプロセスに取り組んでいます。彼らの目標は一般的な採用会社と同じですが、医療従事者の配置はより複雑です。

Vituityという会社は、それを簡単にしています。理学療法士のオンボーディングと資格認定に対する彼らのアプローチは、私たち全員が学ぶことができるプロセス自動化のマスタークラスですが、最初からそうだったわけではありません。

「私たちの医師は毎年約700万人の患者を診察しています。私たちの主力製品は人間です。つまり、臨床医が人々にケアを提供することです」とVituityのCIOであるAmith Nairは述べています。「私たちの最優先目標は、医師が採用され、スタッフとして配置され、初日からコミュニティに奉仕できるようにすることです。」臨床医の配置には、4〜6週間にわたって何百通ものメール、アクション、データの移動が関与しています。「私たちの制約要因は、私たちの旧システムと、エンド・ツー・エンドでのプロセスの統合が行われていなかったことでした」とNairは述べています。「そのため、1人の医師の配置には700〜1500時間かかりました。私たちはプロセスを終始見ていなかったので、工夫しなければ

なりませんでした。」

「どんなテクノロジーリーダーでも頭がクラクラするほどです。さらに悪いことに、遅延があれば、病院、救急室、またはICUが人手不足になり、患者は待たなければならないか、不適切なケアを受けることになります。「これは生死に関わる状況です。私たちの製品は初日から動かなければなりません。もうテストはありません。コードを元に戻すこともできません。私たちの医師は本当に現場にいて、ケアを提供しなければなりません。なぜなら、救急室は病院で最も厳しいエリアの1つだからです。」

プロセスは自動化の機会です。しかし、それ以上に深いものが働いています。第2章では、タスク思考をプロセス思考に置き換えることについて話しました。それによって、全体のプロセスを見て、どのように改善できるかを考えるようになります。Vituityにとって、典型的なタスクに焦点を当てた自動化アプローチを適用するだけでは十分ではありません。数百のステップのうちの1つまたは2つを自動化することでいくらかのお金を節約できるかもしれませんが、最終目標には意味のある影

響を与えることはありません。さらに、いくつかのタスクに変更を加えることで、プロセスの別の部分が誤って壊れると、患者のリスクが生じます。リスクはあまりにも高いです。これらの理由から、Vituityはすべてを統括するためにプロセス思考を適用することを選びました。彼らはビジネスを解放しました。彼らは個々のタスクの文脈での自動化について考えるのをやめ、代わりに自動化をどのようにビジネスのやり方を変えるために使えるかに焦点を当てることを選びました。

自動化へのアプローチ

自動化は広範な用語です。ビジネスプロセスでは、自動化はさまざまな形を取ります。それぞれが異なる結果につながります。このセクションでは、タスクベース、ストレートスルー、オーケストレーションのアプローチを探求します。

タスクベースの自動化

タスクベースの自動化は、企業が通常、会社内の単一の役割が行う単一の明確なタスクを探し、それらを自動化することです。目標は、従業員の時間を解放し、他の活動に集中できるようにすることです。

もしVituityがタスクベースのアプローチを使用した場合、長いスタッフ配置プロセスの中でいくつかのステップを選び出し、それらのステップの自動化に焦点を当てることになるだろう。彼らにはたくさんの機会があります：メールの添付ファイルのダウンロード、メッセージのテンプレート、またはスプレッドシートのアップロード。その結果は、タスクの節約時間で測定されるだろう。

タスクベースの自動化は、既存のプロセスから時間を節約したりボトルネックを取り除いたりするのに非常に便利です。しかし、問題は、自

動化の視点でプロセス全体を再考することによって達成できるより大きな変革の可能性を実現することは決してないということです。

ストレートスループロセッシング

「ストレートスループロセッシング（STP）は、長年にわたって自動化の最高峰でした。STPとは、人の手を一切介さずに、レコードやトランザクションを最初から最後まで処理することを意味します。この用語は1970年代から存在しています。支払いなど、1分間に数千件のトランザクションがある場合、STPは非常に適しています。タスクベースの自動化がマイクロスケールであるなら、ストレートスループロセッシングはシステムスケールです。この技術はシステム全体をカバーし、手動の介入を必要としないように設計されています。」

「自律型企業」のようなフレーズは人気がありますが、STPはすべてのプロセスにとって最適なアプローチではありません。ほとんどのビジネスプロセスは、エンド・ツー・エンドで見ると、何らかの形で人の手を必要とします。例外として、意思決定、創造的な意見を提供するなどがあります。完全自動化（STPのみ）を受け入れる企業は、時には自社ブランドを傷つけることがあります。例えば、顧客サービスでは、人々はまだ他の人と働くことを好むのです。私たちは、人々が常に私たちのプロセスで重要な役割を果たすことを認識しなければなりません。企業としての最終目標は、自動販売機になることではありません。STPは、スピードが重要なプロセスには最適ですが、人間の専門知識は必要ありません。

オーケストレーション

オーケストレーションは、人、ソフトウェア、データを統合し、ジョブを完了させるためのエンド・ツー・エンドのプロセスを調整します。

オーケストレーションにより、人々（顧客、従業員、またはパートナー）は、彼らの強みが最も必要なプロセスの重要な要素として残ります。

オーケストレーションは自動化の頂点です。それによって、私たちの人々と技術はそれぞれの強みを最大限に活かすことができます。特にAIを含むテクノロジーは、全体のプロセスを横断して大量のデータを解釈し、理想的なエンド・ツー・エンドのオーケストレーションのためのテンプレートを作成することができますが、人々は創造的なタスクや非標準的な例外処理において最も優れています。オーケストレーションは技術、人間の専門知識、自動化をバランス良く保ち、会社の成果を最大化します。

オーケストレーションを自動化戦略に取り入れることは、タスク自動化ツールを捨てたり、STPを追求することをやめることを意味しません。オーケストレーションは、これらのアプローチを最も効果的な場所に組み込むのに役立ちます。また、チーム内でプロセスのマインドセットを活性化するのにも役立ちます。エンド・ツー・エンドのプロセスをオーケストレートする方法を考えることで、タスク自動化とSTPの適切な使用方法が自然に最適な場所に配置されます。

ビジネスプロセスのオーケストレーションとは、単にすべてが計画通りに進む「ハッピーパス」のビジネスをうまくこなすこと以上の意味を持ちます。不確実な旅路を航行しているすべての企業にとって、「戦争の霧」という軍事用語が適切に思えます。予期せぬ出来事は戦争においては普通のことです。私たちが評価し、対応し、調整できない場合、私たちは戦いに敗れるでしょう。

2022年の冬の休暇中、サウスウエスト航空（SWA）の従業員は戦争にいるように感じたことでしょう。その時、SWAは完全な崩壊を経験し、1週間以上にわたって80％以上のフライトがキャンセルされました。

これは衝撃的でした。SWAは顧客満足度と効率性で業界をリードし

ています。SWAは独自のポイント・トゥ・ポイントの運営戦略を展開し、フレンドリーなサービスと定刻のフライトを提供しながら、利益と記録的な成長を維持しますていることで知られています。彼らはまた、業界で最も速いターンアラウンド時間を達成しています。

何が起こったのでしょうか？彼らのインフラストラクチャは主に「ハッピーパス」に最適化されており、すべてが計画通りに進むことが前提とされ、わずかな混乱がある程度でした。しかし、冬の嵐が引き起こした混乱の規模に対応するほど頑強な例外処理プロセスを組み立てることはできませんでした。

これは、航空業界で一般的な用語である「IRregular OPerationS（IROPS）」と呼ばれており、乗務員の病欠、航空機のメンテナンスの問題、極端な天候条件など、通常の運航に影響を及ぼすすべての事象に対処しています。回復を最適化するために、SWAの「統合オペレーション」では、さまざまなビジネスシステムの情報を一箇所に集約するために、多くのデータポイントが必要です。オーケストレーションは、それらのデータを多くの異なるビジネスシステムのシロからまとめることができます。

可視化されたように、波及効果は、複数路線を運航するSWAにとって特に複雑です。SFO-DAL-MEM間の旅程は、SFO-DAL間の旅程に問題があり、DAL-MEM間の旅程に影響を及ぼしています。新しい航空機を交換するか、フライトを遅延させるか、さらにはフライトをキャンセルするかの決定が必要です。

良い回復策を立てるためには、現場のスタッフとの双方向のコミュニケーションを組織化し、彼らの現地の情報を収集することも重要です。例外的な決定がなされたら、調整をさまざまなビジネスシステムに反映させるために組織化が必要です。これには、パイロット、乗務員、ゲー

トエージェント、および顧客への組織化された例外的なコミュニケーションも含まれます。これにより、彼らに変更を知らせることができます。

SWAは、大規模な混乱事象に対する堅牢な例外処理のオーケストレーションを持っていれば、悪天候が混乱を引き起こした際にはるかに良いチャンスを得ることができたでしょう。しかし、「順風満帆な道」を進むことには業界をリードしていましたが、彼らは大規模な例外事象を処理するためのオーケストレーション手法に欠けており、したがって「冬の嵐の戦い」に敗れました。

やるべき仕事

良い自動化戦略は、関係者全員の結果を考慮に入れます。ハーバードビジネススクールの故クレイトン・クリステンセン教授は、「顧客に提供する必要のある体験を理解すれば、それが何を統合する必要があり、どのように統合する必要があるかがわかります」と述べています。

私たちは経験から始めて、技術に向かって逆算するべきです。タスクベースの自動化とSTPは、プロセスに技術を適用する方法を探し求めます。オーケストレーションは、利用可能なすべてのリソースを最大限に

活用して仕事を最善の方法で行うかを問います。

　消費者は1/4インチのドリルビットを買うのではなく、1/4インチの穴を買うのだ。同様に、楽しむためではなく、むしろ目的地に到達するためにUberを利用するのです。冒頭で触れたクリステンセンの「なすべき仕事」理論は、これが企業でどのように展開するかを理解するのに役立ちます。企業ではニーズ（または仕事）が発生し、そのニーズを満たすために人や技術を雇います。企業は営業プロセスを管理する必要があるので、顧客関係管理プラットフォーム（CRM）を購入します。求職者を管理する必要があるので、採用ソフトウェアを購入します。これらはすべて仕事であり、企業はそのためにソフトウェアを「雇う」のです。

　クリステンセンは、仕事を「より簡単に、便利に、手頃な価格で」行うことが破壊的イノベーションの核心だと述べています。これにより、破壊者は「製品を改善してますます多くの顧客にアピールする方法を想像する」ことができます。オーケストレーションはその手段です：顧客のために仕事をより良い方法で行うための方法を見つけることです。タスクの自動化とSTPはコスト削減を目指して内部を見る一方、オーケストレーションはビジネスの成果に外部を見ます。効率は、仕事をより良い方法で行うためのオーケストレーションの自然な副産物です。オーケストレーションにより、ビジネスの成果が向上し、効率も向上します。

　Vituityが顧客のために行っている仕事は、優れた医師を重要な場所に配置して患者のケアを向上させることです。仕事を改善することは、採用体験をできるだけ摩擦の少ないものにすることを意味します。Vituityの破壊的なイノベーションは、複雑で遅い市場において競合他社よりも効率的であることです。顧客のためにこの仕事を遂行するために、彼らは今や始めから終わりまでのすべてのプロセス要素を組み立てます。これらの要素は、人、プロセス、データの3つのカテゴリーに分類されます。

オーケストレーション	オーケストレーションエンジン			
アプリ＆データ	データストア	アプリ＆システム	ファイル＆ドキュメント	IoTセンサー＆装置

人々、プロセス、データはオーケストレーションの最も基本的な構成要素です。これはクラシックな「人、プロセス、テクノロジー」のITモデルに微妙な変化を加えたものです。従業員のオンボーディングなどのエンド・ツー・エンドのビジネスプロセスには常にこれらの要素が関与しています。これらの要素は絡み合い、互いにリンクしています。従業員のオンボーディングの場合、以下のように分解することができます。

人間：新入社員は雇用契約書と税務書類を確認し、署名する必要があります。マネージャーは彼らが必要とするアプリについての意見を提供する必要があります。人事チームは質問や例外を処理する必要があるかもしれません。

プロセス：新しい従業員が採用されると、多くの依存関係があり、これらがプロセスを形成します。例えば、従業員の開始日が確認されるまで、彼らのためにノートパソコンを注文したくありません。初日まで給与は有効化されません。アクセスとアプリケーションの設定は、彼らのマネージャーからの入力に依存する場合があります。これらの活動とビジネスの依存関係は、適切な条件の下で適切なタイミングで開始され、前の必要な手順が完了した時のみ行われる必要があります。

データ：新入社員は、人事記録、給与記録、システムアカウント、アプリケーションアカウント、機器注文、契約など、多くの関連データを持つことになります。彼らがオンボーディングの過程で進行するにつれ

て、このすべてのデータを作成または更新する必要があります。

Vituityは、全プロセスを統括することで、新しい医師の採用時間を半分に短縮しました。従業員は、毎年2000人の医師を病院に配置することに誇りを持っています。今では、より多くの患者が必要なケアにアクセスできるようになりました。Vituityは、摩擦のない効率的な採用プロセスにより、持続可能なビジネス上の優位性を確立しています。

オーケストレーションは、脳や人間の中枢神経系に例えられます。デジタルな神経系であり、データを一つのシステムから別のシステムに流す役割を果たしています。そのおかげで、私たちは実際に医師が病院で医療を実践するまでに60日以内で済ませることができます。

オーケストレーションに必要な技術的な能力

「オーケストレーション」という言葉は、テックの世界で人気があります。マイクロサービス、インフラストラクチャのプロビジョニング、デブオプスなどに使用されているのを見ます。ここでオーケストレーションについて話すとき、それは具体的にはビジネスプロセスの自動化の文脈で使用されます。それはプロセスの自動化に関連する別の用語であるワークフローを包括しています。ワークフローは有限ですが、オーケストレーションは無限です。これを理解すると、オーケストレーションエンジンとして機能するために自動化プラットフォームから必要ないくつかの主要な技術的能力が見えてきます。

1. イベント駆動型のワークフロー
2. 人間とシステムのアクションを組み合わせる能力
3. 他の専門化された自動化ツールとの相互運用性
4. AIがワークフローを監視し、学習し、改善する

後で議論するように、イベント駆動型アーキテクチャー（EDA）はオ

ーケストレーションの基本要素です。ビジネスプロセスを見ると、一連のアクションに結果をもたらすさまざまなビジネスイベントの複雑なウェブが見えます。オーケストレーションエンジンは、大きな目標を達成するために、一連のイベント駆動型ワークフローを調整することで、この複雑さを取り除くのに役立ちます。これらのツールは、イベントとメッセージングソリューション（KafkaやSQSなど）との相互作用を可能にする強固な基盤が必要です。

単にイベント駆動型のワークフローを調整するだけでは、直接処理（STP）のみの解決策になります。したがって、オーケストレーションエンジンには、以下の機能を簡単に追加できる能力も必要です。

AI技術は、ログデータを継続的に読み取り、解釈し、異常やボトルネックを検出し、人間に対して対策を取るよう通知します。人間の行動、例えばレビュー、承認、フォーム、変更などです。

タスクの自動化が目標ではないものの、プロセス内のステップには必要です。多くのオーケストレーションプラットフォームはタスクの自動化も可能にしますが、プロセスの特定のステップに特化した自動化ツールが必要な場合も常に存在します。オーケストレーションプラットフォームは、すべてのことに対応する唯一のツールを目指すべきではありません（それは非現実的です）；代わりに、既存の自動化ツールとの相互運用性を提供するべきです。既存のツールをより活用することを支援することで、新しい自動化のマインドセットは、私たちがすでに技術に投資しているものを最大限に活用することを可能にします。

企業の中枢神経系

この本の前半では、神経可塑性について話しました。これは、脳が新しい情報や経験に応じて構造を変化させる能力です。しかし、脳の設計は始まりに過ぎません。私たちの心がどのように筋肉とつながり、体を

動かすのかは驚くべきことです。また、これはオーケストレーションがどのように機能すべきかを理解するための素晴らしい方法でもあります。脳はプロセスをトリガーし、中枢神経系を通じて信号を送ります。体はそれに応えて動きます。体から脳へのフィードバックループを通じて、体の周りの神経終末からのフィードバックに基づいて調整が行われます。このシンプルな流れにより、私たちは信じられないほどの偉業を成し遂げます。チェリストのヨーヨーマやオリンピックの体操選手シモーネ・バイルズを考えてみてください。彼らの偉大さの背後には、驚異的な精度で体を指揮する中枢神経系が訓練されています。

企業は無数のソフトウェアツールを持っていますが、ほとんどのものは筋肉よりも頭脳に向いています。CRMやERPなどの特定の機能を持つアプリは、それぞれの役割を果たします。一部の自動化ツールはタスクの自動化に特化しています。他のツールはストレートスループロセスに適しています。全体の人々、プロセス、データのエコシステムを統合できるものは非常に少ないです。それを一緒にまとめるためには頭脳が必要です。

企業では、脳を彼らの「オーケストレーションレイヤー」と呼ぶ人もいます。適切なオーケストレーションレイヤーは、中間ウェアのベンダーのビジョンであり続けてきました。そのアイデアは、初期のコンピュータハードウェアで見たマザーボードのようなものでした。そのビジョンが1990年代にミドルウェア市場を生み出しました。今日、さまざまな統合および自動化技術が収束し、オーケストレーションレイヤーを実現しています。新しいツールのこのクラスは「エンタープライズ・オーケストレーションプラットフォーム」と呼ばれ、第17章で詳しく説明します。

Grabは、ライドシェアサービスであり、東南アジア最大のテクノロジースタートアップです。彼らは自動化についてよく知っていた。彼ら

の元CIOであるルイス・エンリケスは、オーケストレーションレイヤーの力について私と共有しました。

オーケストレーションレイヤーの全体的なコンセプトは、Slackのように誰もが楽しむことができるフロントエンドを強化することです。オーケストレーションレイヤーは中間にあり、バックエンドと通信します。今日のバックエンドはSAPかもしれませんし、明日はOracleかもしれません。それは重要ではありません。Slackを削除してプラットフォームXに移行することにしても、それは大したことではありません。なぜなら、私にはオーケストレーションレイヤーがあるからです。

通常、ERPやCRM、その他のコアプラットフォームの切り替えは苦痛です。エンリケスはオーケストレーションの手法を取り入れ、より良い結果をもたらしました。私たちはすべての企業をこのように構築すべきです。それはプロセスをオーケストレートし、データを最新の状態に保ち、従業員にシームレスな体験を提供するアーキテクチャーです。すべてが協力して顧客の仕事を完了させるために動いています。次の章でこれについて詳しく説明します。

おそらく私たちはVituityと同じような命にかかわる重要性で働いているわけではありませんが、私たちの仕事はすべて人々のキャリアや生活、幸福に影響を与えます。従業員は、自分たちが最も効果的な仕事をすることができるように力を与えられ、可能性を引き出されたときに最も満足しています。そして彼らが最高の状態にあるとき、お客様はあなたのビジネスの最高の部分を体験します。それがまさにオーケストレーションができることです。

06
可塑性

Chapter 6

「解決策を進化させ、良い解決策を見つけでも、止まってはいけない。」
— David Eagleman, neuroscientist

　私たちは、企業が厳しい時代を生き残るだけでなく、繁栄してほしいと願っています。研究によると、企業が競争他社を追い越すことがあるとすれば、不況の時に起こる可能性が2倍になるということです。そのため、ストレス下で繁栄する反脆弱(アンチフラジャイル)システムを構築する必要があります。
　筋肉強化は、実際に起こる良い例である。私たちはジムで重量を持ち上げるためにトレーニングをすると、筋肉の繊維が引き裂かれて崩壊する。それらは癒えて再構築され、より大きく強くなる。筋肉は反脆弱であり、ストレス、ショック、挑戦が彼らをより良くになる。

　神経科学者たちは、私たちの脳と筋肉が同じように反脆弱であることを発見した。挑戦を受け、訓練されると、私たちの脳は神経プロセスを破壊し、再配線する。例えば、ロンドンのタクシー運転手は、仕事を効率的にこなすために非常に複雑な道路システムを学ばなければならない。マルコム・グラッドウェルの著書『Outliers』に影響を与えたアンダース・エリクソンの研究では、トレーニングの前後の脳をスキャンしました。実験の結果、トレーニング後に脳の一部が筋肉のように大きくなることを発見しました。他の研究者も、クラシック音楽家で同じ結果を発見しています。

前章では、脳と中枢神経系とオーケストレーションの類似性を探索しました。この類似性は、私たちの会社全体がどのように機能すべきかにまで及んでいます。私たちの企業も課題に対応して成長し、再配線する必要があります。残念ながら、それは典型的な例ではない。市場の挑戦は拡大しているが、企業のプロセスは新たな変化のスピードについていけません。プロセスは硬直化しています。小さな変化でも時間がかかります。このような状況では、硬直した企業は衰退する企業となります。厳しい時代に最も打撃を受け、破壊的イノベーションの最初の兆候で絶滅します。私たちの脳は、困難の中で成長するために可塑性を利用している。企業にも可塑性が必要なのです。

「可塑性」とは、細胞や生物が環境条件が変化する際に、その特性や行動を変化させる能力のことです。もし私たちの会社のプロセスをこれに似た形で構築したら、どうなるでしょうか。私たちは以下のような結果を得ます：
- 経済や競争からの外部的な圧力にもかかわらず繁栄すること
- 組織内の混乱期に迅速に焦点を当て直すこと
- 目標を達成するための新しい独自の方法を特定するために継続的に

改善すること
- 新しい市場に参入し、効率を最大化し、素晴らしい顧客体験を創造し、革新的な製品やサービスを開発することなど
- 残念ながら、これらの特性を持つ、柔軟性を備えた企業は稀です

硬直した企業

　私は長年にわたり、可塑性に関して非常によく似たストーリーを持つ数多くの企業に出会ってきました。無実の人々を守るために、これらの真実の物語をいくつか組み合わせてこの仮説上の物語を作りました。アリスは最近エネルギー取引会社に入社した。彼女は最近会社を辞めたジョーという別のトレーダーの後を引き継ぎました。その仕事の役割の一部は、異なる地域でのエネルギー需要を予測することだ。需要が急増すると、彼らはプレミアム価格でエネルギーを販売します。この仕事は収益に大きな影響を与えるので、アリスはこの仕事を引き受けることに興奮した。

　彼女は、会社の需要予測プロセスが手作業であることを知りました。例えば、天気予報サイトで天候を調べ、地域ごとにスプレッドシートに貼り付けていました。アリスは、機械学習と公共の気象データベースを使えば、時間を節約できるかもしれないと直感しました。彼女は、機械学習と公開気象データベースがあれば、エネルギー需要の見積もりを自動的に生成し、効率を上げることができると考えました。さらに、リアルタイムの気象データフィードを利用すれば、より正確な予測が可能になります。インパクトを与える絶好のチャンスに思えました。

　アリスはまず、上司にこのアイデアに賛成してくれるかどうか尋ねました。彼女の前任者（ジョー）も同じことを試みたが、IT部門との問題にぶつかったという問題が出てきました。ジョーは問題を部分的に解決するために自分でスクリプトをいくつか作ったが、彼が去ったとき、誰も

それを理解できませんでした。アリスはジョーのスクリプトを見つけたが、彼女も理解できなかった。他に選択肢がなかったため、アリスはIT部門に連絡を取る計画を続けました。

ITリクエストとビジネスケースを添付して提出する長いプロセスの後、アリスは待ちました。やがて、さらに待たされた後、彼女は最新情報を得た。彼女のリクエストはアーキテクチャー・チームに回されました。チームらはRPA、エンタープライズサービスバス、ETLツールを使用するか、カスタムコードが必要かを決定しようとしていました。3週間後、彼女は最終的にカスタムソリューションチームに回されました。他の自動化ツールは適切ではなかったか、サポートするチームに優先順位の高いプロジェクトが多すぎたのです。カスタムソリューションチームは、プロジェクトの複雑さとリソースの制約のため、最低でも18カ月かかるとアリスに見積もりました。

アリスは、前任者がなぜITを避け、スクリプトを作り、やがて去っていったのかを理解した。解決策を得るまで18カ月も待たなければならないとしたら、彼女が計画していた予測アプローチは時代遅れになってしまうかもしれない。もし後で変更を加えなければならないとしたら、カスタムコードの更新を意味し、おそらくまた数カ月のプロジェクトになるだろう。アリスは、18カ月後に自分がまだ会社にいるかどうかもわからなかった。この時間とお金を一回限りの堅苦しいソリューションに投資するのは意味がない。落胆したアリスは、手作業で予測を更新する仕事を続けました。

IT部門はこの物語の悪役ではありません。上記の例のように、AIや機械学習ツールの力も活用できる自動化ソリューションを構築するには、時間と貴重な専門知識が必要だ。IT部門は常に求められており、優先順位をつけてリソースを管理する必要があります。彼らが取り組んでいる他の要求よりも価値が低いという理由だけで、価値のあるものを待つよ

うにアリスに伝えるという厄介な立場に置かれている。最先端の統合ツールや自動化ツールを使っても、何も変わらない。IT部門はアリスを助けたいが、彼らの手は縛られています。

多くのITチームは、統合アーキテクチャーや自動化アーキテクチャーを重点を置く傾向がある。彼らは、デカップリングや再利用性といった特徴を重視します。これらは良い価値観ではあるが、再利用性が必ずしもアジリティーにつながるとは限りません。企業は、再利用可能なAPI、コード、イベントストリームのライブラリやエコシステムを構築します。しかし、プロセスや関連する自動化に対する単純な変更は、相変わらず時間がかかり困難です。APIは再利用可能だが、オーケストレーションと基礎となるコネクティビティは固定されている。これらがボトルネックになっている。この問題をアーキテクチャーで捉えると、次のようになります：

私たちはしばしば、企業がどのように機能すべきかを機械に例えて説明します。私たちは「成長エンジン」を作るべきであり、「よく油を差した機械」のように動くべきなのだ。しかし、それこそが問題なのだ。私

たちは会社を、硬直した機械式エンジンのように設計してしまっている。ひとつの部品が壊れれば、システム全体がダウンする単純な変さらには数カ月の計画と専門ツールを持つ専門家が必要です。これは可塑性の反対側です。これは硬直性です。

マシンを減らし、脳を増やす

アリスのプロジェクトは、あらゆる企業で行われるべき数千の影響力のある改善の一例です。もし会社が脳のように働くなら、アイデアを素早く試作し、時間をかけて継続的に改善していくでしょう。挑戦するたびに、プロセスはより良くなっていく。規模が大きくなれば、企業は状況に関係なく、より強く成長することができます。

アリスはCEOではありませんでした。彼女はリーダーシップを発揮する立場ではなかった。この変革のアイデアは中央指令センターから出たものではなく、一般社員から出たものでした。アリスや他の従業員は、会社で "なすべき仕事 "について最もよく知っています。彼らはプロセスを進化させ、改善させるのに最も適した立場にいます。可塑性とは、組織のあらゆるレベルにおいて、改善のためのアイデアを迅速にテストし、統合することを必要とします。可塑性とは、単に組織が変化する能力のことではなく、あらゆるレベルで継続的に一度に変化する能力のことです。

型を破る

可塑性にはオートメーション・アーキテクチャーが必要です。しかし、それは技術的なことばかりではなく、人々の問題でもあります。数え切れないほどの技術カテゴリーが、自動化の特効薬だと主張している。しかし、アリスの話に出てくるITチームは、最新のツールを持っていたが、結果はまだ実行不可能でした。自動化戦略は、人を犠牲にしてテクノロジーを強調しすぎたのです。

新しいオートメーション・マインドセットを採用するためには、企業には技術的な卓越性と組織的な卓越性の両方が必要です。シェフも、レシピも、ツールも、すべて結果において同等の役割を果たします。オートメーション・テクノロジーは、オペレーティング・モデルと歩調を合わせて運用されなければならず、そのためには正しい戦略が必要である。エンタープライズ・オーケストレーションは、可塑性を達成するために推奨される戦略的アプローチです。エンタープライズ・オーケストレーションについては、Part 4で詳しく説明するが、ここでは、組織が可塑性を達成するのに役立つ、この戦略の構成要素に焦点を当てます。

組織が自動化戦略に含めるべき3つの重要な要素は以下の通りです：

1. コンポーザブル機能：チームが自動化を組織の構成要素に変えることを可能にする
2. AI支援オーケストレーション：手動またはAI支援により、エンド・ツー・エンドの成果を達成するために、ビルディング・ブロックを迅速に接続する能力
3. 柔軟なエクスペリエンス：長い開発サイクルを必要とせずに、人々が私たちのワークフローに対話し、参加できるようにする。

可塑性の概念はこれらの分野にとどまらないが、これらの構成要素は、企業が硬直性を排除するために最初に検討することを推奨する場所です。ほとんどの組織は、ここに注力することで、ビジネスのアジリティと可塑性が大幅に向上することに気づくだろう。

コンポーザブル機能

「ガートナー・リサーチ」の読者であれば、「コンポジション」、あるいは「コンポーザブル・エンタープライズ」についてご存じでしょう。コンポジションでは、アプリやデータはビルディング・ブロックのようなものであり、異なるソリューションを簡単に作成するために組み合わせることがです。ビジネスや市場の変化に応じて、さまざまな方法でそ

れらを並べ替えたり、接続し直したりする。ガートナーはこれらのビルディング・ブロックをパッケージド・ビジネス・ケイパビリティ（PBC）と呼んでいます。PBCは通常、企業内の特定の機能や能力に関連します。例えば、「契約管理」は、契約を追跡、保存、管理できるPBCと言える。営業、製品、サポートの各チームは、それぞれ異なる理由でこのPBCを利用します。PBCは1つのアプリケーション、多くのアプリケーション、またはどのアプリケーションにも関連する場合があります。能力に焦点を当てることで、テクノロジーを利用することで、特定のアプリケーションに依存することなく、ビジネスの目標と結果に基づいたプロセスを設計することができます。

エンタープライズ・オーケストレーションのコンポーザブルな機能は、ガートナーの定義を超えて広がっているが、多くの共通点を持っています。まず、自動化コンポーネントを3つの柱に分類します。

エクスペリエンスの統合

この区分は、各分野のオートメーション・コンポーネントの設計方法や相互作用の違いを説明するものです。エクスペリエンスは多くの場合、チャットボット、ウェブアプリ、モバイルアプリを通じて提供される。データはAPIを通じて公開されたり、ファイルやデータベースを通じて転送されたりします。しかし、プロセスは多くの場合、長時間実行され、システムとエクスペリエンスの組み合わせが含まれることがあります。

コンポーザブル・ケイパビリティの実現に焦点を当てることで、データ、プロセス、エクスペリエンスをプラグアンドプレイにすることで、プラステイシティを実現することができる。ケイパビリティやアセットをビルディング・ブロックとしてパッケージ化し共有することで、次の自動化をより早く実現することができる。例えば、経験の柱で承認のビルディング・ブロックを作成することができます。それがどのようなものかを一緒に考えてみましょう。

この承認ビルディング・ブロックは、どのようなオートメーションでも、どのよう なタイプのリクエストでもマネージャーの承認を要求できるようにします。

- 従業員のマネージャーを探す
- 従業員の上司が休暇やその他の理由で誰かに承認を委任しているかどうかを判断する
- MicrosoftのTeams経由で承認リクエストをマネージャーまたは委任者に送信する
- 必要に応じてフォローアップリマインダーを送信し、一定期間内に応答がない場合は次のレベルのマネージャーにエスカレーションする
- 承認または却下されたら、元のオートメーションに通知する

一度作成されれば、このコンポーネントは、承認が必要な将来のすべてのオートメーションで使用することができます。例えば、パンデミックの間、組織は誰がオフィスに入るかを管理するプロセスを導入するために奔走しなければいけませんでした。もし彼らが、オフィスに入るすべての従業員に対してマネージャーの承認を確保したかったら、この再利用可能なコンポーネントによって、そのステップをより速く追加することができる。新しいリクエスト・プロセスを自動化する担当者は、リ

クエストをどのように承認させるかを考え抜く必要はありません。

　最適なビルディング・ブロックは、以下の3つの主要テクノロジー・コンポーネントのうち少なくとも1つで構成されるべきです：
- APIサービス：ビルディング・ブロック内のデータに迅速にアクセスするためのサービス
- ビジネスイベントサービス：リアルタイムでイベントに対応したり、他のサービスにビジネスイベントを通知したりする機能を提供する
- 現代のデータクラウド：大規模データ処理、分析、機械学習のためのもの

　APIとイベントにより、他のオートメーションはこれらの能力を迅速にフローに組み込むことができます。最新のデータクラウドでは、この機能に関連するデータの保存と処理が可能です。例えば、「商品の推薦」のビルディング・ブロックを作成する場合、これらの推薦を正確に行うために、商品データと過去の購入データを保存し、継続的に機械学習モデルをトレーニングおよび再トレーニングする必要があります。

　これらの各構築ブロックは、迅速なノーコード接続性のレイヤーの上に構築されなければなりません。コネクティビティは今やコモディティであるため、ここではローコードとノーコードを区別します。一般的なアプリケーションやデータソースへの事前構築されたコネクターは、現在、ほとんどの自動化ツールで広く利用できます。アプリケーションへの接続は、私たちのチームが何日も、あるいは何時間もかけて考えなければならないものではありません。もしアプリケーションコネクタを使用していない場合、接続と認証を適切に開始するために、複雑なカスタムコードとロジックが必要になります。これは、新しいアプリケーションに接続するたびに、研研究と技術的な努力を必要とすることを意味する。さらに悪いことに、最初のステップの自動化を始める前に、このような労力が必要となる。これでは遅々として進まない。

コンポジションは新しいアイデアではない。このバージョンは、長年の統合と自動化プロジェクトから学んだことをもとに改良されたものだ。歴史的に、企業はAPI、イベント・ストリーミング、データを異なるテクノロジー、さらには異なるITチーム間で分離していた。これらの技術はそれぞれのニッチで輝きますが、設計された目的以外で使用しようとすると失敗します。例えば、APIはリアルタイムのデータアクセスには優れていますが、契約の署名、新しい注文の配置、セキュリティアラームのアクティベーションなどのアウトバウンドイベントの処理にはあまり適していません。これらの技術を組み合わせることで、チームは個々のツールに制限されないパッケージを作成することができます。代わりに、彼らはフル機能のビジネス機能の提供に集中することができます。

AI支援オーケストレーション

前章で述べたように、我々は単純なタスクの自動化を超える必要がある。そのためには、人、プロセス、データにまたがるフロー全体をオーケストレーションできなければならない。すべてがつながっている必要がある。オーケストレーション機能や我々のアーキテクチャーは、このエンド・ツー・エンドの自動化を可能にする。しかしここで重要なのは、オーケストレーションは可塑性を念頭に置いて実装されなければならないということだ。つまり、構築するフローは硬直的で固定的であってはならないということだ。簡単に変更できるようにしなければならない。さらに、生成AIが組織が飛躍するのに最も役立つ貴重な領域の一つは、まさに以下の通りです。

AI支援のオーケストレーションレイヤー。このレイヤーは、企業内の既存の能力を組み合わせることで、ビジネスのニーズを理解し、それに対応することができる必要があります。私たちの「オフィスへの復帰」の例に戻ると、オーケストレーションレイヤーにオフィスに戻りたい従業

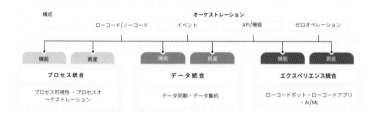

員には、予防接種の証明と直属の上司の承認が必要です

もしも、AI支援のオーケストレーションレイヤーがそれを自動化するとしたら、想像してみてください：

従業員のリクエストを受けるためのローコードアプリケーションフォームを生成します（同時に、新しい「オフィスへの復帰」体験機能を生み出す）。

リクエストに応じて、また従業員の所在地に基づいて、ワクチン接種を証明するAPIを検証のために使用します（同時に、「ワクチン接種証明」データの機能を生み出す）。

Microsoft Teams 通知をダイレクトマネジャーに送信し、承認を求めます（前述の「承認」エクスペリエンス機能を再利用）。

典型的な統合や自動化のアーキテクチャー図を見ると、オーケストレーションレイヤーが欠けていることに気づくでしょう（AI支援機能は言うまでもない）。今日の典型的なソリューションは、サービス（API）に重点を置き、これらのAPIを結びつけるものを見落としています。そのため、スクリプトやカスタムコードなど、システムとAPIを結びつける硬直的な方法になってしまいます。したがって、柔軟なオーケストレーションレイヤーは、可塑性を実現するために不可欠です。

AI支援のオーケストレーションは、2つの基本要素に依存しています。

AIを活用した動的なワークフロー

「ダイナミックなワークフローをサポートするためのローコードコンポーネント。」

過去数年間で、ローコード・テクノロジーが人気を集めています。コードの複雑さや運用上のオーバーヘッドがないため、ソリューションの構築や管理が速くになります。さらに重要なことに、これらのテクノロジーは、組織内のより幅広いペルソナの「共通理解」を促進する抽象化レイヤーの作成に役立っています。オーケストレーションに適用すると、柔軟性を実現するために必要なものが正確に解放されます。エンド・ツー・エンドのプロセスのステップを素早く組み合わせて、瞬時に変更を加えることができます。もしアリスの会社がローコード・オーケストレーションレイヤーを持っていたら、話は変わっていたでしょう。IT部門は非常に素早くソリューションをプロトタイプ化できただろうし、おそらくアリスはIT部門からの指導を受けながら独自のソリューションを構築していたでしょう。

オーケストレーションを実現するもうひとつの鍵は、AIを活用したダイナミックなワークフローです。人が常にプロセスを微調整する代わりに、機械学習モデルがプロセスを調整できる世界を想像してみてください。オーケストレーション・ツールは現在、プロセスの次のステップを動的に決定する機械学習モデルと統合することができます。さらに、生成的AIと自動化中心のLLM（大規模言語モデル）の力を借りれば、AI支援型のオーケストレーション・エンジンを通じてプロセス全体を自動化できるでしょう。

例えば、ある大手ホスピタリティ企業は最近、ホテルに届く顧客からのEメールを処理するオートメーションを導入しました。問題は、顧客のEメールが10種類のプロセスのどれかを開始する可能性があるということだった。それは、部屋の予約、宴会場の予約、クレーム、請求書に関する問い合わせ、遺失物に関するリクエストなどです。彼らは機械学

習を活用して受信メールを処理し、リクエストの種類を特定した。これにより、適切なプロセスを即座に開始し、適切なチームを関与させることができます。何時間も何日も返事を待つ代わりに、顧客は結婚式で予約したいボールルームの空き状況と価格を即座に自動返信で受け取ることができるようになりました。

　このテクノロジーをさらに発展させれば、プロセスを自己最適化できるようになります。機械学習と適切な管理ツールを組み合わせることで、自動的にプロセスを検出し、変更を加えることができる。請求書の自動化を例にとると、請求書レコードは、電子メールで受信されると、統合基幹業務システム（ERP）に自動的に作成されます。人工知能は、請求書レコードがロードされた後の変更を監視するために使用することができます。つまり、買掛事務担当者が、ABC社からABCグローバル社の親会社に送られた請求書を常に調整する場合、ABCグローバル社への請求書がさらに計上されるように自動調整されることになります。IT部門からの介入も、オートメーションへの変更もなく、システムは自動的に適応します。オーケストレーション能力の一部として機械学習を活用することで、自動化されたプロセスが自ら調整し改善するという、究極の可塑性をもたらすことができます。

柔軟な経験

　どのようなビジネスにおいても、成功の基盤は常に人です。自動化は人に取って代わる手段ではなく、単に人の価値を最大化し、創造的、抽象的、戦略的な仕事に私たちを解放するものです。繰り返しの退屈な仕事ではなく、満足のいく面白い仕事ができるようになるのです。

　歴史的に、自動化プロジェクトにおいてユーザー・エクスペリエンスは二流の市民であった。一般的に優先されるのは、データの移動やシステムの動作である。新しく自動化されたフローと相互作用する人々の体験には、ほとんど注意が払われない。カスタマー・エクスペリエンス

(CX)や従業員エクスペリエンス(EX)はよく使われるバズワードだが、プロセスを自動化する場合、それらはしばしば無視されます。

エンタープライズ・オーケストレーションにおけるエクスペリエンス統合の柱は、エクスペリエンスに焦点を当てるように設計されています。これにより、適切な情報、意思決定、アラートが適切なタイミングと場所に表示されるようになります。例えば、誰かがリクエストを承認する方法は、30分のプロセスと3週間のプロセスの違いを意味します。人々は自然と難しいツールやプロセスを避けるようになります。不便なアプリにログインする必要があれば何週間も先延ばしにしていたようなことでも、携帯電話にポップアップ表示されたリクエストであれば、ほとんどの人は喜んで承認するでしょう。ツールに縛られた硬直的な方法に甘んじている場合ではないのです。新しく自動化されたプロセスに関連するユーザー・エクスペリエンスを作り上げるには、思慮深いデザインと柔軟なテクノロジー・プラットフォームが必要です。

柔軟なエクスペリエンスには、いわゆるジャスト・イン・タイム(JIT)エクスペリエンスを可能にするテクノロジーが必要です。通知、承認、レビュー、フィードバック、洞察、決定、その他のアクティビティは、自動化されたフローの基礎となる構成要素です。柔軟なエクスペリエンスには、自動化プラットフォームが最適なコミュニケーションチャネルを使用してこれらのJITエクスペリエンスを提供できることが必要です。それは、電子メール、Slack、SMSテキスト、Microsoft Teams、または主要なビジネスアプリケーションの通知かもしれません。各エクスペリエンスには理想的なチャネルがあり、自動化プラットフォームは、すべてのプロセスが適切なタイミングで、適切な方法で、適切な人々と柔軟に接続できるようにする必要があります。

今日、多くのツールやテクノロジーが、通知、フォーム、さまざまなタイプのユーザーとのインタラクションを構築する機能を提供してい

る。組織内で可塑性を生み出すために重要な要素は、これらのエクスペリエンスを作成し、自動化されたフローに組み込むスピードである。この領域は、しばしばボトルネックの原因となる。ほとんどの企業では、新しいカスタムエクスペリエンスを作成するには、アプリケーションのカスタマイズやカスタムウェブフォームが必要で、開発者や専門家によって構築される。このため、自動化の提供はしばしば遅々として進みません。

自動化プラットフォームが、ローコードやその他の手段を用いて、これらの柔軟な体験を迅速に提供できるようにすることが、可塑性の3つ目の要素を解き放つことになります。

すべてを組み合わせる

T.E.A.M.とは、中学校のスポーツの頭文字をとったもので、"Together Everyone Achieves More" の略です。バスケットボールでも野球でも、あるいは企業ITでも、一人の優れたプレーヤーが成功を保証するものではありません。陳腐な言葉に聞こえるかもしれないが、これは組織における基本的な真理を表しています。アリストテレスはもっとうまく言った:"全体は部分の総和よりも大きい"。すべてが調和して機能するとき、個々の部分よりも大きなものが生まれます。

柔軟な経験、ダイナミックなオーケストレーション、そして組み合わせ可能な機能を組み合わせることで、過去に見たことのないほど優れたビジネスの柔軟性を得ることができます。

過去100年間は、硬直した機械のように会社を作れば十分でした。今日の環境では、このような硬直的なアプローチはもはや通用しません。新しいオートメーション・マインドセットは、脳のような可塑性を持つ企業を構築します。企業の隅々まで変化し、進化し、適応し、改善します。

世界の変化のスピードは、今後もさらに加速していくでしょう。さら

なるシステム・ショック、市場の低迷、その他の予期せぬ出来事は、常にすぐそこに潜んでいます。これらの挑戦に動じない、止められない企業を目指すのであれば、可塑性が鍵となります。

07

民主化

Chapter 7

「権限は、自分たちのプロセスを改善する作業を行う人々に委ねられるべきである。」
— **スティーブ・ジョブズ**

多くの技術者は、民主化と混沌にはほとんど違いがないと考えています。これは、アメリカの政治家トーマス・ジェファーソンの次の見解とよく似ています：「民主主義は単なる多数決の支配に過ぎず、51％の人々が他の49％の権利を奪うことができる」

CIO（最高情報責任者）のグループに「民主化」という言葉を投げかけると、反応はさまざまです。ある人たちはそれを「進歩」や「未来」として好意的に捉えます。しかし、他の人たちはそれを怖いものや懸念すべきことと呼びます。あるCIOはかつて、「技術専門家がいる理由がある」と言っていました。

ITリーダーが民主化について言及する際に恐れを感じるのは、彼らが実際には無秩序を想像しているからです。最も極端な例では、企業のIT版の「マッドマックス」映画のようなものになるでしょう。すべての管理を取り除き、強力な自動化やAI技術を大衆に渡し、人々を自由にさせたら、会社はおそらく爆発して炎上するでしょう。冗談はさておき、混乱を受け入れることを躊躇するテクノロジストを責めることはできません。しかし、現状に対する唯一の代替案が無秩序であるならば、技術リーダーは立ち往生してしまうでしょう。ITだけで自動化革命を起こすこ

とは不可能です。しかし、もう一つの選択肢が鍵を手渡し、最善を祈ることだけであれば、革命は最初から失敗する運命にあります。

実際、私たちが恐れている無秩序は、今日の企業で既に起こっていると言えるかもしれません。第4章では、シャドウITやローグITのような無秩序の危険性についても触れました。ITの管理と無秩序の選択は、実は誤った二者択一です。実際のところ、ITの管理が自動化への安全な道を提供するわけではなく、シャドウITを生み出すことになります。幸いなことに、「民主化」という第三の選択肢が存在します。

民主化は、無秩序と統制の世界をバランスよく組み合わせ、両者の利点を引き出します。反対派が何と言おうと、自動化の民主化は可能です。適切なガードレール、役割、および管理を整えれば、民主化は企業を大きく前進させることができます。

すべての組織には対立する利害関係が存在し、ガバナンスはそれらを管理するために必要です。企業のテクノロジーの維持を担当する責任者は、リスクから企業を守ります。ビジネスラインの従業員は、仕事をよ

り速く、より簡単に、より高品質の成果を達成しようとしています。これら二つの目標は常に一致しているわけではありません。リーダーとしての私たちの使命は、これらを相補的な強みとして受け入れ、両方の側面をサポートする運営モデルを構築することです。言い換えれば、私たちの役割は健全な「民主主義」が栄えることを可能にするガバナンスを構築することです。私たちは、「市民」に自由を提供しながら、リスクを最小限に抑える必要があります。

バランスの取れたスキルセットで成功を収める

「大いなる力には大いなる責任が伴う」という古い格言があるように、民主化とは私たちが盲目的にすべての「市民」に偉大な責任を与えるべきだと言っているわけではありません。そのため『シチズンデベロッパー』や『シチズンオートメーター』といった用語は、不正確で欠陥があります。もう一度、政府の比喩を使って別の角度から説明しましょう。

多くの国では、新しい建物の建設プロセスは、最初のシャベルが地面に触れるよりずっと前に始まります。建築家やデザイナーは、安全で楽しく、有用なレイアウトを作成します。しかし、建築家が作業を始める前に、地元政府は環境に合った安全性とセキュリティのための規制と建築基準を設けます。例えば、カリフォルニアの建築基準では、建造物が大規模な地震に耐えられることが求められます。ニューヨークのような寒冷地では、屋根の雪の重さを考慮した規制があります。これらの法律は新しい建設の安全を保証します。規制者が考慮していなかった自然災害が発生した場合、規制は見直されます。

建物の建設が始まるとき、労働者と設計者はそれぞれのユニークなスキルセットを持ち寄ります。建設班には、新しい住居を建てるために必要な独自のスキルを持つ、レンガ職人、電気技師、配管工、大工などの専門職人が含まれることがあります。チームの各メンバーは自分の役割

を知り、特別な訓練とライセンスを持っています。また、彼らは自分の仕事を改善するかもしれない最新の製品や技術にも精通しています。

電気技師は統合と自動化にピッタリの例えです。規制や訓練がなければ、新しい建物の配線を行う人は、一点から別の点へ直線で配線を引く方が簡単だと思うかもしれません。例えば、ドアや廊下を通って。しかし、建築基準や電気技師の訓練は、このようなことを許しません。それは単に散らかるだけでなく、感電や火災の危険も生じます。代わりに、配線は壁の内側にきちんと走らせる特定の方法があります。これらの基準は文書化されるだけでなく、建築検査によって見直され、施行されます。職業団体や建築基準によって設定された基準は、配線作業自体よりも重要であると言えるでしょう。

建築の現場では、職人は建築の設計をゼロから行う必要はありません。設計図がプロジェクトの各部分がどのように組み合わさるかを指示します。建築家は職人たちと同じレベルの知識を持っているわけではありませんが、基本的な理解はあります。さらに重要なことは、プロジェクトの各部分が完成した時にどのように機能するかを知っていることです。設計は、職人たちが仕事を正しく行えば、最終的な構造物がしっかりとしたものになることを保証します。

これらの役割―アーキテクト、ガバナンス、ビルダー――は、成功のために調和して働く必要があります。この共生的な関係がなければ、混乱が起こることは間違いありません。指示がないままレンガ職人が基礎を築くことを想像してみてください。彼らは何を建てるでしょうか？おそらく最も簡単な、完璧な正方形のようなものを建てるでしょう。電気技師や配管工は、安全性はおろか、全体のシステムがどのように機能する必要があるかを考慮せずに、電線やパイプをどのようにでも引くでしょう。これはばかげているように聞こえますが、これが今日の平均的な企業で受け入れられている状況です。

バランスを見つける

　過去において、企業はセキュリティとスピードの間で選択を迫られていました。私たちは両方が必要です。成功は民主化とガバナンスのバランスにあります。陰と陽のように、彼らは相反するが相互に関連する力をバランスさせることで秩序を生み出します。

　陰陽の理論は、人生が二つの相反する力のパターンで運営されていると提唱しています。各側には異なる特性がありますが、どちらもバランスを生み出す方法で共存する必要があります。各力は、相反する力の一部を自分の側に持っているときに最も強力です。技術専門家がビジネスユーザーを支援し、彼らが構築するとき、彼らは最高の状態にあります。ビジネスの専門家が技術チームからのガイドライン内でテクノロジーソリューションを構築できるとき、彼らも最高の状態にあります。

　自動化を民主化することで、人々は自分たちが企業にとって最善だと考えるアイデアを使ってワークフローを自動化できます。これらのアイデアはビジネスからも、時にはITからも生まれます。その結果、ITの役割は「プレーヤー兼コーチ」として説明されます。ガートナーはこれを「フュージョンチーム」と呼んでおり、技術専門家が共通の目標を持つ機能専門家と力を合わせます。この協力的なアプローチは、両チーム間の信頼を築き、各チームが日々直面する課題に対する健全な尊重を生み出します。これは些細なことのように思えるかもしれませんが、信頼がなければ多くのプロジェクトが指摘と不一致に陥るため、非常に重要です。ITとビジネスを同じチームにすることで、彼らは互いに対抗するのではなく、一緒に働き始めます。

ITとビジネスを結びつける

　自動化の民主化は人々を結びつけます。これは共有され、合意されたルールによって実現されます。誰もが役割を果たし、その結果は魔法の

ようです。専門職のトレードのように、ビジネスラインのマネージャーも自分の領域に特化したスキルを持っています。彼らは自分の領域の語彙や指標を理解しています。また、プロセスも把握しています：タスクを完了する順序、何を優先するか、市場がどのように変化しているか。最も重要なのは、彼らが強い使命感と自分が何をすべきかを明確に理解していることです。営業オペレーションの誰かは、IT管理者よりも営業プロセスを改善する方法をよく知っています。しかし、営業オペレーションのその人が自分のプロセスを自動化し改善するために権限を与えるには、安全に自動化できるようにする必要があります。

IT部門は、ビジネスの円滑な運営を支援するための補完的な専門スキルセットを持っています。彼らはガバナンス、スケール、セキュリティに関する独自の理解を持っています。技術専門家は、システムが効率的に動作する方法を知っています。また、技術的な決定が技術的な負債を生み出し、スケールを制限し、セキュリティ問題につながる可能性があることも理解しています。

この民主化のビジョンでは、ITはより戦略的なリーダーシップの役割

を担う必要があります。ITは、ビジネス全体の人々が自動化を行えるように支援しなければなりません。トレーニング、コンサルティング、メンタリング、サポートがすべて必要です。それには、作業を行うための技術と手段を提供することも含まれますが、企業を保護するためのルールを確立し、伝え、施行することも意味します。

ガバナンスを味方にする

多くのビジネスパーソンにとって、ITガバナンスは悪い言葉と見なされています。彼らはそれを彼らの進行を遅らせる官僚主義として捉えています。残念ながら、ガバナンスはITを「ノーと言う部門」という評判を与えました。ITのルールに関する以下のような誤解が残っています：

- ガバナンスは変化する環境に十分に迅速に適応しない
- ITリーダーは、ガバナンスの取り組みがビジネスのニーズにどのように影響するかを理解していない
- ITは力と制御感を得るために、ルールと制約を設ける

どんな神話にも、通常は真実の要素があります。残念ながら、これらの言説がすべて真実であるIT部門は多く存在します。しかし、これはこれらの言説が常に真実であるという意味ではありません。ガバナンスは、遅くて骨の折れるものにも、速くて効果的なものにもなり得ます。その違いは、単純にガバナンスプロセスがどのように作成されるかにあります。優れたガバナンスは、民主化された自動化への唯一の道です。ITはガイドやメンターとしての役割を果たす必要があり、その使命の一つとしては、ガバナンスが悪いという見方を克服することです。

ガバナンスを再構築する方法の一つとして、ルールを機会の文脈に置くことが挙げられます。認定を取得した人々を祝うことがこれを実現する方法の一つです。ビジネス部門の人々向けのコースはガバナンスに関

わるものであるべきですが、それを修了した人々を組織内のスターとして引き上げることで、彼らは自分が組織に属しているという感覚を感じるでしょう。その成功ストーリーを同僚や他のビジネス関係者と共有することで、それをさらに発展させることができます。ルールに従う人々をチャンピオンに変えるとき、私たちは難しいトピックにポジティブなスピンをかけることができます。

　最後に、私たちは人々にガバナンスがすべて悪いわけではないと伝えるだけでなく、それを示す必要があります。迅速で簡単で、ユーザー・エクスペリエンスが優れたガバナンスプロセスを導入することで、企業はガバナンスが本当はシンプルであることを認識するでしょう。ガバナンスが制約的すぎると感じると、人は疑念を感じ、ビジネスはシャドウITの道を進むことになります。ガバナンスのシステムは良いものですが、ITがどのようにガバナンスを伝え、人々がそれをどのように体験するかが、民主化が成功するか否かの違いを生むでしょう。

　チームはできる限り多くの作業を自動化し続けましたが、すぐに最大キャパシティに達しました。そのため、彼らは優先順位を再考し、最も影響力の高い1%のプロセスに焦点を当てることにしました。彼らのチームの規模では、与えられた野心的な目標を達成することは不可能であり、未完了の作業や未実現の機会がまだたくさんありました。「私たちは自動化チームを持っていて、彼らはすべての自動化を構築していました。しかし、彼らのバックログは非常に早く埋まってしまいました。そこで、優先順位付けの演習が行われ、彼らは高い影響度かつ高い価値のある作業だけを行うようにしましたが、多くの作業が未完了のままとなってしまいました」と、Atlassian社のインテリジェントオートメーション責任者であるモヒト・ラオは述べています。

　そこで、私たちはプラットフォームチームを構築し、彼らのゴールを他のチームが自動化できるようにすることとしました。すると他のチー

ムが私たちの自動化プラットフォームを使って自分たちの仕事を自動化するようになっていきました。なるべくビジネスに近いところで進めると、より良い結果が得られると思います。

この新しいプラットフォームチームは当初、他の一部のITチームに自動化についてのトレーニングを行うよう求められました。トレーニング後、それらのITチームは会社全体からのリクエストを捌き始めました。しかし、それらのチームもすぐに最大キャパシティに達し、未完了の作業の新しいバックログが増え始めました。それでも、会社はCFOの目標である10万時間の節約に近づいていませんでした。

この時点で、IT部門のすべての人がフル稼働していたため、自動化チームは手段を尽くしたと思っていました。最後の手段として、プラットフォームチームは、ビジネス部門が自分たちのプロセスを自動化するための「自動化チャンピオン」プログラムを作成しました。同時に、この作業が安全に行われるようガバナンスシステムを構築しました。モヒトは次のように説明しています。「ビジネスユーザーとITユーザーを有効にした今、プラットフォームチームはガードレールとガバナンスの作成、環境分離、自動デプロイメント、テストなどに集中できるようになりました。」民主化を通じて、彼らは不可能だと思われた目標を達成しました。1年間で10万時間の労力が自動化されたのでした。

会社の他の部分も初めて自動化を行い、興味深い結果を得ました。Atlassian Foundationはその一例で、彼らは非営利団体と連携する会社の一部門です。彼らは「Engage for Good」というプログラムを持っており、それはボランティアをしたいAtlassian従業員と非営利団体を繋ぐものでした。何百もの非営利団体と何千ものボランティアを手動でマッチングする作業は手に負えなくなっていました。以前のやり方では、Foundationは限られたITサポートしか受けられませんでした。彼らはビジネスの核心部分ではないため、自動化チームからの支援を受けるこ

とはなかったでしょう。しかし、Foundationチームへのトレーニングにより、彼らはマッチングプロセスを自分たちで自動化することができるようになりました。これは、既に多忙なチームにとって膨大な時間の節約となりました。さらに数百人のボランティアが世界中で善行を行う機会とマッチングされるようになりました。

AIが普及する時代におけるガバナンス

生成AIは日々、よりアクセスしやすくなっています。生成AIシステムがより洗練されるにつれて、レポート作成、データ分析、さらにはソフトウェア開発の一部など、多くの単純作業が引き受けられていきます。非技術的なユーザーも、チャットボット、メールなどのツールを作成するでしょう。

しかし、タスクを超えてはどうでしょうか。ビジネスプロセス全体を自動化する可能性は、おそらく最もエキサイティングで報われる分野の一つと言えますが、どうやって正しい人が正しいことを行っていることを確認すればよいのでしょうか？例えば、人事チームは従業員データへのアクセスを制限したいかもしれませんし、財務チームも会社の財務情報に同じことをしたいと考えているかもしれません。

これらの強力なツールへのアクセスを民主化することで、生成AIは競争の均衡をもたらし、従業員が自組織内で革新と成功を推進する力を与えることができます。しかし、AIの出力はその入力の質に依存します。

入力を定義し標準化する必要性、および機密データの露出や公開されているAIモデルに関連するリスクから会社を保護する必要性は、ITとビジネスの専門家間の協力の大きな機会を生み出します。間違いなく、AIはビジネス内のシャドウITを増加させるでしょう。これを抑えつつ、スケールでツールを活用するためには、組織の両側から同等の努力が必要

になります。エンタープライズAIプラットフォームは、AIを大規模に採用するために必要な適切なレベルのコントロール、セキュリティ、および説明責任を提供します。

もし人事アナリストが企業のARR（年間継続収益）指標や顧客離脱率に関するレポートを生成したい場合、エンタープライズAIプラットフォームはコンテキストを認識し、なぜそのような人がそのタイプのデータにアクセスするのかを問いかけるか、直接の上司との人間によるレビュープロセスをトリガーするべきです。

別の視点から見ると、ビジネスアナリストが見積もりからキャッシュのプロセスを自動化しようとした場合はどうでしょうか？この場合も、AIはこの特定のユーザーの意図に関わる当事者に通知するだけでなく、AIと対話する人が生成されているものを理解できるように、必要な特性を持っているべきです。

第15章で詳しく述べますが、タスク自動化のマインドセットを超えて、より広範で価値のあるプロセスにおいて生成型AIの可能性を考える

とき、エンタープライズグレードのAIプラットフォームには次のような能力が必要であることにすぐに気づきます：
- 「入力方法」は人とAIの間のやり取りとしてあるべき姿へ導くでしょう
- 「ガバナンス」はあらゆる接点において責任を作り出します
- 「実行エンジン」はAIによって生成された設計図の現実化、企業レベルでAIを取り入れるために必要な一連の中核的な特徴との調和をもたらします

共通の土台を見つける

車の所有者は自分の車を自分で整備する選択肢がありますが、ほとんどの人はそれを選びません。なぜなら一般の人にとって、エンジンルームで手を汚しながら整備することは難しすぎるからです。もしあなたの会社で使用している自動化ツールがジェットエンジンのような複雑さでできているなら、この章で述べられていることはすべて夢のような話に聞こえるでしょう。強固な民主化戦略には適切な技術的アプローチが不可欠です。

コンピュータサイエンスの学位がないと理解できないほど複雑なツールへのアクセスを単に開放することはできません。それがもたらす影響はごくわずかでしょう。何かを実現するには、ビジネスとITの両方に対応できる共有プラットフォームが必要です。

テクノロジーは、ビジネスユーザーの限られた適性、ITユーザーの技術的要件、そして先に述べたガバナンス機能をサポートする必要があります。これは以下を意味します：

1. ビジネスユーザーは、自分たちが理解しやすい方法でワークフローを設計できる必要があります。ローコードアプローチが重要な要件であり、簡単に理解できるユーザー向けのユーザー・

エクスペリエンスが求められます。
2. 円滑なコラボレーションには双方が互いを理解できるようにするために共通言語が必要です。ビジネスユーザーはXMLを話しません。ITは必ずしもすべてのビジネスの略語を知っているわけではありません。しかし、自動化されたプロセスについてコミュニケーションを取る際、両方がフローを理解できるようにする必要があります。
3. プラットフォームはコミュニティによって支えられる必要があります。

新しい自動化は孤立して作られるべきではありません。ビルダーは、会社の内外のテンプレートやベストプラクティスを活用する能力を持つべきです。私たちはチームが素晴らしいアイデアに基づいて構築することを望んでおり、車輪の再発明は望んでいません。良いスターティングポイントからのスタートを切ることは、革新のペースを大きく加速させます。

共有したテクノロジーのもとで共通の土台を見つけることは、チームの運用方法を検討するための良い目印にもなります。ガートナーは、そのコンポーザブル・エンタープライズ フレームワークの一環として、企業がフュージョンチームを作成することを提案しています。フュージョンチームは、開発者、ユーザー、ビジネスリーダーを含む多分野のチームで、共通したゴールへ向かうことをもとに組織されています。

フュージョンチームは通常、技術的な専門家と技術的でないビジネス関係者をペアにして、複雑なビジネスの問題を解決します（自動化に関する役割の詳細な分析については、本書の最後の付録Aをご覧ください）。専門家を一堂に集め、異なるスキルセット間の協力をサポートするプラットフォームは、フュージョンチームの実装とより広範な民主化戦略の実施に不可欠です。

未開拓の可能性を解き放つ

　IT、データ、アプリケーション、および自動化されたワークフローの民主化は、組織全体のスペシャリストが技術を結集してより効果的に仕事をすることを可能にするスケールのマインドセットを強く引き出します。民主化、プラットフォームアプローチ、柔軟なガバナンス戦略を受け入れることで、組織は大規模な従業員グループに能力をスケールさせ、労働力の潜在能力を引き出すことができます。

　Atlassianのストーリーを振り返ると、彼らはほとんどの自動化イニシアチブに影響を与える課題からスタートしました。しかし、彼らの労働力の能力をスケールさせられた成功の秘訣は、彼らが立ち上げさせたビルダーの数と、それによって構築されたアプリケーションの接続とワークフローの量に起因しています。Atlassianの戦略が完全に実装されると、ビルダーの数は急増しました。彼らはITオペレーションと人事オペレーションを始め、財務、マーケティング、セールスオペレーション、およびカスタマーサクセスに拡大しました。現時点で、425人のビルダーが力を発揮しています。このような数の自動化ビルダーがいれば、もはやデリバリーボトルネックは存在せず、より広範な自動化の機会に取り組むことができます。ここで本当の成果が現れます。Atlassianでは、自動化されたプロセスまたはサブプロセスの数が急成長しました。直近のカウントでは、高品質でよくガバナンスされたプロセス自動化が2100個も組み立てられていました。こうしたメトリクスは、単なる企業のコスト削減にとどまらず、将来数年にわたってリターンを生み出し、多くの利益をもたらすでしょう。その中には、非営利団体と協力して世界中で善を行うために数千人のボランティアをつなげるなど、計り知れない影響も含まれています。Atlassianが民主的なアプローチを展開し、組織のDNAそのものと、達成できる成果のレベルを変えました。

PART 3

第 3 部

世界クラスの自動化に向けた実践ガイド

08 オートメーションの旅をマスターする

Chapter 8

「アイデアはすべての財産の出発点である。」
── **ナポレオン・ヒル**

　私たちは皆、自分自身やチームの目標からの視点でオートメーションを見ています。それは自然なことです。私たちの心はこのように働きます。新しいテクノロジーは、それをどのように有効に活用できるかについてのさまざまなアイデアを生み出します。私たちは一般的に、組織内のどの立場にいようとも、新しいテクノロジーを使って目の前の課題に取り組みます。

　この本の前半部分が、あなたのオートメーションに対する考え方を見直すきっかけとなっていれば幸いです。その結果として、あなたはHelen of TroyのCIO、ハリッシュ・ラマニが「企業全体のヘリコプター視点」と呼ぶものを開発することで、オートメーションの旅における重要な一歩を踏み出しました。この視点から、私たちは直接的な目標やプロジェクトを超えて、会社全体で達成すべき成果を見ることができます。

　ヘリコプターの視点を持つことで、私たちはオートメーションの取り組みを、会社を繁栄させるビジネス成果に合わせることができます。言い換えれば、新しいオートメーションの考え方は、オートメーションが達成できる核となる成果を認識させてくれます：

　収益成長の促進
　顧客の維持と拡大

従業員を定着と生産性の向上
サプライヤーとの関係改善と効率向上
業務の卓越性の促進

　会社が取り組むオートメーションのイニシアチブは、これらの成果の上記のような影響を与えます。例えば、ミネソタ鉱山製造会社を取り上げてみましょう。その会社名は馴染みがないかもしれませんが、短縮名の3Mならきっと知っているでしょう。彼らはスコッチテープから携帯電話ケースまで、私たちが毎日触れる多くの製品を生産しています。5万5000以上の製品を生産する数百のビジネスラインを持っていても、会社内のすべてのオートメーションは収益、顧客、従業員、供給業者、または運営上の卓越性に影響を与えます。

　もし3Mが顧客体験の向上を企業目標としていたら、人気のある製品ラインのコールセンターを一般的なリクエストの対応を自動化したセルフサービスポータルと、人が対応しなければいけないケースのためのエージェントとの会話サービスを組み合わせたものに置き換えるかもしれません。

　また、彼らはCEOの号令により、サプライヤーとのより良い相互作用を通じたサプライチェーンのスピード向上を達成しなければいけないかもしれません。彼らは、供給業者からの入荷荷物をコンピューター・ビジョンとAIでスキャンし、破損した材料を自動的にフラグ付けし、在庫を更新し、適切なマネージャーによる承認のために返品提案リクエストをルーティングする自動化されたプロセスを構築することができます。これにより、破損した供給品が生産ラインに与える時間的影響を劇的に削減し、サプライヤー業務の改善につながります。

　3Mは巨大で唯一無二の会社です。私たちの会社もそれぞれにユニークです。しかし、共通点も多くあります。昨年のあなたの組織のトップ

レベルの目標を振り返ってみると、それにはおそらく収益成長、顧客維持、従業員体験、パートナー運営の改善、コスト削減、効率向上のいずれかの派生物が含まれているでしょう。これらの成果は、どんなビジネスにとっても基本的なものです。オートメーション戦略にとっても基本的であるべきです。

　収益増加、顧客維持、従業員体験、パートナー運営の改善、コスト削減、効率向上のいずれかの派生物を含むこれらの成果は、どんなビジネスにとっても基本となります。これらは、どんなオートメーション戦略においても基盤となるべきです。

自動化の五つの柱

　通常、プロセスはこれらのトップレベルの目標のうちの一つに主眼を置いています。これらの核となる目的は、部門に収束します。例えば、人事部門は従業員体験に焦点を当てます。これらを私たちはオートメーションの柱と呼び、各柱はビジネスの分野と関連する成果に応じて名付けられます。オートメーション戦略の実行に着手する際、リーダーたちにはこれら五つの柱を中心にアプローチを組織することをお勧めします。

　これら五つの柱は部門、チーム、システム、さらにはトップレベルのプロセスにまたがっています。各柱には、ほとんどすべての会社が認識する基本的な核となるプロセスが存在します。例えば、バックオフィスの柱には請求プロセスがあり、顧客体験の柱には満足度スコアリング（NPS）プロセスがあります。

　しかし、すべての会社で均質なオートメーションを推奨するものではないということに注意すべきです。また、すべての会社が同じ方法でプロセスを自動化すべきだと言っているわけではありません。新しいオートメーションの考え方のすべてのポイントは、アイデアと創造性を刺激し、最終的には競争力の差別化につながることです。各企業は独自のア

オートメーションの塔

プローチを取りますが、五つの柱を使って、現在の最も知られている実践方法がどのように見えるかを検討することができます。

この時点で、オートメーションとは単にチェックリストにチェックを付けていくことではないことが明確になったと思います。オートメーションを旅として考えるべきです。この旅を計画するためには、以下の図に示される成熟度モデルのようなツールが出発点としては役立ちます。すべての企業はどこかから始めます。旅が進むにつれて、彼らはより多くの企業横断的なプロセスを取り入れ始めます。最終的には、彼らは十分な臨界質量に達し、止められなくなります。

五つの柱の中での作業は、同業他社を模倣することではなく、バランスを取ることです。私たちは創造性を促進する必要がありますが、チームの活動をより大きな目的に向けて導くための十分な構造を持つ必要があります。創造性にも出発点が必要です。私たちは互いに学ぶことができます。最良のアイデアは完全オリジナルで生まれてくることは稀です。それよりも、これまでに行われたことの境界を押し広げることで導かれるものです。言い換えれば、私たちは最も創造的なアイデアを実装する

エンタープライズオートメーション成熟度モデル

ことができますが、私たちのアイデアは「巨人の肩の上に立つ」べきです。オートメーションの五つの柱は、ビジネスを行動可能なオートメーションイニシアチブに分解し、整理するのに役立ちます。各柱はまた、共通のビジネスプロセスのより詳細な階層によって支えられています。この階層は、以前に考慮されていなかったオートメーションのアイデアを照らすべきです。また、あなたの組織をユニークにするプロセスや活動を特定するのにも役立ちます。これにより、新しくユニークなオートメー

ションのアイデアが生み出されます。バックオフィスからのプロセス階層の例は次のようになります。

自動化の発見

　私たちの会社でオートメーションに適した機会を見つけるには、ある程度の努力が必要です。各会社のユニークさを考慮すると、すべてのビジネスに適用可能な標準的な手法は存在しません。それぞれの会社の固有のダイナミクスが、時間経過とともに特定のプロセスが他の選択肢よりも魅力的に映るでしょう。

　オートメーションの旅を始めるために、最初に自動化に興味があるオートメーションの柱に対するディスカバリーワークショップに時間を使うことをお勧めします。これらのワークショップは通常、特定のビジネスエリアの技術的および非技術的なステークホルダーと共に実施されます。しばしば、組織が問題があることを知っている1つか2つの核心プロセスに焦点を当てます。プロセスのマインドセットを使用して、これらのワークショップはプロセスのコアビジネス目標に目を向けつつ、プロセスを最初から最後まで再考するべきです。

　ワークショップでは以下のハイレベルなトピックをカバーすることをお勧めします：
1．現在のビジネスプロセスに対する目標と指標に合意する
2．現状のプロセスの運用方法を概説する
3．オートメーションが以下の影響を与える可能性があるプロセスの箇所を特定する：
3-1 目標の成果にポジティブな影響を与える（例：より速く、より簡単に、より良い体験等）
3-2 プロセスのステップを削減する
3-3 プロセスに必要なコンプライアンスと承認のステップを特定す

る
　　4．特定されたすべてのオートメーションの実装の影響を見積もる。

　これにより、時間/コストの節約、リスクの軽減、体験の向上、収益の増加という観点から、対応するビジネスインパクトを見積もることができます。

　このようなワークショップは、社内チームや第三者によって運営されることがあります。多くのコンサルティング会社やオートメーションプロバイダーには、このような発見ワークショップを運営するために訓練された専門家がいます。

　オートメーションディスカバリーワークショップは、チームが構造化された方法でプロセスマインドセットを採用し、これらのプロセスのビジネスオーナーからオートメーションへの支持と買い込みを得るのに役立ちます。これらは、組織の大規模で複雑なプロセスを評価し、大きな影響力のあるオートメーションの機会を見つけるための優れたアプローチです。大規模で高い影響力を持つオートメーションは明白な候補ですが、オートメーションから大きな報酬を得る唯一の場所ではありません。

　本の前半部で言及した未開拓の機会の氷山は、試されていないアイデアがたくさんあることを意味しています。これら見過ごされた創造性の火花こそが、私たちが革新的なオートメーションと呼ぶものです。

革新的な自動化

　構造化された、協調的なアプローチは、オートメーションの五つの柱にリストアップされたプロセスに対して始めるには素晴らしい方法です。しかし、これらのプロセスは氷山の一角に過ぎません。新しいオートメーションのマインドセットは、その場のひらめきとそれを実行に移

す能力との間の障壁を取り除くことについてです。会社にオートメーションの文化が点火すると、信じられないようなことが起こり始めます。真の可能性は、素晴らしいアイデアを持つ人々の手に力を与えることにあります。そしてしばしば、それらのアイデアはまったく予期せぬものです。どのリストにも載っていません。

会社全体で実行され、膨大な時間を消費する数千のミニプロセスがあります。例としては以下のようなものがあります：
- 会社のイベントへの招待状の送付と返答のトラッキング
- 外部ソースからの市場データの取得
- チームのメトリクスを会社のニュースレターに組み込むこむ
- モバイルデバイスでの承認を利用可能にする

古いオートメーションのマインドセットを持つ企業は、これらのプロセスを低価値で、手を出す価値のないものと見なすかもしれません。しかし、マインドセットが変わると、その見方も変わります。十分に蓄積すれば、見過ごされていた数千のオートメーションの集合的な影響は、従来のプロセスを自動化する影響を上回る可能性があります。

時間の経過とともに規模を拡大することが重要です。例えばWalmartを考えてみましょう。アメリカ全土の店舗マネージャーが閉店後にすべての電気を消し忘れていることに気づくかもしれません。セキュリティカメラのビデオフィードにコンピューター・ビジョンを使用して、閉店5分前にマネージャーにテキストメッセージのリマインダーを送るのが良いと思うかもしれません。これにより、Walmartは店舗あたり年間数百ドルを節約できるかもしれません。時間が経つにつれて、彼らはすべての店舗にWi-Fi対応のスイッチを設置し、セキュリティカメラが店内に動きを検出しなくなったら自動的に電気を消すことができます。別の従業員は、Wi-Fi対応のサーモスタットに同じオートメーションを接続して、暖房と冷房のコストを節約するアイデアが素晴らしいと思うかも

しれません。時間が経つにつれて、革新的なオートメーションアイデアの価値は雪だるま式に増え、元のアイデアのビジネス提案で記述されたものを迅速に上回ります。

一見すると、個々のオートメーションのROIが意味のあるものには見えないかもしれません。これらの革新的なオートメーションを規模で構築することは、それらの組み合わせた影響により、最も印象的なビジネス変革のいくつかを生み出す可能性があります。

自動化のインスピレーション

次の章では、あなたのプロセスに応用できるインスピレーションを見つけていただけることを願っています。オートメーションの各柱には独自の章があり、各章にはその領域の説明、各領域でのトッププロセスのリスト、そして各エリアでプロセスを自動化している実際の企業からのいくつかのストーリーが含まれています。また、私たちはこれまでに見てきた「革新的なオートメーション」のアイデアも各章にいくつか含めています。すべてのオートメーションがあなたの会社や業界に関連しているわけではありませんが、自社の組織でオートメーションを評価する際に新しい視点を刺激するアイデアや概念を必ず見つけることでしょう。もし、どれかの柱があなたの領域と密接に関連している場合は、その章に直接進んで、そこから第4部に直接進むことをお勧めします。

バックオフィス

Chapter 9

「品質とは、誰も見ていないところで正しく行うことである。」
― ヘンリー・フォード

　デジタルビジネスの最初の時代には、顧客対応の役割に重点を置いていました。現在、多くの人が、顧客対応の役割は、それをサポートするバックオフィスのプロセスと同じくらい重要であると認識しています。例えば、優れたオムニチャネル顧客エクスペリエンスを実現しても、運営上の問題では克服できません。カスタマーエクスペリエンスへの投資によって生み出された好意は、バックオフィスプロセスの実行が不十分であれば消滅してしまいます。したがって、オペレーショナル・エクセレンスが最優先事項となります。

　企業のどの部門よりも、バックオフィスの柱であるITと財務は大きな変化を見てきました。過去数年間で、財務に報告する機能は50%増加しました。CFOたちは、彼らにとって比較的新しい分野の問題を解決するよう求められています。技術が中心的になるにつれて、CIOたちはビジネス戦略家へと昇格しました。これら進化し、重要な組織の部分は、総じてバックオフィスと呼びます。

　バックオフィスは依然として「裏方」として存在し、顧客との直接的な交流は少ないものの、その認識は変わりつつあります。もはや、バックオフィスを管理コストセンターだとは言えません。パフォーマンス管理、

企業戦略、デジタルトランスフォーメーションなどはバックオフィスに属します。これらは今や競争上の優位性をもたらす要因となっています。新しい自動化マインドセットを持つ企業にとって、バックオフィス機能は不可欠です。

進化する役割にもかかわらず、従来の責任は依然として重要です。バックオフィスの業務によって、企業全体が効率的に運営されます。調達、財務、IT、人事などは、企業を支える核となるプロセスに関わっています。しかし、従来の責任に対する期待と結果は急激に高まっています。例えば、伝統的な財務プロセスは、デジタル時代にはより迅速に機能する必要があります。コンプライアンス報告書や顧客とのやり取りでの一つのミスが、企業に数百万ドル以上の損失をもたらす可能性があります。

新しい自動化マインドセットを持つ企業では、バックオフィスの役割は孤立してはいけません。この本では両者を区別していますが、バックオフィスは企業の他の部分と連携する必要があります。

バックオフィスの業務は、一般的に繰り返し行われる、手作業による、そしてデータ集中型の作業です。バックオフィスの仕事を自動化する機会は膨大です。

バックオフィス機能のためのビジネス価値の解放

多くの企業がバックオフィス機能をより効率的にするために努力してきました。ロボティックプロセスオートメーション、クラウドベースのERP（エンタープライズリソースプランニング）、およびBPO（ビジネスプロセスアウトソーシング）は、人気のあるアプローチでした。これらのプログラムはいくつかの効率性をもたらしましたが、自動化による改善の余地はまだたくさんあります。バックオフィスプロセスは依然として非効率性、長いサイクルタイム、そして孤立したデータに悩まされ

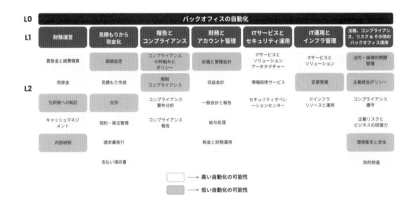

ています。エンド・ツー・エンドの処理速度の向上、より大きな機動性、改善された体験には莫大な機会があります。

バックオフィスのプロセス階層ビューは、機能を分解し、自動化の機会を特定するのに最適な方法です。これをガイドとして、手軽に実現可能な自動化の機会を見つけてください。しかし、ほとんどの企業にはもっと多くのバックエンドプロセスがあるため、自動化の機会はこれらのプロセスに限定されません。

典型的なバックオフィスのタスクは、以下の7つの領域に分類できます：
● ファイナンスオペレーション（FinOps）
● 見積もりから現金化まで
● 報告 & コンプライアンス
● ファイナンス & アカウント管理
● ITサービス & セキュリティ運営
● I運用 & インフラストラクチャ管理
● 法務、コンプライアンス、リスク、その他のバックオフィス運営

紙の上では、これらの機能エリアにタスクをグループ化することは複雑さを減らすのに役立ちます。しかし、実際のビジネスプロセスを個別の機能エリアに当てはめるのは難しいことがあります。根本的な原因は、企業にとって重要な成果との不整合にしばしばあります。自動化の主要な成果の一つは、バックオフィス機能を企業のビジネス目標とさらに一致させることです。

自動化利用事例：ITサービス管理

クラウドとハードウェアの消費モデルが急速に変化しているため、ハイブリッド・クラウド・サービスのリーダーは、将来の見通しを立てるのに苦労していました。この変化に対処する中で、2017年に最初のCIOを雇用することを決定しました。

ウェンディ・プファイファーがCIOとして就任した際、彼らは会社が転換点にあることを発見しました。続く数年間で、彼らはハードウェアからソフトウェア会社への転換を図る必要がありました。その時点でのIT組織は、この変革の激しさに対応できません。課題は継続していました：IT部門はプロジェクトの遅い納期により低い承認評価を受けており、非効率なコストセンターとして年間予算の8%以上を消費していました。

新しい方向性をサポートするために、数十のバックオフィスプロセスを変革する必要がありました。ウェンディは、すぐに作業を開始できるようにローコードエンタープライズ・オーケストレーションプラットフォームを導入しました。

彼女は、ITチーム全体にそのツールの使用方法を習得させました。その後、彼らは文書化、スコーピング、そしてプロセスの再構築を一から始めました。この時点で十分は十分ではない」とウェンディは言います。

「私たちは前例のない変化の時代、前例のない課題と複雑さに直面しています。ですから、私たちは十分で満足することはできず、複雑さに対処するために前回行ったことで満足するわけにもいきません。

まず、サービスチケットのプロセスを単純化することから始めました。会社はServiceNowを導入し、サービスリクエストの管理を支援しました。しかし、ITサービスマネジメント（ITSM）プラットフォームを購入するだけでは、管理されたサービスリクエストにはなりません。効果的に使用するためには、人々が積極的にチェックし、ツールを使用する必要があります。これが行われていなかったため、多くのリクエストが長時間キューに留まってしまい、従業員たちはフラストレーションを感じていました。

これは自動化の絶好の機会でした。彼らはすべてのワークフローをSlackに接続することから始めました。任務の割り当て、エスカレーション、承認、作成、およびチケットの更新がすべてSlackで行われるようになりました。これにより、以下のようないくつかの利点が得られました：

- 積極的な通知：チームメンバーが毎日ServiceNowにログインして行うべき作業を確認する必要があったのに対し、代わりに積極的に通知されるようになりました。例えば、ビジネスユーザーが彼らの質問に返答すると、すぐにポップアップ通知が表示され、迅速に対応できるようになりました。
- 迅速な対応：以前はビジネスユーザーからの返答に気づくまで数時間や数日かかることがありました。しかし、今ではSlackから直接即座に返答できるようになり、ビジネス関係者への遅延をさらに減らすことができました。
- ビジネスの障害解消：実装後、ITリクエスト時間の短縮によりプロジェクトが早く完了するようになりました。プロジェクトはもはやITの支援を待って停止することはありません。

次に、彼らは仮想マシン（VM）の提供における遅延に取り組みました。

開発者は以前、リクエストを提出し、誰かが手動でVMをプロビジョニングするのを1週間待っていました。この待ち時間は、しばしば開発者が新しい製品や機能を構築する速度に直接影響していました。ソフトウェア会社にとって、これは新しい製品や機能から新しい収益を得る能力に直接影響することを意味します。待ち時間にフラストレーションを感じたあるチームは、独自のVMを構築し始めましたが、プロセスがスケーラブルではないことにすぐに気づきました。

彼らはVMのプロビジョニングとプロビジョニングの解除の自動化を実装しました。以前のやり方では、インフラストラクチャチームは以下のことが必要でした：

- ServiceNowのリクエストを読む
- VMの要件を決定する
- VM管理コンソールを開く
- すべての設定を記入する
- 新しいVMを作成する
- VMが正常に作成されたことを確認する
- リクエストした人にそれが完了したことを知らせるためのメールを送信する

これらのすべての作業は現在自動的に行われます。自動化プラットフォームはServiceNowでVMリクエストチケットを監視し、Slackで承認のためにルーティングし、その後チケット内の設定を使用してVMプロビジョニングを開始します。さらに、新しいVMをリクエストした人に通知も行います。

この瞬時なプロビジョニングにより、ITリクエストの時間は数週間から数時間に短縮されます。エンド・ツー・エンドのプロセスとビジネスへの全体的な影響を振り返ってみると、その成果はさらに顕著です。サーバープロビジョニング時間の数週間から数時間への短縮により、開発者は新しいアイデアをより早くテストし、以前より数週間早く製品をリリースできるようになりました。ITがアプリのナビゲーションや設定の

入力に時間を費やす代わりに、例外の管理、問題のトラブルシューティング、およびより価値のあるイニシアチブへの取り組みに時間を割くことができるようになりました。

これら価値のあるイニシアチブの一つは、実際のセキュリティ脅威になる前に怪しい活動をキャッチする新しい方法を探ることでした。

どのテクノロジー会社にとっても、セキュリティは常に最優先事項です。ツールやアプリは多すぎるセキュリティアラートを生成しており、重要な信号を雑音から選別することは困難でした。セキュリティ運用チームは、何千ものメール、何百万ものログエントリー、および無数のツールを監視する必要がありました。自動化プラットフォームを使用して、彼らはSplunk（ログプラットフォーム）を特定のイベントや活動について継続的に監視しました。これにより、テキストメッセージのような高優先度アラートのために予約されている通信手段を使用して、より重要なセキュリティイベントを通知することで、それらをより目立たせることができました。

通知以上に重要なのは、これらのイベントに迅速に対応できるようになったことです。一つのタイプの対応は、特定のチームに対するフォローアップの作成でした。例えば、サーバー管理者にServiceNowチケットを作成し、なぜサーバーのネットワークトラフィックが異常に高いかを確認するようにすることができます。もう一つのタイプの対応は、特定のイベントに対する完全に自動化された対応でした。完全に自動化された対応の一例は、悪意のあるウイルスが検出されたデバイスのネットワークアクセスを直ちに無効にすることです。

自動化によって一部のアラートを処理し、他のものにフラグを立てることで、セキュリティ運用チームは怪しい活動に対してより良く目を光らせることができるようになりました。より深刻なセキュリティ脅威に

対しては、数分、あるいは数秒以内に非常に迅速な対応がなされるようになりました。一つの脅威を見逃すことが組織に数百万ドルの損失をもたらす可能性があるセキュリティの世界では、これらの自動化は不可欠です。

会社はIT機能全体にわたる自動化を推進することで、この概念をさらに進めました。ウェンディは、ITチームの時間の約70%が単純な基本業務、つまり"電気を点けておく"こと、計画できない反応的な作業に費やされていることに気づきました。この計画外の作業は会社の運営には不可欠ですが、チームにとっても大きな時間の浪費でした。ウェンディと彼女のチームは、何かがメンテナンスを必要としていることを検出し、これらの計画外の作業の85%を自律的に対処することができました。

これらのイニシアチブを通じて、自動化は当たり前のこととなりました。新しい自動化マインドセットを採用してから1年以内に、会社はITサービスの能力を30%増加させました。これは、追加の人員を雇うことなく30%多くの作業を処理できることを意味します。その結果、彼らの承認評価は急上昇し、過去18か月以上にわたってNPSスコアが90以上を記録しました。IT部門は、組織の年間予算の8%を占めていたものが1.8%にまで減少しました。

ウェンディ自身の言葉では、最も素晴らしい用途に自動化を使用し、最も素晴らしい用途に人々を使用し、人々と自動化がお互いに調和して、会社にサービスと能力を提供する、この組み合わせが鍵です。魔法のように聞こえるかもしれませんが、実際にはこれらの指数関数的な改善につながるたくさんの小さな作業から成り立っています。

会社はソフトウェア会社へと見事に転換しました。その多くはウェンディのITチームがバックオフィスの一環として行ったことによって支えられています。もしITが単なるコストセンターやボトルネックとして留まっていたら、会社は必要な速度で動作することができませんでした。

新しいマインドセットにより、彼らの自動化イニシアチブは組織に実質的な価値を生み出し、成功への準備を整えました。

自動化の利用事例：インシデント管理の効率化

主要な支出管理ソリューションの一つは、シームレスなバックオフィスプロセスを成功への鍵として重視しています。「私たちはパフォーマンスの責任を持ち、サイトが稼働し利用可能であること、またプラットフォームやサービスとどのように管理し、対話するかが重要です」と、同社のエンジニアであるハンスは言います。エンジニアがさまざまなツール間を行き来してチケットを作成するのではなく、トラブルシューティングと問題解決に集中できるようにすることが重要です。

プラットフォームに関する主要なインシデントへの対応を調整することは、ビジネスを進める上で重要であり、顧客の信頼を維持する上でも重要でした。自動化を使用する前は、次のような流れでした：

1. プラットフォームの問題がモニタリングツールによって検出され、VictorOpsを利用してエンジニアリングチームにページングされます。
2. 当番のエンジニアの一人がJIRAにログインし、インシデントを作成する必要があります。
3. その後、エンジニアはHipChatに移動して会議ブリッジを開き、問題に取り組む全員が議論し、行動を調整できるようにします。
4. そこから、エンジニアはCachetでアナウンスメントを投稿し、顧客に問題を特定し解決に取り組んでいることを知らせます。

これはアプリへのログインと管理作業が多く、重要なエンジニアリングチームのメンバーが実際には検出された大きな問題の修正に取り組む方がより適しています。ハンスと彼のチームは、このアプローチが適切でないことを認識し、解決策として自動化を検討しました。

チームはローコードのエンタープライズ・オーケストレーション・プラットフォームを活用して、このプロセスを統合しました。その結果として生まれた自動化は、モニタリングツールのアラートが実際に問題であるとエンジニアリングチームが認めた後に動作し始めます。それはVictorOpsからの情報を利用してJIRAでチケットを作成し、適切なチームに割り当てます。HipChatルームが自動的に作成され、適切なチームメンバーが参加するよう通知されます。最後に、顧客にインシデントを警告するためにCachetに更新が投稿されます。

エンジニアリングチームは、ロジスティクスについて心配することなく、すぐに問題解決に取り組むことができるようになりました。その結果、大きなインシデントの解決までの時間が短縮されました。

このプロセスは良かったのですが、チームはさらに改善できると考えました。「エンジニアにとってこのプロセスをより負担が少なく、よりシンプルで目立たないものにする必要があると気づきました。」彼らは自動化をさらに一歩進め、JIRAのインシデント管理ワークフローをCachetに接続しました。これは、JIRAチケットを更新し、ステップ（オープン、調査中、特定、修正、監視、最終的に解決）を進めるにつれて、それらの更新がCachetのステータスダッシュボードに自動的に反映されることを意味します。顧客はインシデントに関するタイムリーな更新を受け取り、エンジニアの作業が遅れることはありません。これは双方にとってWin-Winの結果でした。

最終的な結果は何でしょうか。貴重なエンジニアリングの才能が煩わしい作業に浪費されることはありません。インシデントはより早く解決されます。そして、顧客はより満足しています。

バックオフィス機能によってタスクが処理される一方で、その影響は会社全体に波及します。

自動化の利用事例：罰金支払い報告

　ある主要なレンタカー会社の場合、そのミッションは、ナンバーワンのモビリティソリューションプロバイダーになることでした。そのためには、収益を生み出すだけでなく、コストの管理にも注力する必要がありました。彼らは自動化を使用して、主要なコストの一つである交通違反罰金の削減に焦点を当てました。

　予想通り、人々が車をレンタルするとき、彼らは常に道路のルールに完全に従うわけではありません。これは罰金やその他の責任をレンタル会社に課す結果となります。通常、これらの罰金は顧客に転嫁されますが、一部の地域の規制により、レンタル会社は所定の期限前に当局にドライバーの情報を報告する必要がありました。これらの期限は7日から30日までとさまざまです。遅い内部プロセスのために、レンタル会社は期限内に当局に報告できなかったため、数千の顧客罰金を負担することになりました。これは会社が簡単に回避できる数十万ドルの罰金に相当しました。

　これらの違反を迅速に処理し報告する能力がなければ、バックログは増え続け、罰金も積み重なります。彼らは会社の利益を圧迫する重いコストを負担しました。したがって、期限前にこれらの顧客責任を迅速に報告することで、繰り返し発生するコストの流出を減らすソリューションが必要でした。

　この会社にとって、車に関することだけでなく、異なる市場に参入し、運行を管理し、何千ものドライバーのために何百もの場所を拡大することが重要です。これらの古い紙ベースのプロセスのために標準的な運用要件に対応できないことが、彼らの成長を妨げていました。会社は毎週顧客から数百の罰金を処理する必要がありました。ピーク時の合計は月3,000件以上で、数千ドルの罰金に相当します。自動化なしでは、この

負荷を管理することは不可能でした。

　この会社は、当局から受け取った通知から重要な情報を取り出すための自動化ソリューションを導入しました。彼らは光学文字認識（OCR）を利用して、車両と違反したドライバーを特定するために必要な情報を抽出しました。これにはナンバープレート、違反内容、および日時が含まれます。その後、違反を自社のCRMから特定の顧客と関連付けることができました。組み合わせられた違反と顧客情報は、所定の期限内に当局に自動的に報告されました。

　このソリューションにより、手作業のプロセスが完全に取り除かれ、チームの大幅な時間節約につながりました。また、顧客の責任(例えば、スピード違反)をタイムリーに当局に報告するという主要な目的にも対応しました。これにより、以前は期限を逃して支払う必要があった重い罰金を軽減し、新しい市場での成長に再び集中できるようになりました。

自動化の利用事例：自動現金調整

　財務チームは毎日大量のデータを扱い、完璧な正確さでこれを行う必要があります。財務報告の正確性を確保し、詐欺やその他の不正行為を監視するために、数値をチェックし相互に照合するための多くのプロセスが存在します。そのうちの一つが現金調整です。

　世界最大のイベントチケット会社も例外ではありませんでした。しかし、彼らは現金調整プロセスがチームの時間を想定以上に取っていることに気づきました。財務チームは、Netsuite（彼らの財務システム）にデータを入力するだけで週に20時間以上を費やしており、これはより重要な活動から時間を奪っていました。

　この会社は二つの異なる銀行に複数の口座を持っており、それぞれの銀行のウェブサイトにログインし、取引をスプレッドシートにダウンロードして手作業で再フォーマットし、これらの取引をフィルタリングしてNetsuiteにロードできるように準備し、次にNetsuiteに取引をロー

ドして投稿する必要がありました。これは時間がかかるだけでなく、財務チームのスキルを最大限に活用するものではありませんでした。

チームは1週間未満の労力でこれらのプロセスを自動化しました。新しい自動化プロセスは次のように機能しました：

1. 安全なファイル転送サービスを使用して、各銀行から取引記録をダウンロードします。
2. 将来の監査要件や記録として、銀行のファイルをそのままの形でNetsuiteにロードします。
3. 銀行記録の各取引を繰り返し処理し、事前に定義されたビジネスルールを適用して取引をフィルタリングし、Netsuiteで投稿する準備ができた形式にマッピングするプロセスを開始します。
4. Netsuiteで分析され、情報が付加された各取引を投稿します。

非常にシンプルな自動化でありながら、大幅な効率化を実現しました。週に20時間は、フルタイム従業員の半分に相当します。これは、財務チームがより戦略的で報酬の高い作業に時間を費やすことができるようになったことを意味します。この自動化は、月末、四半期末、年末の活動など、はるかに大規模な一連のプロセスのほんの一部に過ぎませんでした。このような会社は、これらの大規模な財務プロセスを振り返り、単に人員を増やし続けるのではなく、近代化することを選択しています。

バックオフィス自動化の力

バックオフィスの自動化は、フロントオフィスや従業員体験などの他の機能とも連携しています。組織全体で実現できるいくつかの主要な利点を以下に挙げます。

自動化により紙ベースのプロセスが不要になり、手動でのタッチポイントの数が減ることで、従業員は会社の売上高の増加に肯定的な影響を

与えるより価値の高い作業に集中できます。これは顧客体験の向上を引き起こし、ビジネスの競争上の差別化要因として機能することもあります。

エンド・ツー・エンドのプロセスを自動化することで、手動でのタッチポイントの減少と承認時間の短縮を通じてサイクルタイムを削減できます。また、プロセスの変動性が低減するため、サービスレベル契約(SLA)への準拠が改善されます。

自動化がプロセス中のすべてのステップを記録するため、データをより効果的に利用してプロセスおよびデータ分析を行い、プロセスの貴重な洞察を提供することができます。

プロセスにおける手動介入が減少することで、人的エラーの可能性が大幅に減少し、クライアントはシステムが効率的に稼働することを期待できます。

バックオフィスにおける革新的な自動化

この章ではこれまで、企業において自動化が大いに役立つ主要なプロセスの例について説明してきました。しかし、最も優れたプロセスは明らかなものの外にあることもあります。すべての会社のミッションクリティカルなプロセスは端から端まで自動化されるべきですが、魔法や喜び、興味はしばしば革新的な考えを持つ一人の個人から生まれます。ここで、最近の年に見られた革新的なバックオフィスのアイデアのいくつかの例を見てみましょう。

＊照明電球とセキュリティ運用の接続：
ある会社ではセキュリティ運用において通知とインシデント対応を自動化していましたが、彼らが設定していた通知構造（メールアラートと

Slack通知）は、セキュリティソフトウェアからの最もミッションクリティカルなアラームにはまだ十分ではないと感じていました。ミッションクリティカルなアラームの例としては、彼らのコア管理者アカウントでの異常な活動が検出された場合などがあります。このようなアラームに対して、人々がコンピュータから離れているときに、インシデントメッセージを十分に早く確認し対応しないことを心配しました。そのため、彼らはクラウドSMSサービス（Twilioなど）と連携して設定し、これら最も重要な状況に対してのみセキュリティチームにテキストメッセージを送るようにしました。さらに、この自動化をWi-Fi接続のPhilips Hue照明電球とリンクさせ、オフィス内のすべての電球が赤色警報メッセージに反応して赤色に変わるようにプログラムしました。これにより、部屋にいる誰もがすぐにコンピューターに戻り、何が起こっているのかを確認するようになりました。この特定の自動化は、会社を大きな侵害から救ったと評価されました。

*新入社員が初めてWindowsからMacに移行する際の支援：

　Appleのラップトップのみを従業員に提供する会社のBTチームは、Macを使用したことがない新入社員からの多くのサービスチケットを受け取っていることに気付きました。例えば、重要な仕事が行われているアプリが突然消えるケースなどです。最終的に、これはユーザーが不注意に新しいデスクトップに切り替えたことによるものと判明しました。チームは新入社員のオンボーディングの初めに小さなアンケートを取り入れることで、これらの時間を要するサービスチケットの数を劇的に減らすことができました。アンケートは従業員に、この仕事が彼らが初めてMacデバイスを使用したかどうかを尋ね、もし「はい」と答えた場合、彼らはBTチームが過去1年間に受け取った最も一般的な問題に対処するために作成した短いトレーニングセッションを受講するように誘導されます。このようにして、BTチームは自分たちの時間をいくらか解放し、新入社員の生産性も向上しました。

＊シートベースの価格設定アプリのノータッチプロビジョニングとプロビジョニング解除：

ITチームはしばしば、Salesforce CRMなどのシートベースのアプリのライセンスリストを維持するよう求められます。これらのツールは、高価な月額個別ライセンスが必要です。ある会社は、新しいライセンスのプロビジョニングと使用されていないライセンスの削除の際の摩擦を排除することにしました。以前は、ユーザーはオフィス内のジーニアスバーに直接行ってログインをリクエストする必要があり、ITキューを通過するのに数日かかりました。今日では、会社の従業員は誰でも、使いやすいSlackボットを使用して任意のアプリケーションのライセンスをリクエストできます。これはマネージャーに承認され、一度承認されると自動化によりユーザーにアクセスが提供されます。さらに進めて、ユーザーが90日間アプリケーションにログインしていない場合、いつでも別の自動化がトリガーされます。その時点で、ユーザーにSlackでメッセージが表示され、ソフトウェアへのアクセスがまだ必要かどうかを尋ねます。もし「はい」と選択した場合、それはマネージャーに承認のためにルーティングされます。この方法で、会社は一般的で単調なタスクからITチームを解放し、SaaSライセンスコストをできるだけ抑えることができます。

＊AIを用いた企業全体の知識検索に対する会話形式の回答：

従業員は毎日質問を持ち、通常これらに回答するには周囲に尋ねたり、ファイルや文書の検索結果を精査したりすることが必要です。Slack、生成型AI、そしてGleanのような企業全体の検索ツールを連携させることで、会社はSlackの会話の中で従業員に知識を提供できます。例えば、従業員が次の会社の休日がいつなのか知りたい場合、通常は会社の休日カレンダーを探します。しかし、この自動化では、彼らは単にSlackbotに「次の会社の休日はいつですか？」と尋ねることができます。自動化は会社のファイル、知識ベース、文書ストレージを検索し、生成型AIがSlackで返信する回答を提供します：「次の会社の休日は8月12日です -

他に質問はありますか？」これにより従業員体験が向上するだけでなく、会社で「知識のハブ」となっている人々の負担も軽減されます。

バックオフィスはすべての企業の基盤

　バックオフィス機能が直接的な収益を生み出すサービスではないため、その重要性を過小評価する人もいますが、実際にはそれらはすべての企業の基盤です。家の配管や電気システムのように、それらが機能しなくなるまで重要性が認識されないことがありますが、機能しなくなったら世界が終わるような状況になります。

　これらの基本的なプロセスを自動化することは、顧客体験、従業員体験、フロントオフィスの運営のすべての側面に直接的な影響を与え、ビジネスの他の部分が停滞しないようにするのに役立ちます。これはビジネスにとって実際の競争上の差別化をもたらす結果となります。この理由から、多くの企業は自動化の取り組みを始める際に、バックオフィス機能から取り組むことが多いのです。

10 フロントオフィス

Chapter 10

「成長は単なる偶然ではなく、労働力が集結してもたらす結果である。」
── **ジェームズ・キャッシュ・ペニー**

デジタルトランスフォーメーションの第一期が幕を開けた時、マーケティングとセールスのリーダーは突如、主要なテクノロジーの購入者になった。顧客関係管理（CRM）、マーケティン・オートメーションプラットフォーム（MAP)と、収益に焦点を当てたソフトウェアアプリケーションのエコシステムが、これらの機能を変革しました。

フロントオフィスアプリの購入者は他の購入者とは異なります。すべてのアプリが収益への直接的な効果を謳っているため、予算は問題ではありません。その結果、マーケティングテクノロジー（またはマーテック）は現在のビジネスにおける最大のテクノロジーランドスケープの1つです。

営業とマーケティングはフロントオフィスの主な機能です。業界によっては、ホテルのフロントデスクやコンサルティング会社のアナリスト、または資産管理アドバイザーなど、他の役割も含まれる場合があります。業界によって呼び方は異なるかもしれませんが、収益を生み出すチームや機能は、しばしば非常に似た基本的なプロセスを持っています。良いニュースは、これらの領域はすべて自動化の機会の宝庫であるということです。

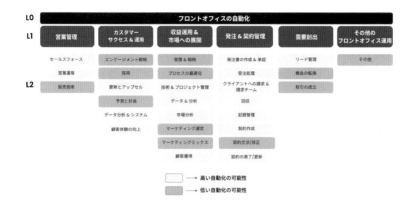

フロントオフィスの活動は、プロセスの階層の一部として、以下の6つの主要な領域にグループ化できることがわかります。

- 営業管理
- カスタマーサクセスとオペレーション
- 収益運営とマーケット展開
- 営業注文と契約管理
- 認知度と需要の創出

フロントオフィスは、収益と直接的な関係があるため、最も価値のある自動化の機会の一つですが、同時に最も不安定な部分でもあります。最高マーケティング責任者の平均在任期間は40ヶ月であり、毎年減少しています。営業担当副社長の在任期間はさらに短く、18カ月です。最も成功したリーダーであっても、需要の増加やリード、パイプライン、収益目標の増加に対処しなければなりません。

短期間の在職期間は、フロントオフィスのリーダーに対して彼らの取り組みに即座の影響を与えるよう働きかけます。デジタルビジネスの最初の時代では、その結果としての行動は、しばしば新しいアプリケーシ

ョンを購入するだけでした。企業は、単にソフトウェアを追加することで得られる効果が短命化し、急速に減少していることに気付いています。過去には、新しいリード管理のアプローチなど、数十の新しい機能を実現するためにアプリを追加しました。しかし、今では、新しいアプリは、その機能のうちの1つを少しでも向上させられるかもしれません。例えば、リード管理プロセス内のリードルーティングの能力を向上させるかもしれません。次の時代のフロントオフィスにとって最大の課題の1つは、「新しいソフトウェアを購入する」という考え方を変え、所有しているアプリから長期的な価値を継続的に生み出すアプローチを追求することです。会社はフロントオフィスから影響が出ます。

フロントオフィスにとって、自動化の目標は何でしょうか。要約すると、その会社のビジネスのゴールと同じです。基本的に私たちは売上を増やすことを望んでいる。営業チームがより多くの商品・サービスを売ってくれ、マーケティングが認知度を向上させ、カスタマーサポートまたはデリバリーチームがより多くの顧客を維持し、アップセルすることで、売上アップが実現できます。

しかし、その成果はそこで終わりません。よく自動化されたフロントオフィスは、以下の結果をもたらします：強化された顧客体験：フロントオフィスの自動化は、顧客の要求に対応するための所要時間に大きな影響を与えることができます。アプリケーションを大幅にカスタマイズしたり変更する必要はありません。また、顧客対応チームにこれまでのやり取りの経緯を情報提供することで、見込み客や顧客とのより個別化された対話を促進することもできます。

従業員体験の向上：顧客対応の従業員は、顧客体験にほとんど価値を加えないお役所的で冗長なタスクにイライラしています。自動化により、これらのタスクはなくなり、過剰なストレスも解消されます。このストレスはしばしば過労の原因となります。

「WOW」な瞬間を提供することにより、顧客を魅了し、長期的な関係を築くことができる組織は、収益の向上と成果の向上を実現する可能性が高くなります。これらの瞬間が顧客との関係に与える響きは、私たち自身がハッピーになるだけではなく、組織の究極的な運命を決める可能性があります。

リターンする結果: The Rise of RevOps

いくつかのフロントオフィスのモデルが一部で、特にテック業界で人気を集めています。デジタルトランスフォーメーションの初期には、マーケティングオートメーションプラットフォーム（MAP）の導入から始まりました。MAPが注目されるようになった直後に、マーケティングオペレーションの役割が急速に登場しました。マーケティングオペレーションの役割には、新しいマーケティングシステムと関連するプロセスの大量管理が必要でした。セールスオペレーションは、CRMや他のセールステクノロジー（機会管理、予測、見積もり、取引承認など）で運用されるプロセスを管理するために、登場しました。

最近では、特にテック業界において、営業オペレーションやその他の収益やマーケティングに焦点を当てた業務の役割が「レベニューオペレーション(RevOps)」として再定義されています。この新しいチームは、成長を促進するためのフロントオフィスアプリの導入、管理、統合を担当しています。これらの役割は通常、営業またはマーケティングチームに直接報告します。これらのチームは、エンド・ツー・エンドの営業およびマーケティングプロセスの実現と進化に重点を置いています。技術は単にそれを実現する手段です。テック企業に見られるこの進化は、ますます自動化された営業およびマーケティング機能に向かって進むにつれて、フロントオフィスチームがどのように進化する必要があるかを示唆しています。

自動化の利用事例:リード管理

リードはさまざまなソースから得られます:オンラインイベントや物理的なイベント、ウェブフォーム、チャットソリューションなど。これにより、異なる形式や詳細度、リードのクオリティもバラバラなものが混在します。自動化プラットフォームは、リードが元も入っているシステムに直接統合するか、イベントやその他のソースから受け取ったリードのリストをチームが読み込むためのメカニズムを提供することで、この最初の問題を解決します。

「もし企業がリードジェネレーション戦略で成長を推進している場合、自動化は必須です。リードへの返答時間は、価値を最大化するための重要な指標です。リードを含むマーケティングプロセスには、数十のアプリが関与することがあります。リードレコードをライフサイクル全体で移動させるには、多くのステップが必要です。それぞれのステップは、インポート、検証、クレンジング、重複排除、充実、スコアリング、ルーティング、属性付けが必要です。」

専用アプリを駆使しても、リード管理は非常に難しい。最善の努力と技術的支出にもかかわらず、世界中のほとんどすべての企業が、最適な5分以内の基準で新規リードに接触することに苦戦している。さらに、この問題を解決するためのソフトウエアの全カテゴリーが存在するが、それでも企業は苦戦している。完全に自動化されたリード管理プロセスの例を見てみましょう。

リード管理プロセス全体は、リードデータの質に依存しており、したがって最初のステップは見込み客に関するすべての詳細を確認することです。このリードレコードをMarketo、Pardot、またはHubSpotなどのMAPに入力する前に、ZoomInfo、Clearbit、またはDun & Bradstreetなどのアカウント/連絡先データサービスを使用してデータのクレンジング、データのエンリッチメント、データ変換をする必要があります。これらのベンダーはまず、リードのメールが有効かどうかな

どの情報を教えてくれることでレコードを検証します。レコードが有効であると仮定すると、彼らはこのリードの会社と連絡先に関する追加情報の配列を返します。自動化プラットフォームは、リードレコードを1つずつこれらのリード充実サービスにルーティングし、結果のデータを使用してMAP内で高品質なリードレコードを作成します。

一度受信したリードが検証され、一貫した形式で標準化されると、SalesforceなどのCRMを含む他のシステムによって、リードが既に存在するかどうかを確認し、重複を効果的に管理し、アカウントにマッチさせる必要があります。

次に、MadKuduや6senseなどのサービスが登場し、高度なリードとアカウントのスコアリングプロセスを実行します。多くの場合、この「スーパースコア」は、意図データ、企業情報、および以前の企業との関係など、複数の異なるデータソースに基づいています。

リードスコアは、適切な営業担当者にリードを優先順位付けしてルーティングするために使用されます（時には、LeanDataやRingLeadなどのサービスを使用した複雑なルーティングロジックを介して、または自動化プロセスに直接組み込まれている場合もあります）。自動化プラットフォームは、営業チームのメンバーが最も使用するシステムで通知し続け、リードが見逃されないようにします。一部の企業では、これを達成するためにMicrosoft Teams、セールスダイヤラー、メール、またはSMSメッセージングを使用する場合もあります。

Outreach、Revenue.io、SalesLoftなどのセールスエンゲージメントプラットフォームによって、セールスが追跡を行い、リードの性質に一致したタイムリーなメッセージが提供される。マーケターが収益生成への効果を証明するための、Bizible（Adobeによって買収された）のような属性判断のためのソリューションも、マーケターにとって悩みの一つです。自動化プラットフォームは、これらの追加ツールを自動的に活用します。

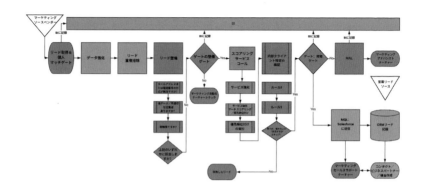

　次のページの図に示すように、自動リード管理プロセスの自動化の成果は次のようになります。

　このプロセスは、通常、9つ以上の異なるアプリケーションが関与し、アプリ間のネイティブな統合機能を使用して結合されます。企業では一般的に、営業担当者がCRMの特定のビューでリードのフォローアップをしています。営業担当者に対する自動アラートがない場合、このアプローチでは平均的なリードの応答時間は通常1日以内です。深刻な場合には、数週間にわたることもあり、または完全に見落とされることもあります。上記で概説した通り自動化をすると、リードが入ってきてから5分以内に簡単に連絡ができます。自動化は営業担当者の応答時間を把握し、リードが割り当てられてその営業が対応しなかった場合は、次に最適な営業担当者にリダイレクトされ、迅速な対応を確実にします。さらに、リード対応を忘れないように、営業担当者にはさまざまな方法で通知することが可能です。

　見込み客があなたの製品やサービスを購入しようとしていて、競合他社も評価しているとします。彼らは、あなたのウェブサイトと競合他社のウェブサイトの両方に、コンタクトを取るためのフォームを記入して

います。あなたのチームは5分以内に電話をかけ、彼らがこの問題について積極的に考えているタイミングを捉えます。競合の戦略としては、担当者がリード・ビューをしっかりモニターしているだろうと想定するが、担当者は2日後に顧客に連絡を取ります。顧客は当然、あなたの会社からよりしっかり対応してもらえていると感じるので、あなたの製品やサービスについて説明する前に、競合に対して優位に立つことができます。

これらのリード自動化プロセスは一晩で構築する必要はありません。大手テクノロジーベンダーは、単純にリードを受け入れるメカニズムの構築を入念に作り上げることから始めました。時間の経過とともに、彼らは営業、顧客サポート、さらには財務プロセスにまで及ぶ作業の自動化を拡大しました。最初はデータの品質に焦点を当て、プロセスが信頼性を持って末端まで実行されることを確認することに注力していました。しかし、時間の経過とともに、彼らはプロセスを進化させ、機械学習（ML）を導入して高度なリードルーティングと優先化の決定を行いました。これにより、最も有望なリードへのより速く、より個別化されたアプローチが実現しました。

リード管理において、基本を押さえることができれば、仕事は細部まで目が行き届いた形で継続的に遂行されます。多くの企業がこのアプローチを使用して、リードへの反応時間を30秒以下にすることができました。その結果、リードのコンバージョン率も倍増しています。信頼性のある効果的なリード管理により、企業は今やマーケティング活動を通じて生成されたすべてのリードが適時に処理されることを確信しています。そこからは、営業担当者が得意とすることをさせるだけです：それは、売ることです。

自動化の利用事例：フードデリバリーと忠誠度リワード

B2Bテック業界の私たちにとっては、リードや見込み客以外のフロントオフィスの重要性を忘れがちです。小売業などの産業では、優先事項は大きく異なります。

大規模なガソリンスタンドとコンビニチェーンは800の小売店舗を持っており、彼らは2020年の初期のパンデミックの急増中に独特な経験をしました。人々はまだ車のガソリンを買っていたため、来店客数は壊滅的ではありませんでしたが、売上は一時的に減少しました。

パンデミック（世界的大流行）に見舞われる少し前、リピーターを増やし、他のガソリンスタンドやコンビニエンス・チェーンに対抗するため、ロイヤリティ・プログラムを導入した。これは、一定回数の買い物で割引などの特典が得られるというものだった。問題は、このロイヤリティ・プログラムは対面での購入にしか使えず、パンデミックの間、人の往来はほとんどなくなっていたことだ。一方、DoorDashと提携していたため、自宅からスナックやキャンディーを購入することができ、収益は思ったほど落ちなかった。

会社は、小売りの売上が減少する分をカバーできるので喜んでいたが、同時に、彼らは引き続きPunchhというSaaSソリューションで管理されているロイヤリティ・プログラムを通じてリピーター顧客を奨励したいと考えていました。結局、これが彼らが確立した報酬型プログラムの全体的な目的でした。

幸いなことに、この会社は既に自動化の手法を持っていました。彼らは大量のガスを輸送会社やフリート会社に販売していたため、サプライヤーのAPIとの連携は彼らにとって標準的なプロセスでした。

彼らは、統合と自動化のプラットフォームを使用して、DoorDash

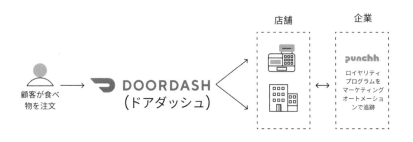

APIからのリアルタイムの購入データをつなぎ合わせ、Punchhに取り込むことができました。彼らは、このDoorDashのデータを、店内での購入データやガソリンポンプでの購入データなど、小売体験の他の詳細なデータと結び付けるようにしました。

このプログラムが稼働し始めると、企業はデータをビッグデータ分析とAzure上のAI/MLを通じてストリーミングすることで、800店舗全体の顧客の購買習慣に対するロイヤリティ・プログラムの影響についてさらなる洞察を得ることができました。

会社はパンデミック中にロイヤリティ・プログラムを効果的に運営するよう方針転換することに成功し、それによって顧客についてさらなる洞察を得ることができました。この例は、サプライヤー・データが時にはプロセスを大幅に補完することができ、適切に統合されると、これらのサプライヤーは時には収益の流れ全体を拡張または置き換えることができることを示しています。

自動化の利用事例：ディールデスク

四半期末は、多くのB2B業界の営業チームにとってストレスの多い時期です。営業チームの契約承認プロセスである「ディールデスク」が不適切に構築されている場合、それは全員にとっての不満を増大させるだけでなく、営業、リーダーシップ、財務、そして最も重要なことにお客様

にも影響を与えます。

　貧弱なディールデスク・プロセスは、利害関係者間で案件の可視性を欠くことになる。時間的制約のあるプロセスを管理する上で、カスタマー・エクスペリエンスが低下する。プロセスがサイロ化しファイナンスチームは案件に対してほとんど見通しがないため、リクエストを承認することはさらに困難です。標準外のリクエストや契約変さらによって、多くの関係者（ファイナンス、法務、直属のマネージャー、上位のマネージャー、最高収益責任者[CRO]、製品チームなど）が取引をレビューし、承認する必要がある場合があります。関連情報がほとんど整理されていないため、各関係者は承認前にそれを探し出さなければならず、全体のプロセスが遅くなります。これらの問題のバリエーションは多くの企業で発生します。ディールデスクは収益を迅速に認識し、契約リスクを減らすためのツールではなく、コストセンターになってしまいます。

　これが起こると、顧客は迅速な回答をもらうことができず、営業チームは運に頼って取引を成立させようとします。営業担当者はノルマや大きなインセンティブを逃し、会社は四半期の収益目標を逃します。さらに悪いことに、最初から承認されるべきではないのに承認されてしまった取引もあります。長期的に、利益の出ない取引の連鎖を引き起こすことになるか、さらに悪い場合には、顧客離れが進み、それが口コミで会社のブランドを損なってしまうこともありえます。

　良いニュースは、自動化によってこれを軌道修正することができるということです。契約デスクのプロセスでのこのような問題を減らせられれば、新しい顧客との関係を良好なスタートで始めることができ、将来その顧客とのディールを拡大する時に彼らの調達チームと協力していくことがはるかに簡単になります。

　営業担当者は、案件をCRMで進めるために、案件をレビューにあげ

なければなりません。審査者は、独立したアプリケーションの受信トレイをチェックしたり、メールを待つ必要はありません。ほとんどの企業は、SlackやMicrosoft Teamsなどのコラボレーションツールを頻繁に使用しています。自動化プラットフォームにより、アラート、承認、更新が常にユーザーの利用可能なこれらのツールに表示されます。つまり、審査者はCRMにログインする必要がありません！

　コラボレーションツールでは、承認者は必要な情報を手元に持ち、1クリックで詳細を調べたり、取引を承認したりすることができます。全員が承認を行った後、案件は自動的にCRMの次の段階に進みます。特定の取引が疑問視された場合、各レビューアーの承認と承認の決定理由が明確に記録された監査証跡があります。

　大手のコラボレーションソフトウェア会社は、このようなディールデスクのプロセスを導入、自動化し、大規模な見積もりからキャッシュまでのプロセスも連携しました。現在、彼らの注文の98%が5分以内に処理されており、そのうちの90%は人間によって触れられていません。ディールデスクの自動化により、彼らの営業および財務チームは1カ月に

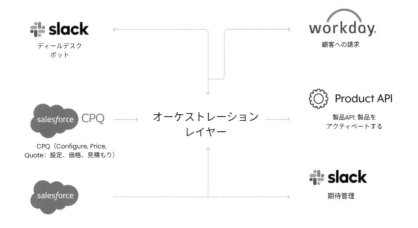

5000時間を節約し、承認プロセスを4倍速くしました。

今日のフロントオフィスリーダーにとって、単に時折の手作業プロセスを修正するために統合と自動化を使用するだけでなく、顧客体験を向上させる自動化の文化を作り出すチャンスが来ています。文化などの特徴と同様に、この自動化への考え方と傾向は、すべての部門に浸透させるべきです。組織全体のリーダーシップは、自動化を通じて真のビジネストランスフォーメーションを推進するために協力する必要があります。

フロントオフィスにおける革新的な自動化

キャンペーン管理からリードルーティングまで、どのフロントオフィスも自動化したい基本的なプロセスがあります。フロントオフィスのチームは、新しいアイデアを試すために最も創造的でやる気のあるチームの一部です。この本全体で述べてきたように、これらの創造的なマインドにアイデアを実行する力を与えることは重要です。会社で最もエキサイティングなアイデアのいくつかは、会社の中核プロセスと直接関係のないインスピレーションの瞬間から生まれることがよくあります。しば

しば、これらのアイデアが顧客と収益に最も大きな影響を与えます。以下にいくつかの例を示します。

＊顧客のインテントデータ（顧客の興味関心を示すデータ）の新しい情報源を見つける：

　パンデミック初期の頃、対面での会議やイベント、見込み客との対面での他のやり取りの方法が一夜にして消えました。事業の成長がこれらのやり取りに大きく依存していた事業拡大中スタートアップにとって、この変化は自社にとって壊滅的状況になる可能性を持っていました。しかし幸いなことに、彼らの会社の人たちが、第三者のウェブサイトからのインテントシグナル（Webサイトのインタラクション、コンテンツの消費、フォームの送信など）を活用した自動化のアイデアを思いつきました。顧客や見込み客がこれらの業界特化サイトで検索を始めるたびに、関連する営業担当者やマーケティング担当者には即座にSlackで通知され、彼らはアウトリーチで優先順位をつけることができました。その結果、会社は対面でのやり取りの損失を劇的な方法で補い、四半期連続で目標の110％に達しました。

＊AIの通話分析を使用して残りの提案を自動化する：

　Gong.io、ZoominfoのChorus、またはRevenue.ioなどのツールは、自然言語処理（NLP）を使用して営業の通話に関するデータを生成します。このデータはさまざまな方法で活用することができます。ある企業は、Gongが新製品に関連する特定のキーワードを検出したときにトリガーされる自動化を作成しました。営業担当者はまだ新製品についてのスピードアップをしているかもしれないと考えられるため、キーワードの言及がある場合に提案が表示されるようになっています。顧客や見込み客が新しいソリューションに関連している場合、営業担当者は会社の営業支援プラットフォームに保存されている提案されたフォローアップコンテンツへのリンクが含まれたSlackメッセージを受け取ります。そのようにして、営業担当者が電話でソリューションを言及する機会を逃

しても、フォローアップのメールで迅速に修正することができます。営業担当者はこの支援を評価し、会社において逃した機会はありませんでした。

＊AIによる通話の要約とフィールドの更新：
　通話のログを取り、CRMプラットフォームを更新するまでにも長い道乗りでしたが、生成AIはそれを新たなレベルに引き上げる可能性を持っています。生成AIは、Gong.ioなどのツールから通話のテキストを取得し、後で有用なデータとなるSalesforceのキーフィールドに要約することができます。

　これには次のような内容が含まれる可能性があります。
　次のステップは何ですか？議論された利用事例は何ですか？競合他社は言及されましたか？多くのプラットフォームがこの機能のいくつかのバージョンを提供しているかもしれませんが、生成AIは企業にはるかに大きな力を与えます。AIの世界観を定義するためのガードレールを設定することができます。また、公開モデルを使用している場合は、機密情報を保護するために部分的なデータを提出することもできます。生成AIはまた、そのデータを使用してフォローアップのメールやテンプレートを作成し、相手先へメールを送る前に、Slackで営業担当者に対し、作成したメール内容の承認を求めるメールを送ることもできます。

　「Closed-lost reactivation emails」とは、営業担当者にとっては価値あることが多く、彼らが必死でない限りアクティブなパイプラインから注意をそらしていいとするのは良くありません。自動化は、失注案件とアカウントのデータを生成AIに供給し、再度案件化するためのメール原稿を作成することができます。これらのメールは、承認のために案件を所有する営業担当者にSlackやTeamsで送信され、その後Outreachの適切な連絡先に送信されます。このように、自動化は営業担当者の日常業務でタッチできていない領域もサポートします。

＊自動的にバイヤーペルソナによって仕事の肩書きを分類する：

仕事の肩書きは多様であり、例えば、chief marketing officer、CMO、SVP of marketing、またはhead of marketingなど、異なる肩書きを持つ人々でも同じ責任を持つことがあります。マーケティングの目的で、企業はこれらの肩書きをすべて「マーケティングリーダー」のバイヤーペルソナの下にグループ化したい場合があります。過去には、それはスプレッドシートやマーケティングオートメーションプラットフォームでの手作業であったでしょう。生成AIを使用すれば、「マーケティングリーダーの肩書きを持つすべてのリードとコンタクトをマーケティングリーダーのバイヤーペルソナに更新する」とソリューションに伝えるだけで、AIが作業を行うことができます。

世界中のフロントオフィスチームは、プロセスを効率化し、マーケティング、営業および顧客サポートの取り組み全体を自動化して強化する方法を考えています。新しいリードの獲得から顧客基盤の拡大まで、そしてその間のすべてにおいてです。フロントオフィスにとって本当のチャンスは、自部門の境界を超えて他の部門に目を向けることです。フロントオフィス内のプロセスがより自動化されるにつれ、それらを会社の他の部門に展開することで大きな可能性が開かれます。

11 従業員体験

Chapter 11

「従業員の経験は、人材戦争の新たな戦場だ。」
― **ジェイコブ・モーガン**

IBMの元CHROであるアイアン・ゲルソンは、「私たちとの仕事を素晴らしいものだと感じてもらえれば、顧客もそう思ってくれる」と語りました。従業員のエンゲージメントスコアと相関関係があります。幸せな従業員は、より幸せな顧客、より生産的な人々、そしてより良い企業につながります。

最近、従業員の苦境がニュースになっています。グレート・リジグネーション、クワイエット・クイッティング、リモートとオフィス勤務の比較などのトレンドが議論を引き起こしています。2021年のある時点で、全従業員の約40%がより良い環境を求めて仕事を辞めることを考えていました。驚くべきことに、報酬はその理由のリストで16位にランクされていました。それよりも前に、従業員の経験を中心としたさまざまな理由が並んでいました。人々が日々の仕事をどのように経験するかは、彼らを保持し、やる気を起こさせるための重要な要素です。

従業員エクスペリエンスタワーを構成するプロセスは何ですか。それは従業員が雇用主と関わるすべてのことを指します。採用からオンボーディング、学習と成長、そして退職時まで、すべてを含みます。

自動化によって、私たちの人々を喜ばせ、生産性をさらに向上させる

可能性は非常に大きいです。

　従業員の全体的な経験をサポートし、重要な瞬間を作り出すために、シームレスなプロセスを構築する必要があります。幸せな従業員だけでなく、効率性も見つけることができます。

　世界のどこに住んでいる人でも、充実した仕事人生を望んでいます。この経験の一部を自動化することには大きな可能性がありますが、リスクもあります。私たちは人々が冷たく、無機質な自動販売機のように働いていると感じることは望んでいません。人々が価値を感じ、重要であると感じるためには、人間らしさを失わないことが重要です。ガートナーのアナリストは最近、HBRに「今日の従業員は単なる労働者ではなく、人として扱われたい」と語りました。この自動化のタワーは、その名前が示すように、すべてが経験に関連しています。この領域は経験の概念が曖昧で測定が難しいため、リーダーにとっては重要性が低く感じられるかもしれません。しかし、これは企業にとって最も大きな差別化要因の一つです。力を与える文化で働き、仕事を楽しんでいる従業員は、自分たちが働いている企業のためにさらに10マイル進んで行動します。つまり、企業が行うすべての側面がより良く行われることを意味します。会社には、このような広範な影響を持つものはほとんどありません。

　従業員の経験にある曖昧さを取り除くことは重要です。日々の経験の改善のために従業員のフィードバックを活用することが、断然最善のアプローチです。これにより、「私は仕事に不満です」といった主観的な感情を、「私の休暇の申請が常に遅れて承認されず、したがって自信を持って休暇計画を立てることができない」といった具体的で測定可能な結果に変えることができます。これにより、曖昧で修正不可能なものから、自動化によって対処できるものになりました。従業員のフィードバックを活用して、従業員の経験と感情を具体的な改善策に変えることは、従業員の経験を自動化するために重要です。

自動化された楽しい体験

　従業員体験の向上のためのお勧め戦略は、文化、技術、およびプロセスの3つの要素から構成されています。楽しい従業員体験を作り出したい場合、これらの要素はすべて結集する必要があります。例として、才能獲得プロセスにおいてこれらがどのように作用するかを見てみましょう。

*カルチャー：

　人材獲得において、企業のカルチャーはさまざまな方法で伝えることができます。共有の価値観、見込み社員に対する特別な取り組み、または面接官への指導方法などで表れることがあります。自動化を活用して、人材獲得プロセスのカルチャーを向上させることができます。例えば、採用プロセスに入るすべての候補者に自動で手書きのお礼状（本当に存在します！）を送ったり、面接に入る前に面接官に伝えるべきトップ5の価値観を素早くリマインドすることができます。手書きのメモの例は、あなたを一時停止させるかもしれません。自動化とは自然な組み合わせには思えません。自動化されたプロセスが個人化を欠いているわけではなく、人々がそれらのプロセスに関与していないわけではありません。単に、一貫して実行され、適切な場所と適切なタイミングで人間の行動を自動的に組み込むことを意味します。

*テクノロジー：

　採用技術は過去数年間で成長してきました。候補者管理のソリューションはより洗練されていますが、役員やマネージャーに対して、面接後のスコアカードの記入、採用依頼の提出、またはポジションの承認のために別のツールにログインするよう求めることは、不快な経験をもたらすものです。私たちは、この作業を専門の技術からMicrosoft TeamsやSlackのようなものに抽象化することができます。その結果、エンゲージメントは迅速で満足感のあるものになり、イライラやため息をつくことはありません。

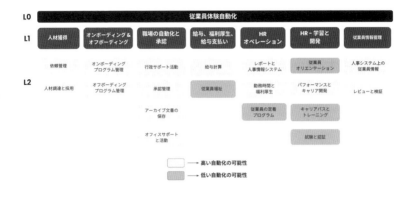

→ 高い自動化の可能性
→ 低い自動化の可能性

*プロセス：

交渉と契約書の手続きを通じて行う手順は、高い影響力を持つ人材を確保するために重要です。競合するオファーを受け入れてしまう候補者を減らすために、オファー書類の修正の承認プロセスを完了する時間を短縮することができます。一貫して実行されるプロセスは、採用にしばしば潜在的な偏見や好意的な扱いがあることを排除するのにも役立ちます。これにより、より多様な労働力が得られ、最適な候補者が選ばれるという大きな成果が生まれます。

従業員体験タワーのすべてのプロセスは、これらの3つの構成要素に分解することができます。このようにプロセスを考えることで、しばしば目の前に隠れている自動化の機会を見つけることができます。

以下は、従業員エクスペリエンスタワーのプロセス階層視点です。いくつかの高い影響力と広範囲なプロセスがあります。高いビジネス価値と高い可視性の組み合わせにより、従業員エクスペリエンスの領域は自動化の価値を示すために使用できる利用事例の素晴らしいソースとなります。このタワーからいくつかの例を詳しく見てみましょう。

自動化の利用事例：新入社員のオンボーディング

新しい仕事を良いスタートで始めることは、質の高い従業員体験の重要な要素です。新入社員は早く結果を出し、影響を与えたいと思っています。彼らが必要なツールを最初の日から備えることは、私たちができる最低限のことです。これによって彼らを成功に導き、離職率を減らし、望ましい職場文化を育むことができます。

多くの企業では、新入社員のオンボーディングは毎週数人の従業員が行っています。一方、半導体企業のBroadcomは一度に数千人の従業員をオンボーディングしています。同社は合併や買収によって運営されているため、時には数日で最大1万5000人の新入社員をオンボーディングする方法を見つける必要があります。プロビジョニングされたノートパソコン、アプリのライセンス、シングルサインオン（SSO）で準備が整った状態で、その多くの新入社員を働けるようにすることは容易ではありません。

すべての企業が同じような大量オンボーディングのニーズを持っているわけではありませんが、Broadcomが長年かけて洗練させてきたプロセスから誰もが学ぶことができます。同社は煩雑なスプレッドシートから完全に自動化されたアプローチへと移行しました。Broadcomは、煩雑なスプレッドシートから完全に自動化されたアプローチへと移行しました。

すべてはビジネスイベントまたはトリガーから始まります。この要素の重要性は過小評価できません。自動化のアプローチには、一定の間隔で特定の特徴を確認するリスナーを使用するものもあります。また、手動でトリガーされ、ボットや他のプロセスを起動するためにプロセスに追加のステップが追加される場合もあります。Broadcomでは、新しい従業員レコードがWorkdayに作成されると、APIを介してアクションシ

ーケンスが即座に開始されます。それに続くプロビジョニングは数分以内に完了します。Broadcomは一度に何千ものレコードを処理しているため、余分な手順、特に手動の手順は考えられません。

人事は、大量の名前のスプレッドシートをアップロードするか、1つずつ入力します。そこから、単一のサインオンのために、アイデンティティ管理プラットフォームであるOktaに新しいアカウントが作成されます。このプロセスは、従業員データがWorkdayに入力されるとすぐに行われますが、Oktaでのアクセスは開始日の7日前まで自動的に制限されます。これにより、新しい従業員が不適切に早く情報にアクセスすることを心配することなく、チームは必要なだけ前もって作業を進めることができます。時には、新しい採用者が実際に入社しないこともあり、HRが最初に提供した名前はもはや必要ありません。チームは、これらの出来事に対応するために、プロセス自動化に代替経路を構築しました。

新しい従業員が会社に参加する7日間以内に、すべての従業員に必要な基本的な設定が行われます。これには、アクティブディレクトリのログイン、Google Workspace、Webex、Box、オフィス用ソフトフォン

のログイン、サポートアクセスが含まれます。さらに、新しいラップトップが自動的に注文され、彼らがリモート従業員かオフィスでの採用かに応じて、地元のオフィスか自宅に発送されます。このプロセスの段階では、マネージャーには通知が届きますが、新しい従業員にはまだ何も送られていません。

マネージャーには正確な開始時刻を決定する裁量が残されているため、新しい従業員のアクセスを最終的にオンにする選択肢が与えられます。マネージャーは裏で行われているオーケストレーションの一切を見ることはありません。彼らが見るのは、新しい従業員の名前といくつかのドロップダウンとボタンがあるシンプルなポータルだけです。フォームには、役割に特有のソフトウェアアプリケーションや追加のハードウェアなど、特別な要件のための入力が含まれています。マネージャーが画面上の「プロビジョン」ボタンをタップして承認すると、新しい従業員の個人用メールアドレスに自動的に歓迎メールが送信され、ログインおよび仕事を始める手順が説明されます。

一般的な企業では、新入社員が最初の2週間は戸惑うことが多いものです。一般的に、IT部門は電子メールやワークスペースに必要なものなど、基本的なものへのアクセスを提供する。しかし、専門的なアプリにアクセスするためには、マネージャーから他部署の同僚にメールを送る必要があり、解決に数日かかることもあります。アプリが忘れ去られ、後になって初めて気づくこともある。オンボーディングにおける非効率はあまりにも一般的であるため、私たちはそれがどれほどの生産性の損失を生み出しているのか気づいていません。

Broadcomはこれらの問題を抱えていません。新入社員は自動化によって支えられたシームレスで迅速なオンボーディング体験を経験します。遅延なく、彼らは初日から自分のミッションに集中することができます。規模が拡大すると、一度に数千人の従業員をオンボードする際の

生産性の向上は大きいです。

2020年のパンデミックの最中、Broadcomは現地での作業が必要なチップの製造および研究開発を行っていたため、数千人の従業員をオフィスに戻す必要がありました。この自動化の基盤があったおかげで、チームは簡単に1万1000台以上のiPhoneを購入し、手配し、カスタムの接触追跡ソフトウェアを搭載して従業員の安全を確保することができました。自動化がなければ、CTOのAndy Nallappanの会社が苦しむことになったでしょう。

自動化の目的はコスト削減以上、拡大以上で、単にビジネスを維持することです。もしパンデミックが襲ったときにその自動化がなかったら、私たちは苦しんでいたでしょう。それはお客様にも影響を与えていたでしょう。

Broadcomは現在、1四半期に平均30以上の新しい自動化の追加を行っており、これは1ヶ月に10万5000件のジョブが実行され、6500時間に相当します。月に節約された金額。苦情は毎日のようにあったものがほぼゼロに減少しました。新入社員は以前よりも生産性が高く、速くなりました。

Broadcomが作り出したようなポジティブな初期の経験は、その後の仕事でのキャリアの軌道を助けることができます。従業員が歓迎され、快適に感じ、力を得られるようなこれらの自動化されたプロセスは、パフォーマンスの文化を作り出し、企業のあらゆる側面に影響を与えます。

自動化の利用事例：コンテキストシフトの疲労克服

この事例は、データセンターとデジタルインフラストラクチャの分野でリーダーとなっている企業「ConnectCo」と呼ぶことに焦点を当てています。多くの企業と同様に、ConnectCoも、チームの関与を低価値で繰り返される活動から減らすことで、日常業務における従業員の体験

を大幅に改善できることに気付きました。

ConnectCoは、次のようなプロセスにおいて手作業の労力を削減する機会を見出しました：

背景調査をオンボーディングプロセスで実施する。従業員がパンデミック後の復職プロトコルに従うことを確認する。労力を節約するために、これらの手作業を自動化することは素晴らしいですが、彼らはルールベースのプロセスを自動化することで単純な効率向上を超えた自動化を望んでいました。

ConnectCoのデータ分析の製品管理責任者は、従業員の士気を下げるいくつかの困難なタスクの例を知っていました。問題は、これらが単なるデータ入力のタスクではなく、分析や意思決定を含む高次の機能であるということでした。この挑戦は弱気の人には向いていませんが、役員は自動化がどこまで進むかを見たかったのです。

これらのメールは、異なるチームの支援が必要な場合があり、したがって要求されている作業の種類と優先順位の処理のためにトリアージが必要です。そのため、各メールが届くたびに複数のチームメンバーが読んで、正しい優先順位とチームの割り当てに基づいて対応する作業オーダーを作成しなければなりませんでした。これは非常に繰り返しの多い作業であり、貴重な従業員の時間を使い果たすだけでなく、従業員を疲弊させ、仕事に不満を抱かせるものでした。このような役割の高い離職率は、従業員の経験の悪さによるコストがしばしば過小評価されています。

各リクエストを人間が分析しルーティングするのではなく、ConnectCoは機械学習モデルを活用して、リクエストされた作業の種類、優先度、そしてこのタイプのリクエストを処理する必要がある社内チームの名前をカタログ化またはタグ付けしました。自動化は以下の通

りです:

- 新しいメールがカスタマーサポートのメールボックスに受信された場合、すぐに実行する。
- 送信者のメールのドメインを使用して、CRMから顧客のレコードを検索する。
- メールの本文を機械学習モデルに送信する。
- 機械学習モデルから分類(作業タイプと優先度)を取得する。
- 機械学習モデルの信頼度が高い場合は、サービス管理システムで作業依頼を作成する。

信頼度が高くない場合は、チームによる手動分類のためのリクエストをルーティングします。

手動でチームにルーティングする必要があるリクエストは、機械学習モデルによって自動的に「学習」されました。これにより、モデルの精度は時間とともに改善され、リクエストの大部分が完全に自動化されました。

チームはこの作業の高度に繰り返される性質から離れ、代わりに時折の例外のみを処理することができるようになったため、新しい意義のあるプロジェクトに取り組むことができました。

次に調査された自動化はさらに興味深いものでした。ConnectCoは世界中のデータセンターを管理し、エンタープライズの顧客は自分たちのサーバーを設置するために現地に来ることがよくあります。時には、これらの顧客がデータセンターの床に箱や他の包装材を残してしまうことがあります。これは些細なことのように思えるかもしれませんが、ミッションクリティカルなサーバーを稼働させているデータセンターでは、これはセキュリティリスク、安全リスク、そして最も重要なことに、火災リスクを引き起こす可能性があります。これまでのところ、監視カメラがConnectCoの従業員が顧客を監視する手段となっており、もし残されたゴミが特定された場合、従業員は違反者に通知し、材料の撤去を求める必要がありました。

この自動化が従業員の経験と何の関係があるのか疑問に思うかもしれません。実際のところ、常に「悪者」である立場に置かれる従業員は、ストレスを大幅に感じ、一般的には不幸な状態になります。自動化によって送信されるシステム生成のメッセージは、これらのネガティブな社会的相互作用と見なされる活動をスタッフから取り除くことができます。これにより、社会的な恥ずかしさがシナリオから取り除かれ、従業員と顧客の両方の経験が向上します。

　ConnectCoはまさにこれを行いました。彼らはセキュリティフィードの自動画像解析を活用してワークフローをトリガーしました。自動化はまず、顧客に床にゴミを置いたことを通知しました。もし単なるミスだった場合、顧客は簡単に戻って掃除することができました。顧客が通知を無視することを選んだ場合、一定期間後、自動化は「清掃料金」の項目を顧客の次回の請求書に自動的に追加しました。セキュリティガードはもはや子供たちに部屋の掃除をするように言い続けることのように感じませんでした。その結果、仕事の満足度が向上しました。顧客は自分のミスを指摘されることの恥ずかしさを経験せず、代わりにシンプルなシステム通知を受け取り、対話の個人的な性質が取り除かれました（良い意味で）。

　ConnectCoが作成した自動化は、従業員の無駄な手作業から解放する価値について私たちが既に知っていることを確認しています。また、より複雑なタスクを自動化する際にも同じ利点が存在することを明らかにしています。これらの利点には、他の活動のための時間の確保、誰もやりたくない仕事のオフロード、従業員の定着率の向上、および顧客や同僚へのより速くて良い結果の創出が含まれます。

自動化の利用事例：ギグエコノミーにおけるオンボーディング

　多国籍企業は大規模な労働力と多くのオフィスを持ち、最も重要なワ

ークフロー/機能のいくつかは人事（HR）部門で行われています。これには、給与、従業員のオンボーディング（契約者を含む）、従業員の経験の重要な側面に触れるリソース計画などの要素が含まれます。

あるグローバルなライドヘイリング会社も同様でした。グローバルな輸送管理プラットフォームで新しいドライバーのオンボーディングを行うには、4つの異なるシステム間で時間のかかる手作業によるデータ入力が必要でした。そのため、グローバルな事業拡大を目指す同社にとって、大きな障害となっていました。同社は、従業員が頭を使う手作業から解放されることで、時間を節約し、コストを削減し、ワークフローを最適化することの価値を理解していた。しかし、それが根本的に収益拡大の妨げになっていることも認識していました。

しかし、この企業はビジネス上の課題だけでなく、技術的な問題にも直面していました。具体的には、ドライバーデータがスプレッドシートや複数のバックエンドシステムに散らばっており、これらからデータを取得するのは非常に複雑でした。ドライバーは会社の重要な部分であり、潜在的な問題を見つけて素早く対処するためには高品質なデータが必要でした。そのため、会社はSalesforceを使ってドライバーのデータを中央集権的に管理することにしました。また、ローコードのエンタープライズ・オーケストレーションプラットフォームを利用してデータを他のシステムと素早く同期させ、ドライバーのオンボーディングプロセスを完全に自動化しました。翌年には、会社は約6,000人のドライバーを採用しました。この自動化により、ドライバーのオンボーディングにかかる手作業の労力が97%削減され、年間160.5日分に相当しました。これにより、バックログがほぼゼロになり、ドライバーのアクティベーションに遅れは発生しなくなりました。チームは今や大量のドライバーを迅速にオンボーディングでき、会社は積極的に事業を拡大できました。

この自動化の影響は、従業員の経験の複数の部分に影響を与えました。チームが取り戻した帯域幅により、彼らはドライバーの問題を解決し、

彼らのリクエストに迅速に対応することに集中することができました。その結果、会社とのドライバーの経験が大幅に向上しました。会社はドライバーのオンボード全体の成功を再現しました。大規模かつ複雑なエンドカスタマーのオンボーディングのための自動化を進めています。業務が効率化され、素晴らしい従業員体験が提供されたことで、彼らは新たなグローバル市場への成功した展開を追求しています。

従業員体験における革新的な自動化

私たちの人事部や組織において、基本的なことに焦点を当てるのはとても簡単です。多くのプロセスが企業を運営し、ドアを開いたままにするのに基本的です。しかし、文化に関する小さなアイデアは、しばしば最も予想外な場所から生まれ、これらが結局は従業員の心の中で自社を定義することになります。基本的なプロセスは時折、卓越したものと見なされがちですが、実際にはこれらの特別な要素が差を生み出すのです。

目標達成のためのギフト配達の自動化：ある企業は、ギフトベンダーのSnappy Giftsとの統合を設定し、誕生日や勤続年数、家族の新しい仲間などの重要な節目に、全従業員に自動的にギフトを送るようにしました。例えば、従業員がカレンダー年の中で初めて親権休暇を計画しているとマークされている場合、適切な価格の思慮深いギフトオプションのリストを受け取ります。ギフトの贈り物が無機質に感じられないようにするために、チームはまた、各従業員のマネージャーに通知を自動化し、チームメンバーによいことを祈り、誕生日や他の特別な機会にリラックスするように申し出るようにしました。

*従業員とボランティア活動のマッチング：
Atlassian財団は、ボランティアの支援が必要な多くのボランティア活動のリストを持っていました。会社の従業員のほとんどが、時間を割いて社会に還元することに意欲的であり、積極的であることがわかって

いましたが、ボランティアの機会はまだ埋まっていませんでした。会社は、従業員全体のボランティアに関するデータ、その利用可能性、およびスキルセットを収集するための調査を作成しました。そして、財団がカタログ化した各機会に対して、利用可能で意欲的なボランティアのリストを自動的にマッチングするプロセスを自動化しました。その結果、数千人のボランティアが意味のある方法で貢献することができるようになりました。これにより、従業員の士気が向上し、会社への認識も高まるだけでなく、世界で意義あることを達成するのに本当の差を生み出しました。

*新入社員の指導を支援する：

　新入社員や経験豊富な社員は、学ぶための指導者を探していることがよくあります。この会社は、新入社員に指導を提供する意欲とスキルを持つ社員と、指導を求める社員をマッチングするためのメンターボットを作成しました。これには、最初の90日間の新入社員を対象とした相方プログラムが含まれており、既存の社員にも拡大されました。Slackボットは、社員が指導者をリクエストし、新入社員の旅路全体にわたってリマインダーを送信するための仕組みとして機能しました。新入社員との定期的な個別面談のスケジュールを組むことを覚えていました。会社が全従業員に聞いてほしいと望んでいる主要なトピックを話しました。チームメンバーを会社の他の重要な人々に紹介しました。

*自動化された学習と開発：

　機械学習アルゴリズムは従業員データを分析して、個別のトレーニングパスを形成することができます。例えば、営業担当者は会社で最も測定される役割の一つです。これはトレーニングを実際の行動に結び付けるための豊かな土壌を提供します。例えば、営業担当者が一貫して短い営業電話を行っている場合、生成AIは会社の学習プラットフォームで彼らのための項目を組み立てることができます。また、顧客マネージャーが顧客から平均以下のNPSフィードバックを受けている場合、彼らは

顧客サービスに特化したトレーニング項目に誘導されることができます。これらは、従業員が最も支援が必要な分野でスキルを向上させ、最終的にはより大きな仕事の満足度をもたらすことができます。

未来の働き方

オフィスワークの未来はどのようになるのでしょうか？水晶玉を覗いてみると、その姿ははっきりしません。オフィスにいるのか、自宅で働くのか、それともコワーキングスペースで働くのかはまだわかりません。パンデミックの影響から抜け出して、オフィスの未来は最善の場合でも不確かです。

しかし、いくつかのことは明確です。将来の仕事は、従業員ごとに数十のソフトウェアアプリケーションを含むものになるでしょう。そのリストはますます増えるでしょう。私たちが毎日接触する数十のアプリケーションとの効果的な作業方法を作り上げるにつれて、彼らは仕事により満足を見出すようになるでしょう。先ほど議論したように、コンテキストの切り替えは私たちの生産性に冷たい影響を与えます。アプリケーションのスタックが増え続ける一方で、私たちは削減方法を見つける義務があります。

従業員が日々行う文脈の切り替え。それによって彼らの経験が向上するだけでなく、会社の成果も向上する。従業員の体験を直接改善するために私たちが取り組むことができるすべてのプロセスと自動化の外で、AI時代の自動化マインドセットを私たちの会社に導入すること自体が、私たちの人々を幸せにするでしょう。例えば、民主化はチームの士気、創造性、喜びに驚くべき効果をもたらします。チームに作業方法を変更し改善する自由を与えることは、満足度の非常に高い仕事につながる可能性があります。

12 顧客体験

Chapter 12

「顧客はまだそれに気づいていなくても、彼らはより良いものを求めており、顧客を喜ばせたいというあなたの欲望が、彼らのために発明を促すだろう。」
— ジェフ・ベゾス

　私たちは皆、お客様を最優先に考えていると言っています。これは誰もが同意できる主張です。なぜなら、結局のところお客様の体験は長く印象に残るからです。それは、お客様が私たちのブランドの支持者になるか反対者になるかという違いがあります。企業が顧客体験についてどのように考えるかは、顧客の旅が進行する上で重要です。したがって、優れた顧客体験を作り出し、それに執着することは賢明なアプローチです。

　最高の顧客満足を提供できる企業が最終的に成功すると言われてきました。しかし、2022年にガートナーが発表した調査では、ほとんどの顧客体験プログラムが差別化の改善やブランド競争の支援という役目を果たしていないことが明らかになっています。現実は、ほとんどの顧客体験（CX）プログラムは指標の最適化に固執しており、人々に意味のある瞬間を創り出すという真の目標を見失っている可能性があります。デロイトの最近の「顧客体験は死んだ」というタイトルの記事では次のように述べている。「当たり前のようだが、多様なビジネスモデルの変化、商業的な修辞、そして高速なテクノロジーの中で、顧客は単なる言葉に

なってしまった。顔の見えない、名前のない、そして人間らしさを失ったものに。」

　私たちの顧客にとって信頼できるパートナーになると言うのは簡単ですが、実行するのは非常に難しいことです。なぜなら、多くの顧客とのやり取りがデジタル空間で行われるため、顧客の期待もそれに合わせて変化しているからです。つまり、顧客は自分たちの体験がより速く、セルフサービスで、アプリによって駆動され、その他にもさまざまなことを望んでいます。一方で、過度に自動化されて無人化された非人間的な体験は望んでいません。具体的な質問を持って顧客サービスに電話したときに、提示される選択肢に必要なものが何も含まれていない場合、真っ先に思うことは「まじで、ただ人と話させてくれ」ということです。顧客がデジタル体験を望んでいるからといって、すべてのプロセスにおいて人間が排除された体験を望んでいるわけではありません。機械ではなく人間と話す方が好ましい場合もあります。このバランスを持たないブランドは、長期的な損害を引き起こすリスクがあります。

　CXがどれだけ進化したか考えると驚くばかりです。私たちが皆、「アマゾン効果」を経験してきた影響で、ものをより速く手に入れたいと思羽ようになりました。以前はオンラインで注文した商品の配送には6～8週間かかるのが普通でした。人々は、数カ月から数週間、そして今では数時間での配送を期待するようになっています。コメディアンのロニー・チェンが言うように、「どんな些細なアイテムでも、どんなに少量でも、皇帝のように自宅に手渡される。思いつく世界中の何でも…プライム・ナウは2時間で配達します…私たちは文明としてどこまで進むことができるのでしょうか？どれだけの利便性を得ることができるのでしょうか？…私たちは『プライム・ビフォー』を手に入れましょう。私がそれを欲しいと思う前に送ってください。

人工知能を使って

　自身の知能を代替して、私が欲しいと思う前に私にそれを送る。ロニーの「プライム・ビフォー」のアイデアとそう遠くないものです。AIと機械学習は今まで以上にアクセスしやすくなっています。顧客はますますAI技術を使った創造的な利用に興味を抱き、繰り返しの購入を自動化したり、オファーを個別化したりすることに関心を持っています。顧客が何を望んでいるかを予測することは、もはや遠い未来の話ではありません。それは今、この瞬間にあります。私たちは今、Stitchfixのようなサービスを持っています。それはまだ欲しいとは知らない服を選び、TikTokはアルゴリズムに基づいてまだ欲しいとは知らない動画を選んでくれます。

　市場がますます勝者がすべてを持つようになる中で、顧客体験は競争力の差別化の主要な戦場の一つです。

　市場がますます勝者がすべてを持つようになる中で、顧客体験は競争力の差別化の主要な戦場の一つとなっています。顧客の仕事は個々の顧客関係のレベルで行われます。何を自動化し、どのように自動化するかを選ぶ際には、顧客や従業員といった重要な人々を自動化の設計の中心に置かなければなりません。自動化は、顧客や従業員がどのように相互作用したいかに基づいて操作することが重要です。これを理解することで、それに最適な自動化を設計し、組織がサポートできる方法で実現することができます。

　顧客体験の自動化のタワーは、組織と顧客の間の主要な接点で構成されています。これには、顧客サービス機能、顧客データの管理、マーケティング、および商取引が含まれます。当社のすべての自動化タワーと同様に、これは顧客関連の機能と接点の一部を表していますが、CXの自動化を考えるための素晴らしい出発点です。

自動化の利用事例：顧客ポータル

製品がシンプルな場合、すべての従業員を最新の情報に追いつかせるには、メッセージに関するトレーニングを行うことで簡単に解決できます。しかし、課題はほとんどの企業が簡単な製品を持っていないことです。ほとんどの企業は複雑な製品を持っており、また大規模な多国籍企業の場合は、数百または数千の製品を持っています。企業のビジネスモデルが買収による成長を含む場合、製品ラインの複雑さは増していきます。営業チームが常に新しい製品ラインを学び理解しなければならない場合、顧客に適切なデータを提供することは課題となるでしょう。

製品やサービスに関するデータは、顧客の体験にとって重要です。顧客が購入の旅のどの段階にいるかに関係なく、正確な製品データは彼らの意思決定にとって重要です。認識段階にいる人は、ウィジェットの寸法が自分のスペースに合っているかどうかを気にするかもしれません。また、検討段階にいる人は、処理速度のベンチマークについて考え、自分のビジネスケースを支援するかもしれません。

この例では、多くの世界の食品加工業者に機械を供給している大規模なグローバル企業の経験を共有します。このような大規模で複雑な組織では、マスタープロダクトデータは複数のソースに存在することがあります。彼らの場合、それは数十のシステムに広がっていました。

製品設計のさまざまな段階で、製品に関するデータはさまざまなコンピュータ支援設計（CAD）、シミュレーション、およびソフトウェア開発システムに存在していました。これらのツールのリストは、誰しも頭がくらくらする程でした。さらに複雑にしているのは、ソリューションが顧客の要件に合わせてカスタマイズされていることでした。なぜなら、部屋いっぱいに広がるほど大きな機械について話しているからです。したがって、構成ファイルと顧客の寸法も異なるカスタムソフトウェアに保存されています。さらに、機械が納品されたときの組み立て手順はま

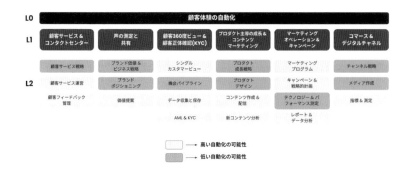

た別のソフトウェアアプリケーションに存在しています。

これらのカスタム要素が完成すると、私たちのほとんどが馴染みのあるアプリケーションスタックにデータが関連付けられます。ただし、問題のベンダーは買収によって運営されており、部門間で複数のERP、CRM、およびサービス管理ツールと連携しています。

同社は、製品のライフサイクルを経て最終的にマスター・データ・ハブに格納されるデータコードに至るまで、データを取得する"製品ハイウェイ"を構想していました。最終的な目標は、すべてのデータを含む製品ごとのマスター製品レコードを持つことでした。このようなレコードを作ることができれば、すべてを含む中央データ・ハブを作ることができます。そして、マスター・データ・ハブの周りにAPIレイヤーが構築されれば、ERP、CRM、その他のシステムのすべてを最新の状態に保つことができます。

さらに重要なのは、このマスター・データ・ハブから、会社は顧客ポータルを作成できました。その単一接点であるシンプルなポータルは、彼らの販売プロセスの最も重要な要素でした。ポータルの背後には、非常に複雑なツールとデータベースの組み合わせが織り交ぜられる必要が

ありました。しかし、顧客がこの複雑さについて知る必要はありませんでした。彼らが気にするのは、新しい食品加工製品の購入に関する意思決定に必要なデータにアクセスすることだけです。

この場合、完全に自動化された体験が最も理にかなっていました。顧客が代表者と話す必要があるとすれば、その代表者は会社中に散らばったデータを探し回って、おそらく不正確な情報を提供するだけであり、実現可能なアプローチではありませんでした。さらに、この業界では、バイヤーはおそらく平凡な製品の詳細を知るために営業に電話することは望んでいないでしょう。

製品ハブは大成功でした。顧客の関与は大幅に向上しました。ポータルは顧客に新しい製品パーツをより速く調べ、最終的に受け取る能力を提供し、彼らの業務をスムーズに維持しました。他の食品設備メーカーがこのような情報豊富なセルフサービス体験を提供していなかったため、競争上の差別化要素でもありました。これにより顧客が競合他社に設備を移す可能性はほぼなくなりました。

顧客体験を向上させるためにプロジェクトが始まったにもかかわらず、結果的には会社全体が向上に繋がりました。今では、製品マネージャーからエンジニアリング、デザインまで、どこを見ても一貫性のある高品質なデータに頼ることができます。マスター・データ・ハブを持つことで、組織全体がデータの正確性を享受できるだけでなく、顧客体験

がさまざまな方法で向上する可能性もあります。

自動化の利用事例：摩擦のない顧客チェックイン

　主要なレンタカー会社にとってスムーズな顧客体験は、成長過程に欠かせない要素でした。摩擦を減らすことが、より良い顧客体験の基盤となっていました。しかし、現実は異なっていました。顧客は通常、サードパーティの提供業者を通じてレンタカーを予約しており、関連する事前レンタル情報を適切に伝えてくれないため、会社は顧客に対して同じ情報を繰り返し要求しなければなりませんでした。その結果、顧客は通常、チェックインのためにカウンターで最大1時間待たなければなりませんでした。

　会社は、事前に（メールやSMSを通じて）車のレンタル情報を収集することで、ERP、CRM、ビジネス分析、および顧客サービスチケットシステムなどの異なるシステム間のバックエンドプロセスの複雑さを簡素化し、従業員の体験を向上させ、車のレンタルプロセスを迅速化したいと考えていました。

　解決策は、エンド・ツー・エンドの顧客体験を中断することなく効率化するために自動化を使用することでした。それにより、プロセスのノイズが完全に取り除かれ、顧客とそのチームの時間が大幅に節約されました。結果として顧客の維持率が向上し、従業員は、情報の収集だけで

なく、優れたサービスの提供に集中する余地を得ました。また、タッチレスなチェックインで全体的な顧客体験が向上し、待ち時間が1時間からわずか数秒に短縮されました。

顧客の旅を通じた革新的な自動化

顧客の旅は、すべての企業において常に最適化の対象です。そのため、顧客の旅の各段階は、自動化によって改善することができます。それぞれを見てみましょう。

＊意識段階：

ウェブサイトを訪れた時から、潜在的な顧客の体験を最適化するための多くの方法があります。例えば、長い販売サイクルを伴う製品には重要な、潜在的な購入者に訴えるコンテンツを備えた計画されたウェブサイトがあります。これに加えて、使いやすいチャットボットと組み合わせることで、お客様のニーズを特定するのに役立ちます。マーケティングオートメーションは、ユーザーを特定のオーナーや組織内のコンテンツシステム的にリンクさせることで、時間をかけてこれらのリードを育成するのに役立ちます。そして、個別化されたコミュニケーションを行い、ブランドを顧客の心にしっかりと根付かせることができます。その他の自動化には、次のようなものがあります。

＊ダイナミックコンテンツ：

顧客の興味やニーズに合わせて適応するダイナミックなウェブコンテンツ。すべての人に訴える汎用性のあるウェブコンテンツを常に持っているわけではありません。個々の人に基づいてウェブサイトを動的に調整し、コンテンツやアイデアを提示することで、彼らの体験を劇的に向上させることができます。

*セルフサービス：
　フォローアップの電話、デモ、または情報セッションをスケジュールするためのセルフサービスメカニズムです。フォームを記入してそれを無視されるのはあまりいい気分ではありません。次のステップをスケジュールするために即座に行動できることは、はるかに良い体験です。

*検討段階：
　この段階に移ると、その人のニーズはより明確になります。顧客へのコミュニケーションと交流（開封されたメール、ウェブサイトでのリンクなど）、ウェブサイト上のツールの使用(計算機/感情調査)、そして時間の経過に伴う「簡単な回答」の分析により、顧客とのコミュニケーションはより具体的でニーズに合わせたものにすることができます。

　データが多ければ多いほど、より創造的な自動化が可能になります。検討段階におけるいくつかの例に次のようなものがあります。

*即時回答：
　チャットボットや自動化されたメカニズムを使用して、顧客の質問に即座に回答します。適切な専門家との迅速な接続を可能にし、顧客が質問がある場合、即座に高品質な回答を求めます。

*つながりを形成：
　どのような顧客でも他の顧客の意見を聞きたがっています。自動化を活用して、以前の顧客のレビューや事例研究、または他の顧客と直接話す能力とつながることは、彼らの信頼を急速に高めることができます。

*購入段階：
　適切な自動化技術は、顧客にとって実際の購入プロセスをスムーズにすることができます。マルチレベルの承認ワークフロー、役割に応じた利点の伝達、個々のユーザーのための契約条件などのステップを自動化

することは、購入する組織にとって役立つことがあります。

以下は、購入段階に関するいくつかの他のものです：
- 自動的なプロモーション：もし、あるコードを入力したり、別のリンクをクリックしたりしていたら、もっと安く買えたかもしれないのに、と悔しい思いをすることがあります。プロモーションコードやオファー、その他の特典を自動的に表示することで、顧客の信頼を高め、体験を向上させます。
- 赤線管理：B2B企業はしばしば、契約書、法律用語、赤線に対処しなければなりません。このプロセスは時に数カ月要することもあります。Lever agingオートメーションは、リマインダー、チーム間の正式なレビューのハンドオフ、ミーティングのスケジューリング、最終的な署名を容易にします。

*自動的な提供：

購入後、顧客は新しい製品やサービスを手に入れることを楽しみにしています。彼らの購入の履行を自動化することは、即時の通知、直ちに行われる歓迎メッセージ/ミーティング、可能な場合は製品/サービスへの迅速なアクセス、そして始めるのに役立つ追加情報の共有を通じて達成することができます。

*維持とロイヤリティ段階：

顧客の獲得は大変な作業です。したがって、顧客を維持することは最優先事項です。さまざまなチャネルを通じたユーザーに対してのカスタマイズされたコミュニケーションを統合することで、持続的なエンゲージメントを確保できます。このマルチチャネルコミュニケーションを使用して、プロファイルに基づいた新しいオファーや特定の顧客に関連するオファーを提供することができます。このような個別化されたエンゲージメントにより、クロスセリング能力を向上させ、顧客のロイヤリティを構築することができます。以下は、いくつかの可能な自動化です。

＊パーソナライズされたおすすめ：
　顧客に対して新しい商品、サービス、または既存の購入品からより多くの価値が得られるように、アラートを送ることができます。顧と企業の過去のやり取りから得たデータやシンプルな機械学習モデルに基づいておすすめを提供することができます。

＊苦戦している顧客の特定：
　サポートリクエストデータ、顧客コミュニティ、返品、サポートサイトの訪問、調査結果、さらにはSNSのアクティビティをモニタリングすることで、企業といい経験をしていない顧客の指標を提供することができます。このような顧客をサポートすることは最も影響力にある顧客体験につながる可能性があります。最も助けが必要な時に困っている顧客を助けることで、組織の生涯のプロモーターを得ることができます。

＊忠実で価値の高い顧客の自動識別とVIP待遇：
　顧客は自分が忠実であり、企業に大きな利益をもたらしている時にそれを自覚しています。また、彼らはそれを認識されていると感じています。

　自動化がこのような顧客を特定し、VIP待遇を自動的に提供するのに役立ちます。これらには、サポートへの待ち時間の短縮、自動的な贈り物、個別のお礼の手紙、割引などあります。積極的にこのような顧客を認識することによって継続的なロイヤルティと成長を催促します。

＊評判と支持の段階：
　顧客体験は組織をどのように認識するかを決定します。意味のある体験は忠誠心を築き、支持を育み、ブランドの評判を向上させます。自動化により、一貫性のあるタイムリーなオムニチャネルコミュニケーションが可能となり、顧客がブランドとのやり取りと経験に直接的な影響を与えるプロセスを効率化します。支持者は忠実な顧客であり、リピーターです。彼らはブランドの評判を高め、同僚に採用を推奨し、市場での

影響力を持つユニークなポジションを持っています。

この段階では、顧客が外部の関係者とフィードバックを共有する選択肢があります。以下は、考えるべきいくつかの自動化の例です：

*自動化された企業や製品のレビュー：
顧客が製品や企業についてのフィードバックを共有するプロセスを効率化します。例えば、私はAppleのアプリストアでアプリをレビューすることはありませんが、アプリ内でボックスが表示され、単に星の評価をクリックするだけのフィードバックは喜んで提供しました。プロセスが簡素化されたため、顧客の声が広まるのに役立っています。

ソーシャルメディアの自動モニタリングで企業、製品、サービスに対する好意的な人と否定的な人を特定：これらの人々と積極的に関わることで、あなたの企業が人々の好意的なフィードバック、懸念、質問を聞いていることを示すことができます。それは、企業に対する認識を、名もない存在から、気にかけている人々のグループへと変えることができる。

CXの未来

自動化はすべてのCXの問題の万能薬でしょうか。そんなことは絶対にありません。通常、顧客とそのニーズに関するビジネスインサイトがすべての部門でよく理解されているシナリオで、最も効果的に機能します。会社の異なるチーム、異なるシステム、および切断されたデータを結びつけて顧客に必要な時に必要なものを提供する自動化は、最も効果的です。顧客の旅を始め、望ましくない経験をしている場所を特定することは、通常は素晴らしい出発点です。より速く、より個別化された、より現代的な、またはよりつながっている体験を求めている場合、自動化が答えとなることがよくあります。

13
サプライヤー業務

Chapter 13

「一人ではほとんど何もできないが、力を合わせれば多くのことができる」
— **ヘレン・ケラー**

　グローバル・サプライチェーンは、近年のビジネス史において最も痛ましいシステム・ショックを経験しました。私たちは皆、COVID-19が始まったとき、デパートの棚が空っぽになったのを覚えています。それ以来、サプライチェーンは回復するのに苦労しているようだ。労働者は賃上げと労働条件の改善を求めてきました。港湾の過密化、労働力不足、工場の操業停止、小売店の棚が空っぽになることは、すべて共通の課題です。

　消費者としては、空の棚は複雑で管理が難しいサプライチェーンの氷山の一角にすぎない。ほぼすべての企業は、サプライヤーと協力しなければなりません。企業は、製造のために原材料を調達したり、外部のサービスプロバイダーを活用したり、事業の他の部分をサポートするためにパートナーに頼ったりしているかもしれません。企業とサプライヤー／パートナーとのやりとりは、自動化の絶好の機会です。

　サプライヤーとオペレーションの効率化タワーは、調達、物流、資材管理、製造を含まれます。これらのプロセスの具体的な形は、業界によって大きく異なります。

しかし、ほとんどの組織では、主要な機能領域は以下のようにグループ化できます：
- サプライヤー管理情報
- 調達と支払い
- 製造、在庫、資材管理
- 返品管理
- サプライチェーンと物流

パンデミックは、サプライチェーンの大部分に近代化とデジタル化を促しました。私たちは、ビジネス・オペレーティング・モデル、地政学、地域規制の絶え間ない変化を目の当たりにしている。また、サプライチェーンの混乱や新規参入により、事業環境も変動しています。このような不安定な環境の中で、企業はビジネスプロセスを進化させ、常に新しいトレンドに適応して競争力を獲得・維持する必要があります。

最近の変革の一例として、モノのインターネット（IoT）とコネクテッド・デバイスが挙げられます。多くの大手海運会社は、IoT追跡機能を備えた輸送コンテナのオーバーホールを始めており、その結果、貨物の所在がリアルタイムでより正確に把握できるようになっています。以前は追跡プロセスは手間がかかり、時間もかかっていたが、このような近代化がそれを変えつつあります。働力の削減だけでなく、これらの新しい技術は貨物の移動に関する膨大なデータも生み出しました。将来的には、このデータを利用して、さらに効率的で環境にやさしいサプライチェーンを構築することができます。

俊敏性と応答性への注目が高まる中、多くの大手企業はクラウドベースのアプリやテクノロジーでビジネスを展開しようとしています。クラウドに切り替えること自体は悪いことではないが、多くの企業はサプライヤー・データを管理するための統合されていないポイント・ソリューションを数多く抱えています。このような社内ツールの断片化と、サプ

ライヤーをコア・プロセスに直結させる必要性の高まりが相まって、この分野における自動化への投資が増加しています。ハーバード・ビジネス・レビューが最近実施した調査では、企業は今後2年間で、サプライヤーとオペレーション・プロセスにおける自動化の導入を加速させる計画です。

43%は、さらに多くのサプライヤー情報をデジタル化する予定です。37%の企業は、サプライヤーベースのデータ分析能力を拡大する予定です。35%は内部調達関係者との協力を改善するための技術を導入する予定です。33%はサプライヤーとの協力を改善するための技術を導入する予定です。

サプライチェーンプロセスの自動化の機会

あらゆるサプライチェーンには2つの流れがある-1つには商品と材料が流れ、もう一方向にはデータと情報が戻ってくる。商品が送り手から受け手へと送られる際、各段階の情報が送り手にリレーバックされる。

サプライチェーンで対処すべき典型的な課題は以下の通りである：

- リアルタイムのエンド・ツー・エンドのサプライチェーンの可視化
- リスクマネジメントのサプライチェーン

- 不正確なデータの削除と報告
- 統合されていないシステムとプロセスの統合

このサプライヤー・オペレーション・タワーに含まれる典型的なプロセスには、注文から現金化、調達から支払い、調達から契約、計画から製品化などがある。これらすべての課題とプロセスには、自動化を適用してオペレーションを大幅に合理化するチャンスがある。いくつかの例を見てみよう。

自動化の利用事例：シームレスなセルフサービス返品

今日、顧客体験の大部分は、質の高いeコマース体験を中心に展開されています。

アマゾンがこの分野で顧客の期待の基準を設定し続けているため、他のブランドはそれに追いつき、差別化するための創造的な方法を見つける必要があります。顧客は購入した商品を素早く受け取り、質の高いサポートと手間のかからない返品プロセスを期待しています。

企業は、決済、出品、店頭、返品、その他の重要なプロセスのプラットフォームに関して、多くの選択肢を持っています。しかし、多くの場合、Eコマース事業は時間とともに成長し、企業が初期段階で選択したアプリは、企業が運営する規模に合わなくなっています。

世界最大級の消費者向けコンピューター周辺機器直販ブランドは、返品プロセスがひどい状態であることに気づき、そのような状況に陥りました。同社は、キーボード、マウス、ウェブカメラ、その他のコンピューター・アクセサリーを世界中の消費者や企業に販売していました。顧客は飛び越えなければならない輪に不満を募らせていました。長い待ち時間と苛立たしいプロンプトを伴うサービス・リクエスト・ラインに電話をかけても、顧客との関係はうまく始まりませんでした。何年も前に構築されたRMA（返品承認）ソリューションの設計が不十分だったため、顧客は従業員と話すことになり、この問題体験はさらに続くことになり

ました。

「前章の食品加工会社とは異なり、このベンダーはひとつひとつが複雑な製品を何百も持っていたわけではない。むしろ、彼らは何千もの比較的単純な製品を持っていました。しかしながら、問題は非常に似ていました。異なるデータベース、大量のデータレコード、短時間で大量のデータが発生する。その結果、顧客からの返品が、バックエンドを構成する膨大なアプリとデータベースのコレクションに紛れ込んでしまいました。

顧客はデジタル体験を望んでいます。800の番号にダイヤルし、担当者が来るまで保留で待ち、製品名、購入日、シリアル番号、取引IDなどをリストアップするのに15分も費やすようなことはしたくないのです。会社は顧客が期待しているもの、つまり、数分で申告できる使いやすいオンライン・ポータルを提供する必要がありました。

このような重要なプロセスに基礎的な変更を加えることは、カスタマー・エクスペリエンスに多大な影響を与えます。この規模のベンダーは、毎日何千もの販売取引を処理している。
一日でも三日間でも、それはソーシャルメディアで話題になり、ニュースの見出しになり、大きな収益損失につながるものです。リスクは大きいです。

彼らの現在のRMAソリューションは、Salesforce Service Cloudのカスタムコードで構築されていました。このテクノロジーでは必要なソリューションを実現できなかったため、他を探しました。Zendeskがより適しているように思えたのです。Zendeskは、カスタマー・エクスペリエンスを向上させるというRMAの目標に合致しており、膨大な製品在庫を処理することができました。さらに、SaaSプロバイダーを変更した結果、ライセンス料が数百万ドル節約できる見込みでした。

彼らは、RMAプロセスがZendeskだけで処理されていないことを念頭に置かなければならなかった。このプロセスは、非常に大きなデータセットによってもバックアップされていました。例えば、彼らのOracleビジネススイートのデータベースには10億以上のレコードが含まれていました。

エンド・ツー・エンドのRMAプロセスをサポートするシステムには、以下のようなものがあります：
- Zendesk：主要な電子商取引プラットフォーム
- 製品登録管理：顧客がデバイスを登録できるツール
- RMA管理：顧客の返品を追跡し処理するためのシステム
- サービス管理：サポート従業員向けのコールセンターソリューション
- 商品データベース：すべてのSKUに関する詳細な商品情報
- オラクルのeビジネススイート：顧客記録、在庫管理
- UPS: ラベル、配送、追跡のパートナー
- TransferWise：送金、見積もり、返金のためのパートナー

多くのこれらの解決策は、ゼロからカスタムコードで構築され、ビジネス特有のニーズに合わせて大幅にカスタマイズされたものもあります。この複雑な問題を解決するための「すぐに使える」ソリューションは確かに存在しません。

彼らはこのプロセスをエンド・ツー・エンドでオーケストレーションするために、自動化プラットフォームを導入しました。これにより、顧客はウェブサイトを通じてRMAリクエストを送信し、残りのステップはすべて自動で実行されるようになりました。これには、製品の検索、保証の確認、発送リクエストの作成、ステータスの追跡、および例外のルーティングなどが含まれます。

この新しい自動化ソリューションへの移行は滞りなく行われました。

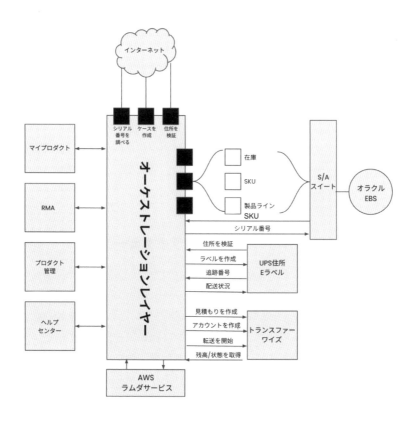

当初9カ月かかる予定だったものが、9週間で済みました。これは、同社がローコードのオーケストレーションレイヤーを選択したため、開発の民主化とソリューションの迅速な反復が可能になり、導入期間が劇的に短縮されたことが大きな要因です。

しかし、それ以上に重要なのは、顧客に中断がなかったことです。顧客はRMAのために新しいポータルをシームレスに活用し始め、一夜にしてプロセスが完全にオーバーホールされ、置き換えられたことを知ることはありませんでした。

しかし、顧客が気づいたのは、RMA手続きが簡単でシンプルになったことだった。製品の返品や交換を希望するクライアントは、オンラインで簡単なフォームから返品リクエストを送信するだけでよい。その後、返送情報が自動的にEメールで送信され、顧客は不良品を返送し、郵送で交換品を受け取ることができます。電話も、紛失も、待たされることもない。このような顧客が次にキーボードやマウスを購入しようとする場合、このメーカーから購入する可能性が高くなります。彼らは、何か問題が発生した場合、その会社がフラストレーションのない経験で助けてくれることを知っています。

自動化の利用事例：デジタル・サプライチェーン

サプライチェーンといえば、貨物、輸送コンテナ、列車、商品やサービスの移動といった物理的なサプライチェーンが思い浮かびます。しかし今日、コンテンツ・ビジネス（映画、音楽、テレビなど）に携わる多くの企業が、デジタル・サプライ・チェーン（DSC）を運用している。コンテンツ主導のビジネスでは、考慮すべき利害関係者が多く、プロセスの自動化は両者でそれほど異なるものではありません。

映画やテレビ番組の消費者である私たちは、舞台裏の技術的な作業やプロセスについて考えることはほとんどありません。しかし、デジタル著作権、著作権使用料の支払い、ファイル転送、その他のプロセスなど、視聴者が知らない要素がたくさんあります。これらの多くは、個人であれ企業であれ、2つ以上の事業体の間で起こっています。デジタル・サプライチェーンについて考えているチームは、次のページの図のような視点で自分たちのプロセスを見ているかもしれません。

実際のデジタル・サプライチェーンはどのようなものでしょうか。コンテンツがアイデアから最終製品になるまで、数カ月（場合によっては数年）にわたってさまざまな社内外のプロセスを経て完成する、極めて複雑なものです。

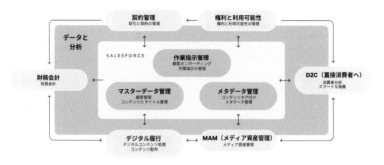

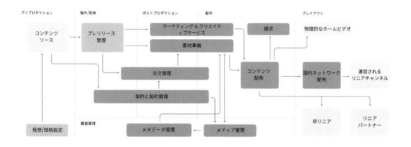

　例えば、次の図は、ストリーミング、劇場、テレビ向けに長編映画を制作する大手コンテンツ会社の制作プロセスを示しています。

　この会社では、新作映画のサプライチェーン全体が、"初回撮影日"（映画の撮影が開始される最初の日）と呼ばれる1つのデータポイントに基づいて開始されます。この日付が分かれば、同社は映画が単なるアイデアではなく、現実のプロジェクトであることが分かります。

　映画の自動化が開始されると、公開日、プロット、俳優、監督、プロデューサーなどの追加データを収集し始めます。

　このような初期のコミュニケーション・ポイントの多くは、カスタム外部向けポータルか電子メールで行われています。同社は、これらの電子メールを自動的に処理・解析し、メッセージからアセットやその他の

重要な情報を取得する自動化機能を構築しました。電子メールは不完全なメディアですが、特に小規模なサプライヤーとの取引において、外部の関係者との取引において重要な役割を果たします。

映画の完全な録画を含むメディアコンテンツは、通常、ファイル共有サービスへのリンクを含む電子メール経由で届きます。ほとんどの場合、これらの大きなメディアファイルは、Amazon S3またはAteliereのようなスタジオ固有のツールでホストされています。この時点で、コンテンツ会社はプレリリース管理プロセスを開始する。ここで試写用のコピーが作成される。映画のコンテンツには透かしが入れられ、字幕が追加されます。このプロセスの多くの段階は、サードパーティサプライヤーに自動送信されます。

このプロセス中、さまざまなチームが適切なタイミングで関与する必要があるため、いくつかの通知が自動的にトリガーされます。

例えば、外部のグラフィックデザイン会社からビジュアルアセットが届くと、マーケティングビジュアルへのリンクを記載したメールがマーケティング部門に自動送信されます。

水印が入った字幕と翻訳されたコンテンツが到着すると、内部メモが自動的に配信チームに送られます。

契約が締結されると、契約チームには自動的に内部通知が送信されます。

会社は過去に、チームが自分たちの役割を果たさなかったり、誰かが伝え忘れたり、システム内の新しい動きに気づかなかったりすることで苦労していました。しかし、好みのチャンネルを通じた通知と必要なリマインダーにより、この問題は解消しました。

プレリリースプロセスがすべて完了したら、コンテンツを消費者に配信する必要がある。ディズニーやネットフリックスのようなプレーヤーの場合、配信は内部的なもので、自社のストリーミング・プラットフォ

ームで行われます。しかし、他のスタジオの場合は、世界中のパートナーを使ってコンテンツを配信する必要があります。彼らはまだ物理的なコピーを販売しているのでコンテンツはDVDやブルーレイのメーカーに送られる必要がある。また、TVチャンネル、映画館、ストリーミング・プラットフォームにも送る必要があります。オートメーションが自動的にコンテンツを共有し、これらのメーカーに即座に発注できるのであれば、電話や手動の電子メールに頼る必要はありますか？

ストリーミング・プラットフォームから映画や番組が消えるのを見たことがあるだろう。スタジオはライセンス契約から収益を得るため、ストリーミング・プラットフォームが契約条件を遵守していることを確認することに意欲を燃やし、自動化によってこれを迅速かつ効率的に行うことができます。そのためには、コンテンツの視聴回数や再生回数のデータを取得し、社内の追跡システムに送り返す仕組みが必要です。誰かがスプレッドシートを使って詳細をダウンロードしてアップロードすることもできますが、ステークホルダーへの支払いが適切に行われない場合、法的な影響が伴うため、この企業は完全に自動化することを選択しました。

このエンド・ツー・エンドのデジタル・サプライチェーン・プロセスの自動化は、私たち全員が見習うべきものです。驚くことに、そのほとんどは自動化されていません。実際、ここで紹介する企業は、このプロセスをエンド・ツー・エンドで完全に自動化した世界初の企業です。あなたの会社がデジタル・サプライチェーンを導入していなくても、彼らが直面した問題の形で、自社のプロセスと共通点を見出すことができるだろう。エンド・ツー・エンドのコア・プロセスを自動化する業界初の企業になることを阻むものは何でしょうか？

自動化の利用事例：ロボットが通路を巡回

コンビニエンスストアで買い物をする人は、自分たちと一緒にロボッ

トが通路を歩き回っていることに驚くかもしれません。いくつかの新興企業や既存企業が、在庫監視用に特別に設計された背の高いルンバのようなロボットを製造しています。コンピューター・ビジョンを使って、これらのロボットは店内を歩き回り、価格が正しいかどうか、売れた商品やなくなった商品の数を確認し、中央データベースに報告します。これは未来的な発想です。

これにより、企業は商品の在庫を確保し、万引きのロスを監視し、価格の不一致をなくすことができます。興味深い利用事例のひとつは、在庫が実際に棚に並んでいるかどうかを確認するラスト・マイルです。店舗にはたくさんの在庫があるかもしれませんが、その在庫は奥の倉庫の箱の中に眠っているかもしれません。商品が棚になければ売れません。また、サプライチェーンが需要に追いついていることを保証する方法でもある。人間の従業員は、ある商品の需要が急増していることに気づかないかもしれないし、命令系統の適切な人物に警告する権限を感じないかもしれません。

需要急増をキャッチする

マスター・データベースが更新されると、主要サプライヤーとのAPI接続により、ニーズが高まっている地域に向けて大量発注を行うことができます。例えば、ある地域に冬の嵐が吹き荒れ、ハンドウォーマーや傘が突然棚から飛び出した場合、店舗巡回ロボットは、コンビニエンスストアが需要の急増を確実に利用し、対応が遅れた競合他社から市場シェアを奪うことができます。

未来的な話に聞こえるが、すでに多くの店舗がこうしたロボットを購入しています。例えば、Jabilが所有するBadger Technologiesは、常時稼働する店内ボットのデータを活用するためのインフラを急速に構築しています。同社は、品切れ商品によって企業が失う可能性のある収益

は最大4%に達すると報告しているマーケティングチームは、パートナーが顧客と同じ頻度でマーケティングに参加し、自社製品をより頻繁に宣伝してくれることに気づきました。そこで、パートナーの連絡先をマーケティングオートメーションプラットフォームに自動的に取り込むように設定しました。これが完了すると、CRMに取り込まれているパートナーのパフォーマンスやその他のデータに基づいて、パートナーへのメッセージを自動化し、パーソナライズできることに気づき始めた。このシンプルな自動化によって、パートナーの売上は1年で33%増加しました。

使用済み部品の交換調達：あるPOSベンダーは、サードパーティー・ベンダーから調達したクレジットカード・リーダーの寿命が約2年であることに気づいた。寿命が近づくと、クレジットカードの読み取りを誤るようになり、顧客が購入を完了するまでに何度もスワイプする必要があった。ありがたいことに、読み取りエラーのアラートが表示され、会社はこれを利用してサプライヤーに新しい部品を発注し、その後UPSラベルを自動生成して部品を顧客に直接発送することができた。その結果、顧客は問題に気づく前に交換部品を受け取ることができ（顧客体験の向上）、サプライヤーとの関係も合理化されたため、最も深刻な例外にのみチームが対処する必要がなくなりました。

サプライチェーンのルート最適化 生成AIは、サプライチェーンのルートに関するデータを与えられ、有益な洞察を提供するよう求められます。例えば、サプライヤーや物流業者などからのデータを分析し、輸送ルートの最適化、リードタイムの短縮、サプライチェーン全体の効率化を図ります。IoTがサプライチェーン・ルートを席巻し、コンテナ、輸送、現場で一般的になるにつれて、AIアルゴリズムは、需要予測、在庫レベルの追跡、供給の自動再注文など、企業が在庫管理を最適化するのに役立ちます。

サプライチェーンは、今後も見直しや再構築が繰り返されるでしょう。

企業は、地政学的な不確実性とグローバル化に対応して、サプライヤーとの関係をローカライズする必要に迫られています。その結果、さらに複雑なハイブリッド・サプライチェーンが形成され、自動化の必要性はますます高まるでしょう。

2020年代前半のサプライチェーンに関する私たちの経験は辛いものでしたが、その結果、サプライチェーンは大きく変化し、近代化を推し進めることになりました。現在、このような近代的なオートメーションを駆使したサプライチェーンを実現する技術が存在します。

ツール、AI/MLテクノロジー、倉庫ロボット。材料はすべて揃っています。必要なのは、正しい考え方を持つシェフだけなのです。

パートナーシップからプラットフォームへ

私たちのパートナーやサプライヤーとのやり取りは、しばしば会社の外部とのやり取りの一部に過ぎません。顧客、パートナー、サプライヤー、従業員、規制当局、投資家、その他のステークホルダーとの関わり方は、単なる最適化や経験向上の機会ではありません。適切なステークホルダーを集め、適切な情報を適切なタイミングで提供し、ビジネスの成長をサポートすることは、これらのステークホルダーにとって非常に価値の高いサービスです。事実、世界で最も価値のある企業10社のうち半数以上が、こうしたサービスを提供することで収益の大部分を得ている企業です。こうした企業はプラットフォーム・ビジネスと呼ばれています。

さて、最後の自動化の塔を終えたところで、プラットフォーム・ビジネスと、それがすべてのビジネスにもたらす近代化のためのエキサイティングな機会について回り道をしたいと思う。このセクションの最後の章では、プラットフォーム・ビジネスとは何か、そしてあなたの会社が自動化を活用してプラットフォーム主導型になるにはどうすればよいかについて見ていきましょう。

14
プラットフォーム駆動型のビジネス

Chapter 14

「イノベーションは、新しい方法で世界を見る能力、他の人がカオスと見るところにパターンを見つける能力、他の人が脅威と見るところに好機を見出す能力から生まれる。」

— **ロザベス・モス・カンター**

プラットフォーム・ビジネスという概念は、短期間にいくつかのプラットフォーム・ビジネスが圧倒的な成功を収めたことから、2020年代の最初の数年間に広まりました。2021年には、世界で最も価値のある企業10社のうち6社がプラットフォーム・ビジネスとみなされました。しかし残念なことに、「プラットフォーム・ビジネス」という概念は、時間の経過とともにやや乱用され、定義が捻じ曲げられてきました。プラットフォーム企業の本来の定義は、さまざまな種類の生産者と消費者をつなぐサービスを提供する企業というものでした。

いくつかの例は：
1. Uberは、乗り物を必要とする人と乗り物を提供できる人をつなげる。
2. Googleは広告主と製品に興味を持つ人々をつなげる。
3. Facebookは友達や家族同士をつなげる。
4. Appleはアプリの購入者とアプリの販売者をつなげる。

すべての企業が主要事業をプラットフォーム・ビジネスにできるわけ

ではないし、むしろする必要もありません。しかし、どの企業もその背後にある考え方から大きな恩恵を受けることができます。私たちは皆、これらの組織を大成功に導いたコンセプトを応用することができます。

プラットフォーム主導のビジネスになることは、別のテック企業になることを意味しません。むしろ、デジタル時代におけるビジネスのあり方を再考することを意味します。これらの企業は、顧客やパートナー、さらには従業員が彼らにより多くを期待している世界で、自分たちの運営方法を見直しています。

自動化と何の関係があるのか疑問に思うかもしれません。プラットフォーム企業の定義を振り返ってみると、それは人々と企業をつなげて、仕事をより良く進めるための支援をすることに関係しています。この本を通じてご覧いただいたように、それが自動化の本質でもあります。人々の生活をより楽にするために、適切なタイミングでプロセスに参加させ、心配したくないことを自動化し、素晴らしいデジタルユーザーエクスペリエンスを提供することを目指します。企業をプラットフォーム主導のビジネスに変革する方法を考えることは、自動化についての新しい考え方です。私がさまざまな企業と一緒にこの取り組みを行っている中で、新しいアイデアが浮かび上がることがわかりました。また、「デジタルトランスフォーメーション」のような概念を意味があり、実行可能なものにすることも可能になります。

プラットフォーム主導へ

プラットフォーム企業の背後にある理論について議論することに多くの時間を費やすこともできますが、私は行動の方がはるかに価値があると思います。この章を読みながら、現在のビジネスについて考え、どうすればプラットフォーム主導型企業になれるかを考えてみましょう。そのために、伝統的な企業がプラットフォーム企業になるための4つの主要な方法から始めましょう。

方法1：データ・プラットフォーム: 他企業、パートナー、または顧客の目標達成を支援するために、独自のデータサービスを活用しましょう。

方法2：GTMプラットフォーム：既存のGTM投資を活用し、顧客とパートナーや他の製品をつなぐプラットフォームを構築しましょう。

方法その3：サービス・プラットフォーム：自社のサービスをエコシステムに提供し、他の企業がオートメーションに活用できるデジタル・ビルディング・ブロックとします。

方法その4：オペレーション・プラットフォーム：サイロ化を解消し、オペレーショナル・エクセレンスを育成するための社内プラットフォームを構築します。

　ご想像の通り、プラットフォーム企業になるための方法はこれだけではありません。これらのレンズの1つ1つを通して自社のビジネスを見れば、自社がプラットフォーム主導型企業になるためのユニークなアイデアを思いつくことが多いでしょう。したがって、これらの方法を思考の組み立てに使ったり、チームとのブレーンストーミング・ワークショップの一部に使ったりしてください。

　それぞれの方法についてもう少し詳しく説明し、プラットフォーム主導の戦略を実施している企業の例をいくつか見てみましょう。

方法1：データ・プラットフォーム

　ビジネスは無限のデータを作り出します。世界全体のデータ容量は現在、ゼタバイト（2の70乗バイト）と推定され、絶えず増加しています。しかし、データが非常に価値があると言われ、「データは新しい石油である」と人々が述べているにもかかわらず、なぜ私たちは皆裕福ではな

いのでしょうか？その理由は、このデータのほとんどが未開拓であるためです。それは会社のデータベース、スプレッドシート、文書、または他の隠れた場所に保存されています。どんなデータにも、美しさは見る人の目の中にあります。言い換えれば、それは適切な人々と適切なタイミングで関連している場合にのみ価値があります。国の経済成長に関するデータセットと各国のトップのTikTokビデオに関するデータセットは、異なる観客にとって異なる価値を持ちます。（これらのデータの一部について、ティーンエイジャーと投資マネージャーにそれぞれ尋ねた場合、どのように響くと思いますか？その通り、ティーンエイジャーは経済データを分析するのが好きで、投資マネージャーはTikTokに夢中です。）冗談はさておき、未開拓のデータを価値に変える鍵は、単純にそれを適切な観客とつなげ仕事を終わらせるのを手助けします。

では、プラットフォーム主導のビジネスに立ち返りましょう。すべての企業には、誰かにとって価値のあるデータがあるため、理論的にはすべての企業が価値を生み出すデータ・プラットフォームを作成することができます。難しいのは、どのようなデータを持っているか、誰がそのために支払いたいと思うか、またはそれをどのようにして代替の収入源として利用できるかを把握することです。ここに、データ・プラットフォームを作成した伝統的な企業のいくつかの簡単な例を挙げます。

ケリー・ブルーブック（KBB）は、1920年代に中古車の独立した価格を見つけることができる本として始まりました。インターネットやコンピューターがなかった時代に、自分の車の価値をどのように把握しますか？いくらで売るべきですか？これはケリー・ブルーブックが解決した問題です。100年以上のビジネス経験を持つ彼らは、明らかに人々が求める商品を持っています。彼らが売っているものの核心は、実際にはデータです。そのため、KBBが単にこれをオンラインで利用可能にしただけでは、それほど印象的なストーリーにはなりませんでした。KBBはさらに一歩進んで、顧客が本当にやりたいことを理解しました。

KBBの場合、彼らの顧客は通常、自分の車を売りたいと思っています。彼らは単にデータを提供するだけでなく、信頼できる価格データと、あなたの車に最高額を支払ってくれる中古車販売店を紹介するサービスを組み合わせて提供するようになりました。彼らはディーラーシップからのオファーを正直に保つことで顧客を助け、また、中古車の在庫を安定的に提供することでディーラーシップを助けます。KBBはウェブサイトのトラフィックの増加とディーラーシップの紹介による新たな収益源を得ています。

ケリー・ブルーブックは、本の販売からプラットフォーム主導のビジネスに移行しました。彼らはデータを中核資産として活用し、その周りに中核資産となるエコシステムとシームレスな自動化プロセスを構築しました。このようなことを行っているのはKBBだけではありません。

企業によっては、相互に接続する複数の利害関係者を持たず、代わりに単にデータを新たな収益源として販売する場合もあります。いくつかの例を挙げます：

1. Nasdaqは、自社の「Data Link」プラットフォームを提供しており、それを利用したい企業や個人に市場データを販売しています。これは、アプリの開発、高度な分析の支援、または投資会社の活動を可能にするためのものです。
2. FedExは、自社の膨大な物流データを収益化するためにDataworksを立ち上げました。気象、交通、その他の関連データと組み合わせることで、最後の一マイルまでグローバルな物流を理解しようとする企業にとって、膨大な洞察を提供することができます。

これにより、顧客はより信頼性の高い出荷を行うことができ、COVIDワクチンの配送のような大規模な物流業務を支援し、さらには宅配サービスを通じて行われている小包詐欺やその他の犯罪の検出に役

立つ可能性があります。

　このような企業は、通常、データまたはそのデータから得られる洞察をAPIを介して提供し、アクセスが購入された後に利用できるようにします。かつて、シリコンバレーの企業に限られていたAPIを介したデータの公開は、わずか数回のクリックで可能になりました。

　ハーバード・ビジネス・レビューの「ビジネスデータを収益化するための4つのステップ」の第3ステップは、「買うこと、作ることはしないこと」です。自動化技術は簡単にデータ・プラットフォームに組み込むことができます。つまり、大規模で派手なプラットフォームを開発するために開発者チームを雇う必要はなく、サードパーティのソリューションを活用するだけです。これらの組み込みの自動化ソリューションにより、データ・プラットフォームを作成し、APIを介してデータを共有し、パートナーにはローコード・ツールを提供してデータを彼らのシステムに統合することができます。

　覚えておいていただきたいのは、データ・プラットフォームを構築するのにデータ企業である必要はないということです。FedExの例でお分かりのように、通常の業務から生み出されるデータが、顧客やパートナー、あるいはまったく異なる業種の企業にとって非常に価値のある場合もあります。

方法2：GTMプラットフォーム

　2021年において、企業は広告に世界全体で7810億ドルを費やしたと推定されています。これは、企業が営業およびマーケティング機能に投資するGTM（Go-to-Market）総額のほんの一部に過ぎません。潜在的な顧客とのつながりを確立することは、どの企業にとっても最も重要な機能の一つであり、膨大な投資が正当化されます。このような観点から、多くの企業が自社でプラットフォームを構築し、メッセージを世界に発

信しています。しかし、この章では標準的な営業およびマーケティングプラットフォームの作成については議論しません。本章では、伝統的な企業が既存の営業・マーケティング投資を活用し、プラットフォーム・ビジネスのコンセプトを使って新たな収益源を生み出す方法を見ていきます。

非常に単純に言えば、あなたの会社が特定の潜在顧客の注意を引くために何百万ドルも投資したと想像してください。彼らの注目を集めた今、製品やサービスを販売する以外に、その注目を活用してその顧客にさらなる価値を提供することはできますか？そして、他の会社にも価値を提供できますか？これが、GTMプラットフォーム主導型ビジネスを生み出す基礎となります。

WalmartはGTMプラットフォームの素晴らしい例を作りました。世界最大の小売会社（収益ベース）である彼らの2021年の広告投資額は、グリーンランドのGDPを上回りました。その広告の一部は、人々をWalmart.comに誘導するために使用され、人々が数クリックで必要なものを購入できるようにしました。従来の会社ならここで終わりです。顧客がウェブサイトを訪れ、顧客が閲覧し、場合によっては、顧客が購入します。しかし、Walmartはこの顧客の可能性を見出し、単に自社が販売する製品以上のものを提供することにしました。

Walmartは、顧客が彼らのウェブサイトを訪れて自社が取り扱っていない商品を探している場合、顧客は単に去ってしまうことに気付きました。ウェブサイトへの顧客誘導のためのすべてのマーケティング努力が実質的に失われてしまいます。顧客体験については言及するまでもありません。商品を見つけられないことで、顧客はWalmartのウェブサイトが必要なものを見つけるための信頼性のある場所ではないと考え始めるかもしれません。この問題をどのように解決するか？それは、プラットフォーム主導になることです。

Walmartは、小規模で専門性の高い小売業者が自社製品を出品し、Walmartのウェブサイトを閲覧している人に見せることができるサードパーティ・セラーズ・マーケットを作り出しました。彼らのプラットフォームは単純にオンライン小売業者と顧客をつなぐだけです。今では、顧客がwalmart.comで製品を検索すると、彼らは自分が求めているものをかなりの確率で見つけることができます。小売業者は、Walmartのマーケティング力を利用し、自社製品の認知度を高めることができます。誰もが得をするのです。

　Walmartのマーケティング予算は必要ありません。マーケティング予算のない小さなコーヒーショップでも、GTMプラットフォームを構築することができます。コーヒーショップは、その店舗の立地条件から自然と顧客を引き寄せ、その顧客は他のビジネスから強く求められている可能性があります。例えば、金融街に位置するコーヒーショップは、銀行や投資会社で働く多くの顧客を抱えているでしょう。このコーヒーショップは、広告主とこれらの顧客をつなぐプラットフォームを簡単に設立することができます。そして、これらの企業が、コーヒーを買った人全員に配られるブランドパッケージのペストリーを購入できるようにします。これにより、広告主はターゲットとする客層に名前を知られることになり、客は無料のペストリーを手に入れ、コーヒーショップはコーヒー1杯ごとにペストリーが追加されることで収益を得ることができます。プラットフォームは、Walmart規模のものであれ、コーヒーショップ規模のものであれ、買い手と売り手を結びつけるために、ターゲットとなるオーディエンスを活用するという、ビジネスの基本原則を踏襲していることに変わりはありません。

方法3：サービス・プラットフォーム

　本書では、ビルディング・ブロック、再利用可能なサービス、あるいはコンポーザブル・エンタープライズ のコンセプトについて説明して

きました。この考え方は、企業全体のデジタル・サービスをエンド・ツー・エンドのプロセスに素早く編み込むことを可能にするものです。しかし、そのプロセスの一部を別の会社が担当していたらどうでしょうか？これはよくあることです。では、その別の会社（ここではServCoと呼ぶことにする）が、そのプロセスのステップをやってもらうために、あなたが電話をかける必要があったとします。私たちの美しいエンド・ツー・エンドの自動化されたプロセスは、ServCoが私たちに電話するよう要求したために、手動で電話する必要が出てきました。

このステップは必要なのでしょうか？それとも、いつもそうしているだけなのでしょうか？もしServCoがAPI、メール、またはその他のデジタルアプローチを提供しているなら、私たちはそのステップを自動化されたフローに組み込むだけで良いのです。つまり、ServCoの競合他社がエンゲージメントのデジタルアプローチを提供している場合、ベンダーを変更することになるかもしれません。サービスプラットフォームは、お客様やパートナーがデジタルでサービスを統合することを可能にします。これは、製品やサービスを注文するためだけでなく、これらのサービスと対話するためにも行われるかもしれません。このますます自動化された世界では、企業間の自動化は当たり前になります。したがって、サービスプラットフォームを提供することは、最終的に全B2Bのやりとりに必要な要件となるだろう。いくつかの例を見てみましょう。

ほとんどの企業で新入社員を採用する際には、ある程度の経歴調査が必要です。その人が犯罪歴があるかどうかを確認し、教育や経験を検証することで、私たちが思っている人物を採用していることを保証します。これは採用プロセスの重要なステップであり、多くの企業がサービスとして提供しています。そのうちの1つが、カナダの企業であるBackcheck（後にSterlingによって買収）でした。

Backcheckは1997年に設立されました。設立当初は、顧客から電話

や電子メールでの依頼を受け、身元調査を実施していました。しかし、時間が経つにつれて、Workdayなどのより現代的な人事ソリューションが利用可能になり、採用やオンボーディングのプロセスはますます自動化されていきました。Backcheckはこれに注目し、大手の顧客の中には、新入社員が入社するたびに電話やメールで問い合わせることを望まない人もいることに気づいたのでしょう。その結果、彼らは顧客がサービスをリクエストし、このプロセスの結果を手動でHRに頼ることなく取得できるサービスプラットフォームを作成しました。

Backcheckは、一般的な人事および応募者追跡システム（ATS）とのAPIと対応する統合から成るサービスプラットフォームの構築に投資しました。この機能により、企業は候補者のバックグラウンドチェックを効果的に開始し、手動介入なしで結果を受け取ることができるようになりました。この結果、人事部門が必要とする時間が短縮され、候補者と企業の双方にとってより迅速な採用プロセスが実現しました。また、企業はすべての採用にBackcheckのサービスを一貫して使用することになり、Backcheckの収益が増えることになります。この例は完全にデジタルなサービスを示していますが、サービスについては別の考え方もあります。それについては、Nestについて話しましょう。

Nestは2011年に新しいスマートサーモスタットを発表しました。これはTony Fadellと彼のチームによって作られた素晴らしい製品でした。FadellはiPodのオリジナルのクリエイターの一人でした。スマートサーモスタットをリリースした後、彼らは新しいデバイスのためのサービスプラットフォームの作成に移りました。この新しいサービスプラットフォームにより、サーモスタットは所有者が承認したあらゆるテクノロジーで制御することができるようになりました。これは基本的なことのように聞こえますが、このデバイスの所有者にとっては、新しい機能の世界が開かれました。

Nestはこのサービスプラットフォームを提供することで、大きな収益源を生み出しているわけではなかったかもしれませんが、彼らは利益を得ていました。彼らは家庭の自動化ツールのエコシステムへの接続を可能にすることで、最小限の投資で彼らの製品に数百の新しい機能を生み出しました。例えば、誰かが「アレクサ、家の温度を上げて」と言うかもしれません。彼らのプラットフォームサービスにより、アレクサホームアシスタントとの統合が可能になります。このような機能を持つことで、より多くの人々がNestを購入したいと思うようになりました。

　他のテクノロジーとの相互作用する能力を解放するだけでなく、彼らはもう一つの興味深い機能も可能にしました。カリフォルニアでは、電力供給網に負荷がかかることがよくあり、需要が高すぎると、時にはローリングブラックアウトが発生することがあります。ユーティリティ会社は、電力供給網を保護するためにこれらの停電を行わざるを得ません。数千のNestサーモスタットに接続されたサービスプラットフォームにより、もう一つ非常に強力な機能が実現しました。Nestは地元のユーティリティ会社と提携し、電力供給網の運営者とNestデバイスの所有者の間で合意を作成しました。この合意により、Nestの所有者は参加するためのギフトカードを受け取り、電力供給網の運営者は自動的に彼らのNestデバイスの温度を調整することができました。規模化することで、電力供給網の運営者は、問題が予想されるピーク時のエネルギー使用時に数千のエアコンユニットをオフにすることができました。これにより、電力需要をより制御することができ、地域での停電の必要性を減らすことができました。これらは、Nestが最初に計画した機能ではありませんが、サービスプラットフォームを通じて創造される驚くべき結果の明確な例です。

　立ち止まって、あなたの会社が現在提供しているサービス、製品、技術について考え、いくつかの質問を投げかけてみてください。

今日、どのサービスがAPIでアクセス可能ですか？

パートナーや他の企業は、どのようにしてあなたのサービス提供を向上させることができますか？

お客様は自動化を通じてサービスと対話したいと思いますか？

これらの質問に対する回答は、サービスプラットフォームがあなたのビジネスに適しているかどうかを特定するのに役立ちます。

方法4：オペレーション・プラットフォーム

最初の3つの方法では、新たな収益源や機会を引き出すために、顧客やパートナーに向けたプラットフォーム・ビジネスを構築する方法について説明した。最後の方法は、組織内部に焦点を当てるものです。企業が成長するにつれて、組織のさまざまな機能やチームは、異なるリーダーのもとでグループに編成されるようになります。サイロは望ましくないが、自然に発生します。ほぼすべての大組織が、サイロと、そのサイロ間で提供されるハンドオフやサービスの難しさに苦しんでいるのです。また、私たちの多くは、サポートが必要だと会社に電話したときに、同じ会社の異なるチーム間で電話がぐるぐる回された経験があります。私たちが話す相手は皆、私たちの要求は「他の誰か」の責任だと主張します。このようなサイロ化は、プロセスを遅らせ、顧客体験に悪影響を及ぼし、時にはチームが異なる方向に動くことにつながります。

内部の壁を取り払うためにプラットフォームビジネスモデルを使用することは自然な流れです。方法1と3（データ・プラットフォームとサービスプラットフォーム）からのアイデアを活用することで、チームがよりシームレスに協力できるようになります。それはオペレーション・プラットフォームと呼ばれており、本書の前半で述べた大きなコンセプト（民主化、可塑性、オーケストレーション）の拡張です。

これらの成果を達成するためには、チームが内部プラットフォームを作成し、すべての利害関係者に利益をもたらす必要があります。私たちは、ガートナーのコンポーザブル・エンタープライズ の概念と、チームが会社全体でデータとサービスを共有する方法について議論しました。簡単に言えば、チームは障壁を取り除き、他のチームが組織全体でサービスを要求または開始できるようにすることを目指しています。

　以下の3つのステップは、成功するオペレーション・プラットフォームの構築に重要です。

1. 消費を促進する：各チームが他のチームがデータやサービスにアクセスしやすい方法を作成するための目標を含めます。これには、彼らのチームをミニチュアのプラットフォーム駆動型ビジネスとして考えることが含まれます（方法1と3）。
2. 成果の評価：各チームとそれに対応するプラットフォームの成功は、利害関係者の採用と評価によって測定されるべきです。成功とは単に共有技術を構築することではありません。他のチームが必要とし、大いに活用されるサービスを構築することです。
3. 言語の共有：各チームがこれらの共有サービスを作成するための共通の自動化プラットフォームを提供します。

　この自動化プラットフォームは、機能横断的なビジネスプロセスのオーケストレーションを容易にするものでなければなりません。繰り返しになるが、このプラットフォームが成功するためには、民主化、可塑性、オーケストレーションをサポートする必要があります。

　プラットフォーム企業は人々をつなぎ、彼らが共同で成功を達成し、以前に達成できなかった新たな高みに到達する手助けをします。このことが私たちの企業にとってまさに望むところであると、ほとんどの人が異論を唱えることはないでしょう。することは残されているのみです。

伝統的なビジネスに新しい考え方をもたらす

すべての企業がプラットフォーム企業になれるわけではないし、なるべきでもないが、これらの企業に見られるビジネスとテクノロジー戦略の大成功の組み合わせは、誰にとっても有益であることは間違いありません。プラットフォーム企業は、新たな視点で自社について考え、オートメーション化された世界でのビジネスのあり方を再考する手助けをしてくれます。

どの会社も、再発明したり新しい方向に進んだりする際には常にアイデアから始まります。この章を使って、チーム内または組織内でブレーンストーミングを始め、ワークショップを予約してください。またこの章で説明されている方法を共有して、人々の思考を促してください。全社を対象にアイデアをクラウドソーシングすることもできます。大きく考える自由を与えられた時、人々が本当に革新的なアイデアを思いつくことに驚くでしょう。これらのアイデアを活用することで、プラットフォーム駆動型のビジネスになることができます。

15 日本企業の事例（メルカリ、横河電機）

Chapter 15

事例①メルカリ

市民開発の実現を目指して

今後メルカリがさらなる発展を遂げるための鍵は『市民開発』だと考えています。メルカリが目指す方向性と、適切なガバナンスを担保しながら市民開発を展開できるWorkatoは、親和性が高いと感じています。

― メルカリ執行役員CIO・進谷浩明氏

ビジネスが拡大し、次のステップに踏み出そうという企業にとって、より効率的な働き方をいかに実現するかということは重要な課題です。自動化を目的としたDXは定石のアプローチですが、誰もが業務プロセスの改善に取り組める「市民開発」を目指すことによって、さらに可能性は広がります。

テクノロジーの進歩によって、ITの専門家ではない人でも、ITツールを開発できるような社会が実現しつつあります。株式会社メルカリでは、IT部門がガバナンスを取りながら、非IT部門の従業員が自らDXに取り組めるような環境作りに取り組んでいます。すべてをIT部門が管理するのではなく、誰もが自動化に取り組めるようにするという発想は、どの

ような未来を生み出すのでしょうか。

単なる「自動化」の先へ

Digital Center of Excellenceに所属する田中博之氏は、シニアマネージャーとしてコーポレート向けのシステムを担当しています。社内稟議、リーガルレビュー、セキュリティアセスメントなどの社内申請ワークフローの開発や、会計システムや人事系システムとのデータ連携の構築など、業務変革とシステム構築両面での基盤構築を推進しています。複数のSaaS製品を組み合わせながら、システムを繋ぎ合わせ、シームレスな業務プラットフォームの構築を進めています。

「メルカリに入社した2021年には、既に従業員も2,000名を超える会社となっていたので、当然ながらシステムも必要なベースとなる機能は存在し、提供されていました。」

その中で、田中氏が課題と感じていたのは、各部門や個人での効率化は進められてはいるものの、プロセスが分断していたり、後続にタスクが残っていたりと、サイロな形での部分的な最適化でした。ワークフローや自動化の側に煩雑さや非効率さが残っており、従業員体験の障害となっていました。そこで、Workatoやワークフローツールを使い、エンドツーエンドでの自動化構築を進めていくことにしました。

また、前職では、クラウドの利活用を支援するコンサルタントをしていました。Workatoの利活用を加速させるためには、統制を効かせながら、標準化のガイドラインの策定と、有効に活用するためのベストプラクティスの整理が必要だと考えていました。

田中氏は、開発手法やプロセス、ルール、構成などをまとめ開発全体に適用することで、属人化を排除し、共通基盤をWorkatoのローコード・

ノーコードプラットフォーム上で整備することで開発生産性の向上とDXの内製化に取り組みました。

　コーポレートIT部門として、DXの内製化を推進しデジタル人材の育成とセキュリティやガバナンスの強化を行いながら、従業員の自動化や効率化の要望に応える。田中氏が見据えているのは、単なる「自動化」を超えたDXを推進する未来でした。

　そして、昨今のテクノロジーの発達を見ると、「市民開発」へのハードルはかなり低くなりつつあると感じます。プログラミングの経験がない人であっても、ちょっとストレッチするだけで自分の思い通りの自動化が迅速に開発できると思っています。

　Workatoのローコード・ノーコードプラットフォームも分かりやすく設計されており、「市民開発」を今後展開していくために、まずは、我々コーポレートIT部門がプラットフォームに精通し、社内エバンジェリストとして開発スキルやノウハウ、経験値を身につけながら、「市民開発」への体制づくりをしています。

　田中氏の尽力に加えて、メルカリでは2023年より新しいCIOを迎えて、グローバルレベルのエンタープライズ企業となるための社内のIT変革とDX推進に注力しています。従業員の誰もが自動化に取り組める環境によって、どのようなことが可能になるのか、CIOの進谷氏の話も合わせてご紹介します。

成長する企業にふさわしいITシステムへ

　進谷氏は2023年10月に執行役員CIOとしてメルカリに入社しました。コーポレートIT全般を担当し、田中氏が担当するDX推進に加えて、SaaSを中心としたさまざまなITソリューションの提供、インフラ管理・

運用、内製でプロダクト開発も行っています。進谷氏が入社してまず行ったことは、成長するメルカリにふさわしい中長期ロードマップの作成でした。

　これからメルカリが成長していくうえで、私たちが提供するITサービスとオペレーションをエンタープライズレベルに引き上げる必要がありました。ロードマップは3本の柱で構成されています。一つ目がIT基盤とITサービス管理の高度化、二つ目がアプリケーション基盤とコーポレートシステムの高度化、三つ目が組織マネジメントの高度化です。二つ目の柱については、WorkatoやServiceNowのようなアプリケーション基盤はすでに導入されているものの、これまでアドホックに実装されてきた部分もあり、全体最適がなされていない状況にあるため、エンタープライズ企業にふさわしいアプリケーション基盤の構築に取り組んでいるところです。そしてこのアプリケーション基盤の高度化によって目指していることの一つに「市民開発」があります。

「経営陣が求めているようなDXのスピードを実現するために鍵となるのが市民開発です」

　限られたリソースで最大の成果を出す：従来のIT業界では、IT関連の業務をIT部門がすべて担当するという形態が一般的でした。しかし、テクノロジーの進歩やAIの登場により、IT専門職以外の人々、つまり業務部門の社員が自らITツールを開発したり、自動化に取り組めるような時代になってきました。IT部門がすべてを担当する従来の形態では、IT部門自体がボトルネックとなってしまいます。限られたリソースでアウトプットを最大化するために必要なのが、IT専門職以外の社員でも開発を行えるような「市民開発」なのです。

　ローコードとプロコードのバランス：市民開発を目指す際に、障壁となるのがプログラミングについての知識です。Workatoのようなローコ

ードプラットフォームでは、プログラミング言語を知らなくても、ワークフローを書くようにアプリケーション開発ができます。一方で、スクリプトを書いて動かすような「プロコード」についても機能が充実しています。開発のハードルを下げながらも、専門家がガバナンスを取るべき部分をしっかりと残すという、バランスの取れた設定が可能です。

ガバナンスを取るのがIT部門の役割：もちろん、各個人が好き勝手に自動化を行なっては、システムの統一が取れなくなってしまいます。そこで重要なのが、ある部分まではIT部門がガバナンスを取りつつも、エンドユーザーが開発できる環境を作ることです（Workatoにおける Guard Rail）。Workatoでは市民開発を実現するためプラットフォームの成熟度を測るフレームワークを設定しており、IT部門はこのフレームワークに即しながら、プラットフォームの成熟度を上げ、標準化を進めています。

これからの成長を見据え、スピード感のあるDXに取り組むメルカリが選んだのは、誰もが業務効率化に取り組める「市民開発」という道でした。このような環境が実現できると、企業のカルチャーや社員のマインドセットにどのような期待ができるのでしょうか。

目指すのは「人」中心のシステム

グローバルへ踏み出そうという企業にとって、取り組むべき課題はさまざまです。いかにコミュニケーションの障壁を無くすか。いかに従業員のエンゲージメントを高めるか。いかに生産性を高めるか。田中氏は「人」を中心にシステムを考えることによって、課題解決を目指しています。

田中氏は自らのミッションを「従業員のエンゲージメントを高める」ことだと語ります。「事業がますます拡大している今、生産性を高めるこ

とで業務にやりがいを感じてほしいと思っています。生産性を上げるためにITシステム部門ができることは、極力無駄な作業をなくしていくことです。日々の業務のルーティーンをできるだけ楽にできるよう、データ連携や自動化を進めています。何かやりたいことがあるときに、そのシステムを使わないとやりたいことができないような、人がシステムに引っ張られてしまうような状況は避けたいです。目指しているのは、システムが人を包みこむような「ヒューマンセントリック」な環境です。中心にいるのはあくまで従業員で、その人や業務を支えるために、システムが裏でしっかりと繋がっている、そんな環境を実現したいと考えています。」

　進谷氏もまた、人のコミュニケーションを妨げないITシステムを目指していると言います。「すべての仕事のベースはコミュニケーションだと思います。ITはコミュニケーションやコラボレーションの基盤となる、重要な部分です。ITがコミュニケーションを妨げるような状況は避けるべきですし、グローバルに拡大しようという状況ではなおさらコミュニケーションの障壁を無くすことが求められます。たとえばアメリカの子会社とメッセージをやり取りする場合も、Slackという同じコミュニケーション基盤があることによってまったく壁のない形でコミュニケーションが取れるようになっている。Google Workspaceがあることで、異なる部署、事業所、国で働く従業員同士が、ドキュメントやスライドを共同で作ることがシームレスにできるようになっている。そしてこのような基盤がすべて連携されている。コミュニケーションとコラボレーションの基盤が整い、なめらかにやり取りが出来る環境は非常に重要です。」

　このような従業員同士のコミュニケーションを促進するITシステムは、業務効率化という点においても重要な役割を果たします。「会社が成長するためには、業務効率や生産性を最大限に向上させることは必達の目標です。新しく社員が入社してきた際のシステムを例にとって考えてみましょう。まず人事システムで、新しい社員としてのアカウントを

作ります。次に、ITツールにアクセスするために別のシステムでアカウントを登録します……もしシステムが連携していれば、一度のアカウント登録だけで全ての設定が完了し、作業にかかる時間を一気に削減することができます。

　私たちは、このような非効率な作業を極限まで減らし、従業員が本当にクリエイティブな仕事に時間を使えるような環境づくりを目指しているのです。従業員一人ひとりの業務効率が向上することによって、会社全体の生産性も上げることができます。もちろん、自動化したい業務プロセスはまだまだあり、市民開発を目指すべきフェーズに来ています。私たちは「技術力と実現力でメルカリの可能性を広げる」というミッションを掲げています。Workato等を活用して実現する市民開発は、まさに「テクノロジーの力でメルカリで働く人々の可能性を広げる」、私たちのミッションを体現するものだと考えています。

事例②横河電機

グローバルの競争に勝つためのDX推進

「グローバルなマインドセットを確立した上で、主軸であるオペレーションテクノロジーとITのケイパビリティをWorkatoにより強化・統合して、お客様により良いソリューションを提供することを目指しています」

― 横河電機 執行役常務(CIO)兼 デジタル戦略本部長・舩生幸宏氏

　国内外に複数の拠点を持つ横河電機は、2018年よりグローバルでのDXを本格的に推進しています。システムやオペレーション、データ管理などが拠点ごとに異なる中で、売上高の7割以上を占める海外市場で戦える企業になるために取り組んでいるのが、IT組織のグローバル化で

した。「グローバルマーケットで競争できるのはもちろんのこと、目まぐるしく発展する技術革新のスピードについていくためにも、グローバル規模で動くことができる体制づくりは急務でした。国内のことだけを考えていては遅れを取ってしまい、競争には勝てません。グローバルなマインドセットを持った上で動くことが重要です」と舩生氏は強調します。

「日本と海外では、技術革新のスピードがまったく異なります。言葉の壁を無くすことは、グローバルで動けるチームを作るだけでなく、最新の技術をキャッチアップするという点でも重要です。」

日本企業が海外市場で苦戦したり、国外でのチーム作りに苦労するという話はよく聞きます。歴史ある日本企業であれば尚の事、言語の壁やカルチャーの違いに悩まされます。創立100年以上の歴史を持つ横河電機は、グローバル市場で競合他社と渡り合う企業となるために、ITチームの抜本的な改革を推進しています。

グローバル規模で動ける組織づくりで競争力を培う

現在、執行役常務(CIO)兼デジタル戦略本部長を務める舩生幸宏氏は、2018年にCIOとして横河電機に入社しました。横河電機は、来年には創立110周年を迎える歴史ある会社で、拠点展開国数は60か国の大規模企業です。制御事業を主力とする同社の特徴は、売上の7割以上を海外が占めています。「CIOとして入社して、最初に取り組んだのはグローバルでのITオペレーションの改善でした。海外での売上比率を主とする横河電機にとって、グローバルのマーケットで競争できる基盤作りは必須です。また、目まぐるしく発展する技術革新のスピードについていくためにも、グローバル規模で動くことができる体制が求められていました。」

しかし、舩生氏の入社当時、ITオペレーションはリージョン毎に分断されており、オペレーションやシステムも各国や拠点の担当者によって独自で導入・開発されていたため、統一することによる効果が大きく見込まれていました。

IT組織のグローバル化を目指すために、まず取り組んだのがばらばらの組織をひとつの組織に統合することでした。「Global IT Shared Service」をコンセプトに、全社のIT組織をバーチャルでひとつの組織体になるよう様々な施策を行いました。例えば、これまで各拠点の社長にレポートする体制だったものを、すべて本社にレポートするよう、レポートラインを統一しました。ITについてはグローバルで運用ができるよう、システムの統合を進めていきました。

　国内外にあるIT組織を統一するために、大きな障壁となったのが言語でした。グローバルで運用する以上、社内公用語は英語になります。グローバルレポートラインに変更した当初は、不慣れな英語でのコミュニケーションに苦労した社員もいましたが、業務を続けるうちにそれも変わっていったと舩生氏は語ります。

　「グローバルレポートラインの導入によって、日々の業務に関わるコミュニケーションは当然英語になります。やはり言語ですから、毎日使っていると自ずと語学力も向上します。以前は全く英語が話せなかった日本人ITエンジニアも、現在ではかなりの英語の使い手になっています。また、グローバルに組織化することによって、グローバル規模のプロジェクトが推進できることになったのも大きな変化でした。組織が分かれていると、どうしてもプロジェクトが分散してしまいます。基本的にはグローバルで同じシステムを導入することを前提としているので、チームメンバーがグローバルに編成できるようになったのは大きなメリットでした。」

　もちろん、大規模なシステム統一に伴うハレーションもありました。ジョブセキュリティの不安を抱く社員もいたのです。

　「これまでバラバラだった組織やシステムを統合しようとすると、必ず不要になるシステムが生じます。システムにジョブが紐づいているので、自分のジョブが無くなってしまうのではないかという不安を持つ社員もいたのです。プロジェクトチームがグローバルなものへと変化するだけで、システムが無くなってもあなたの仕事が無くなるわけではないということは丁寧に説明しました。」このような大規模なシステム統合に

よって、現在横河電機のIT部門では、グローバル単位でのプロジェクトを進めることができるようになっています。

　ばらばらの組織やシステムを統一することで、それぞれの拠点に散らばっていたデータを集約し、活用することも可能になります。統一に伴う様々な困難はあったものの、グローバル規模で稼働できるチーム、データの共有、大規模プロジェクトの推進など、得られた成果は非常に大きいものでした。

インターナルとエクスターナル、両輪のDXを進める

　これまで紹介したような社内向けのDXに加えて、横河電機では社外向け、お客様向けのDXも進めています。前者をインターナルDX、後者をエクスターナルDXとして、インターナルDXの知見をエクスターナルDXに活かすような取り組みを進めています。この取り組みは、これまで異なる組織が担っていましたが、今年の4月から「デジタル戦略本部」として統合し、より両者のコラボレーションを強める方針へと変わりました。

　「社内でシステム統合を進めていくうえで、多くのラーニングがありました。歴史の長い企業なので、多くのシステムがあり、そのすべてを新しくすることは現実的ではありません。コストやスピードを考えると、置き換えられるシステムと既存のシステムをうまく繋げるインターフェース開発が重要になってきます。社内でのグローバルプラットフォーム化では時間とコストの制約を意識しながらインターフェース開発を行ってきましたが、このノウハウはお客様のシステムのインターフェース開発にも活かせるものだと考えています。弊社ではクラウドサービスを提供していますが、データがあるのはお客様のシステムの方なので、それぞれのお客様の環境に合わせたインターフェースを作る必要があります。その際、インターナルDXで培った知見を活かし、コストをセーブし、スピードを速める開発ができると考えています。インターナルDXで進めてきたグローバルプラットフォームの導入に終わりが見え始め、いよ

いよ統合したデータをAIで活用できるような環境が整いつつあります。インターナル／エクスターナル両方のDXをいっそう推進できると考えています。」

海外市場で勝つためのマインドセット

海外での売上高が7割以上を占める横河電機にとって、「コンペティターは欧米企業」だと舩生氏は語ります。グローバルでの競争に勝つためには、どのようなマインドセットが求められるのでしょうか。

英語は時代の先端を知るためのツール：目まぐるしいスピードで進化する技術革新をキャッチアップするためには、情報が集まる場所を知ること、最新の技術を理解するための語学力が要求されます。「日本と海外では、技術革新のスピードがまったく異なります。日本の情報だけを追っていては、3年は遅れを取ってしまうと考えてよいでしょう。現在のIT企業のアジアのヘッドクォーターはシンガポールとインドだと思っています。英語で仕事ができるようになることで、海外のパートナー企業と協業するといった選択肢が増えますし、時差の問題もクリアできます。入社以来IT部門のグローバル化を進めてきましたが、言語の壁を越えることができたのは、意義が大きかったと思います。」

日本ではなく海外を中心に考える：海外での売上高が7割以上を占める横河電機は、欧米企業を競合としてグローバル市場で戦える体制づくりを進めています。「日本国内だけでいうと、私たちが進めているDXは一部先進的と捉えられるかもしれません。しかし、欧米企業に目を向けると、これまでご紹介してきたような取り組みは、やって当然と思われても不思議ではないものです。日本の中でばかり考えていては、どうしても競争に遅れてしまいます。これまでグローバルに動くことができる組織づくりを進めてきており、本気でグローバル市場で戦うための態勢を整えています。まだまだ欧米諸国の先端企業には及びませんが、競争

に勝つためには、海外の先端企業についていく、海外を見据えたマインドセットを持つことが重要だと考えています。」

DXとセキュリティ強化を同時に進める：舩生氏はDXを推進する上でセキュリティ対策も重視しています。データと業務の結びつきが強まることは、リスクにさらされた際、その影響がビジネス全体に及ぶことを意味します。国内外に多くの拠点を持つ横河電機では、グローバルでのDXを進めるにあたり、システムのセキュリティ管理体制の強化も行ってきました。2020年には、グローバル全体のITセキュリティを管理するための専門組織「横河セキュリティオペレーションセンター」を設け、インターナルDX推進の基盤をさらに確かなものにしました。社内でのDXを進める際、業務の効率化や生産性の向上に意識が向きがちです。DXを積極的に進めつつ、変化するシステムにしっかりと対応できるセキュリティ体制を確立することが、グローバルで戦える企業を実現するための変革の礎となるのです。

横河電機はグローバル市場での競争力を強化し、インターナルとエクスターナルという両輪でのDX推進を加速させています。国内外の市場での競争に勝つために必要なマインドセットと体制を築き上げることが、同社の今後の成長にとって不可欠な要素となっているのです。

PART 4

第 4 部
実現に向けて

16

企業向け
AI プラットフォーム

Chapter 16

「AIの発展は、マイクロプロセッサ、パーソナルコンピューター、インターネット、携帯電話の創造と同じくらい基本的なものです。全産業がそれに伴い再編されるだろう。

ビジネスは、それをどれだけうまく活用するかによって差別化されるだろう。」

— **ビル・ゲイツ**

生成AIは、私たちのタスク、仕事、組織に対する見方を変えました。以前は「現状維持」として見なしていたものが、今では機会として捉えるようになりました。しかし、コードを書いたり、プロジェクトの概要を作成したり、スヌープ・ドッグのような個性を持つアインシュタインのような回答を提供するチャットボットを作成したりする以外で、組織はどのように生成型AIについて考えるべきでしょうか。

一方で大規模言語モデル (LLM) はついに「民主化の壁」を乗り越えました。私は14歳の姪がChatGPTをInstagramと同じくらい簡単に使っているのを見た時、目から鱗が落ちました。技術的な障壁を完全に無視して、組織全体が改善と革新を可能にすることは、常に民主化においての究極の目標でした。

テキストやコード、または画像以上に、生成AIが提供できるものは、アイデアに実体を伴わせる能力です。企業の視点から見ると、AIは既存のプロセスを完全に見直すことができます。しかし、その方法とはどの

ようなものでしょうか？

　生成AIは多目的で表現力豊かです。しかし、出力は未加工のままであり、入力によって完成度が異なります。

　生成AIが登場したとき、既存のツールは追いつくには対応する範囲が狭すぎました。専門化された、特定の目的に合わせて作られたソフトウェアは、生成AIの活気とはかけ離れていました。大規模な生成AIを活用するためには、パートナーが明らかに必要です。そのパートナーは、企業の既存のリソースをAIと結びつける役割を担います。これは二つの形態をとります：調整とガバナンスです。これらが欠けると、企業は生成AIの課題に伴う問題に十分な対応ができません。

企業における生成型AIの課題

　生成AIとLLMは非常に知識がありますが、あまり賢くはありません。LLMは膨大な量のデータに基づいて構築されています（数十ギガバイトと考えてください）。それによってデータに関しては知識が豊富です。ただし、LLMは言語モデルであり、知識モデルではありません。簡単に言えば、AIの応答はユーザーの問い合わせに対する統計的な近似値に過ぎません。それほど多くのデータに基づいているため、得意なことではあります。しかし、自分たちが何を言っているのかを「知っている」わけではありません。言い換えてしまえば、AIがより賢くなるまで、人間が運転席に座っている必要があります。しかし、先頭に飛び込みたいビジネスにとってはAIを大規模に導入するためには、いくつかの障壁を乗り越える必要があります。

　スキルの障害：技術的な知識が低い人々がAIに解決策を生成するように依頼すると、それをどう評価すればいいのかわからないということが多くあります。特に、出力がコードの場合は尚更です。彼らがIT部門に

助けを求めると、AIの民主化の価値は低下します。彼ら不適切なコードを実装すると、そのリスクが増大します。これからわかるのは、AIの機能や柔軟性を損なうことなく、生成されたコンテンツを検証できるある適度の抽象化が求められているということです。

エンド・ツー・エンドのシンプルさ：ChatGPTやDall-Eなどのツールの成功は、使いやすさによるものでした。今日では、Instagramのような他の一般向けアプリを使うのと同じくらい簡単です（私の姪が証明しています）。AIは使いやすい一方で、大企業で何かを実装することは複雑です。展開やレビューサイクルについて考え始めると、再び生成型AIの利点を失うリスクがあります。使いやすいだけでなく、AIは常に利用可能で、まるでユーティリティのように必要な時に利用できるようになる必要があります。

観察と行動：人間は必要な時にトラブルシューティングするために何が起こっているかを見て理解する必要があります。それには新しいプロンプトを生成したり、LLMsにフィードバックを提供したりすることも含まれるかもしれません。

継続的な改善：何か問題が発生した場合、それが他の解決策に対しても起こらないようにするにはどのようにすればよいでしょうか？ LLMまたはAIプラットフォームが時間とともに改善するためには、フィードバックが重要になります。

設計図から実行へ：LLMsの豊富なデータからアイデアを得ることは、最初の一歩に過ぎません。生成型AIは、可能性の地図を作成することに優れています。これらのアイデアを現実にするためには、設計図を実際の解決策に変える「何か」が必要です。

信頼：企業レベルで成功させるためには、これらすべてが信頼とガバナンスのある環境の中で起こる必要があります。適切なガードレール、

アクセス制御、セキュリティが最優先です。イノベーションのために信頼を犠牲にするべきではありません。

結論として、企業はAIによって生成されるコードやアイデア以上のものを必要としています。誤ったアプローチでは、AIの民主化の可能性は幻のまま終わってしまいます。これらのソリューションがITチーム全体の協力を必要とするのであれば、私たちは最初からやり直す必要があります。

ChatGPTやその他のモデルは、間違いなく人々の日常の業務を自動化するのに役にたつでしょう。しかし、それだけでは(当面の間は)企業全体を変革するためのソリューションにはなり得ません。

アクション可能な生成AIのプラットフォーム

前述の課題でも説明されているように、生成型AIはテキスト、コード、画像、またはタスクの制限によってほぼ制約されています。生成型AIを次のレベルに引き上げるためには、LLMの無限の可能性を実現できるプラットフォームが必要です。このプラットフォームは高いレベルの自然言語理解を提供するだけでなく、テキストや画像の生成を超えて、複雑なソリューション(例：アプリ、自動化、統合など)の構築に焦点を当てる必要があります。

エンタープライズのAIプラットフォームは、特定の目的に合わせたLLMを中心に構築されるべきです。このLLMは、プラットフォームが対応している領域(例：自動化)と明確に沿っている必要があります。ただし、企業向けのプラットフォームの文脈では、LLMだけでは十分ではありません。

エンタープライズの要件は単に技術的な能力に関するものではありません。それらはエンタープライズグレードのセキュリティとガバナンス

も含まれる必要があります。

もしがこれらの課題と要件を考慮すると、以下のアーキテクチャー図は、頑強なエンタープライズAIプラットフォームに必要な機能を表しています。

入力方法の機能

生成型AIの最も重要な機能の一つは、人間の入力を受け取り、理解し、返答を出力する能力です。しかし、エンタープライズAIプラットフォームの可能性を探求するにあたり、以下の3つの入力方法が考慮される必要があります。

人間が主導

これは、現代の生成型AI技術とのやり取りの最も一般的な方法です。人間は特定のデータを入力し、特定の結果を期待します。エンタープライズAIプラットフォームにおいて、人間主導とは、自然言語の形式で入力を受け取り、期待されている出力や解決策を生成する能力を指します。

例えば、自動化の使用例の文脈において、AIプラットフォームに以下のプロンプトを提供することができます："Salesforce、Net-suite、Docusign、および当社の製品システムが関与していると考えて、見積もりから現金化までのプロセスを自動化してください。"

このシナリオでは、AIが適切な解決策を見つけ実装するためにほとんどの作業を行う一方で、人間との対話は非常に意図的で特定の目標を持っていました。

自動検出

もう一つのタイプの入力は、組織が業界のLLMを活用する可能性を基盤としています。このLLMは既存のプロセスとソフトウェアスタックに基づいて、どの自動化が特定の組織にとって関連性があるかを提案できます。さらに、「プロセスマイニング」という約束を実現するかもしれず、これらのプラットフォームは実装のロードマップを作成し、非常に効果的なプロセスを作り出す可能性があります。

ビジネスリアクティブ

最後に、コアの能力セクションで少し触れられたように、生成型AIはパターン認識に優れています。したがって、彼らは例外のパターンを素早く特定し、それらをビジネスメトリクスと関連付け、新しいソリューションやプロセスの最適化のための推奨を提供することができます。

実行エンジン

企業のAIプラットフォームの中核。この実行エンジンは以下のことができる必要があります。
- 生成型AIから生まれる多様な解決策のアイデアをサポートする。
- 組織内に存在する異なる能力を統合する。

多様性とパワー

　生成型 AIは、潜在的な成果は人間の想像力によってのみ制限されるため、どんなツールの制約にも縛られません。しかし、これらのアイデアに対応するためには、このエンジンは多目的なオーケストレーション・ツールでなければならず、AIによって生成されたソリューションのダイナミックな性質に対応するだけでなく、企業内の他の能力を活用し統合するために十分なパワーを持っている必要があります。

主な特徴

　これらの機能は、企業のAIプラットフォームが最初から提供すべき基本的な技術仕様を指します。

説明可能性

　AI技術が時間をかけて成熟し、本当の意味での「賢さ」を身につけ、十分な信頼関係を築くまでの間、短期・中期的には、提供される解決策が自分たちのニーズに合っていることを検証できる「中間の人間」が必要とされるでしょう。

　ソリューションがコードなどの複雑なコンポーネントとして生成される場合、その結果を検証できる資格を持つのはITの専門家だけということになります。これは非技術的な人々へのアクセスを民主化するという目的を果たさなくなってしまいます。

　非技術的な人が解決策を検証するためには、「理解可能」である必要があります。したがって、説明可能性とは、どんな人間でも正確に解釈できる解決策を生成する能力です。

ユーティリティ

　前述の通り、生成型AI技術の人気が爆発的に高まった主な理由は、すべての技術的な知識の壁が取り除かれ、実質的に誰でも機械と作業し、やり取りできるようになったからです。企業のAIプラットフォームから恩恵を受ける新しいタイプの人物が組織内に存在することを考慮すると、これらのツールによって生成されるソリューションの展開モデルは、エンドユーザーから完全に抽象化される必要があります。

　私たちは電力会社と取引することに慣れていて、新しいランプを買って、ただコンセントに差し込んで「スイッチを入れる」だけで済むのと同じように、AIによって生成されたソリューションについても同様の経験ができるべきであり、一度検証されたら、ユーザーはこれらのソリューションを単に「差し込んで実行」することができるはずです。

観測可能性

　この段階では、AIによって生成された解決策を生成、検証、実行することができました。ただし、これらの解決策の中には（例：プロセスの自動化など）複雑さがあるため、企業のAIプラットフォームは、非技術的な人々がこれらの解決策の寿命中に発生する可能性のある問題を監視し、トラブルシューティングするための必要な手段を提供する必要があります。

　さらに、これらの問題が発生し解決されるにつれて、エンタープライズAIプラットフォームを推進するLLMが時間と共に改善するために役立つ連続的なフィードバックループが必要です。これにより、4つ目、そして最後のコア能力につながります。

適応性

AIモデルの中心には、トレーニングという概念があります。それが監視あり（人間主導型）であれ監視なし（自律型）であれ、エンタープライズAIプラットフォームは、AIによって生成されたソリューションの実行の一環として発見された問題に基づいて、モデルを訓練し、向上させる能力を提供するべきです。

例えば、ピーク時にSalesforceからの429エラーコードの頻度が増加しているという例外パターンを企業のAIプラットフォームが認識し、識別できるようになったと想像してみてください。この連続的なフィードバックによって、LLMはSalesforce APIのレート制限を理解し、実行頻度を適切に調整することができるようになります。

エンタープライズレベルの機能

企業向けのセキュリティとガバナンスは、組織の情報とシステムを保護するために使用されるポリシー、手続き、技術のセットです。そのため、企業向けのAIプラットフォームはこれらに従うだけでなく、AIの文脈でそれらを拡張する必要があります。

これらのプラットフォームは倫理、偏見、誤情報などの新しい要素を優雅に扱われるべきです。さらに、このようなプラットフォームを使用する可能性のあるさまざまなタイプの人物をサポートするため「伝統的な」機能（例：RBAC）も強化される必要があります。したがって、特定のユーザーに対して、どのプロセスを自動化できるか、どのシステムにアクセスできるか、およびそれらのシステムとの相互作用のレベルを指定することは、企業のAIプラットフォームによって厳密に監視され、管理されるべきです。

直接指摘されていないものの、企業向けプラットフォームには拡張性や信頼性など数多くの機能が求められています。前の例と同様に、これらの機能は、新しい利用事例の規模を保守可能でコスト効率の高い方法でサポートするためには、これらの機能を飛躍的に高める必要があります。

　最後に重要な点は、現在の生成AIのバージョンがまさにこれらの必須の企業機能が欠けているという事実です。ChatGPTなどのプラットフォームは、現在、データのプライバシーと入力データの品質を保証することができないため、多くの組織がこれらのツールへのアクセスを完全に遮断しています。

　したがって、新世代の企業AIプラットフォームでは、規模に応じた採用を確実にするために、企業向けの能力が中心に置き、全面に押される必要があります。

17

自動化エコシステム

Chapter 17

「あなたは百万ドルの動きをしているのに、一銭も得られない。」
— **タラ・ヴァンダーヴィア、**
 スタンフォード女子バスケットボールヘッドコーチ

飛行機に乗る際に荷物を詰めるとき、以前は持ち物を家電製品で満たすのが普通でした。私はPDA、GPS、デジタルカメラ、iPod、ヘッドフォン、フリップフォンを持っていました。

そして子供たちのために、いくつかの携帯用DVDプレーヤーやゲームボーイを放り込みました。機内では、家族が次に必要とする機器を探すのが私の唯一の仕事のように感じました。これらのデバイスはすべて素晴らしい価値を提供してくれましたが、持っていく物リストはキリがなかった。今日、これらの機能はすべてスマートフォンで処理されています。

現在、スマートフォンは私たちのデジタルライフの基盤として、ほとんどのニーズを満たしているが、すべてではありません。専用に作られたカメラにはまだ大きな市場があり、プロ写真家は数千ドルもするデジタル一眼レフカメラを好んで使います。スリルを求める人は、冒険のお供に頑丈なGoProを好みます。また映画制作者は、細部までとらえる8Kの大型カメラで映画を撮影します。カメラに特化することは一般人にとっては重要ではないですが、スペシャリストにとっては有用なのです。

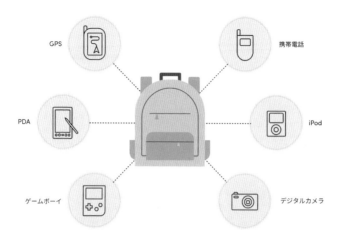

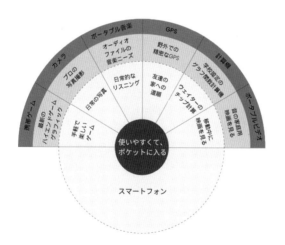

　多くの企業でオートメーションというと、2000年代初頭の電子機器の福袋のような感じがします。RPA、APIM、ETL、ELT、リバースETL、ESB、EDI、イベントストリーム、BPMなど、数え上げればきりがなく、これ以上ツールを増やす余地はありません。ほとんどの企業は、これらの専門ツールの多くを使用していますが、それでも約束された価値を得るのに苦労しています。このアプローチは破綻しており、持続不

可能です。

　大部分の自動化ツールのコストと努力は非常に大きいです。特殊なツールが一般的な役割に合わせようとすると、さらに悪化します。先ほど言ったように、オーケストレーションには筋肉と脳が必要です。専門的な自動化ツールは筋肉で、特定の問題をうまく解決します。この新しい時代で成功するために、私たちはこれらの統合と自動化ツールを捨てる必要はありません。ただ、適切な方法でそれらを適用する必要があります。そして、それにはオーケストレーションが必要です。

　自動化の場合、専門のツールが常に必要とされます。プロの写真家がスマートフォンのカメラ以上のものを必要とするように、私たちの企業の一部は常に専門のツールが必要です。しかし、現在の主な問題は、専門のツールが過度に使用されていることです。

　つまり「過度な特殊化や過度な一般化に問題がある」ということになります。かかりつけ医に脳手術をしてもらいたくないように、脳外科医に年次健康診断をしてもらいたくもありません。専門化は適切な時と場所があります。私たちの問題の90%を一般的なツールで解決し、残りの問題にのみ特殊なツールを使用するのは良い指針です。過度な特殊化は全体像を曇らせ、スピードが落ちてしまいます。

　潜在的な自動化ソリューションの数は多くあります。毎日新しい略語がリストに追加されているようです。あなたの会社が現在、iPaaS、APIプラットフォーム、RPAなどのツールを活用している場合、これらのツールがAI時代の自動化マインドセットのどこに当てはまるのか疑問に思うかもしれません。この章では、最も一般的なツールのいくつかを簡単に見ていくことで、その疑問に答えます。

自動化ツール

エコシステムには多くの統合・自動化ツールがありますが、ここでは最も一般的なものをいくつか紹介します。ここでは、ロボティック・プロセス・オートメーション(RPA)、サービスとしての統合プラットフォーム(iPaaS)、ビジネスプロセス管理（BPM）、API管理（APIM）、およびデータパイプライン（ETL/ELT）ツールを取り上げます。これらのソフトウェアカテゴリーのいくつかは1980年代から使用されてきました。本のこのセクションを簡単な議論で締めくくり、市場にも進出しているいくつかのシャドウITツールについても触れます。

ロボティック・プロセス・オートメーション(RPA)

- 起源：ソフトウェアテストの自動化、「グリーン・スクリーン」スクレイピング、マクロ：グラフィカル・ユーザー・インターフェース（GUI）を介して一連の動作を記録し、手動タスクを自動化するために繰り返し再生する技術。

- 作成年度：40年以上前

- 別名（他の名前や頭字語）：ボット、プロセス自動化、ロボティックデスクトップ自動化（RDA）、タスク自動化。

- 焦点：純粋な効率性。手作業の時間を節約すること。「より良く、より速く、より安く」が合い言葉であり、人員削減を目指しています。

- 詳細について：
RPAは、通常は人が使用する画面を介してアプリケーションとの相互作用を自動化するために、人間の動作を模倣するツールです。RPAが人間の動作を模倣すると言うのは、文字通りの意味です。例えば、ERPで

新しい請求書のレコードを作成する場合、まず「新しい請求書」ボタンをクリックし、次にフォームの各フィールドに入力し、最後に「保存」ボタンをクリックするかもしれません。RPAボットは、マウスやキーボードの入力（または他の技術）をシミュレートして、これらの手順を正確に再現します。

一部のRPAツールはクラウド展開を提供していますが、RPAはオンプレミス環境向けに設計されています。RPAボットは個々の従業員のデスクトップ上に存在することが多いか、自身で実行するためにサーバーに展開されます。それは人によってトリガーされるアテンドアートメーション（人が操作する自動化）であるか、定期的なスケジュールや他のトリガーを使用して行われるアンアテンドアートメーション（定期的に実行される自動化）であるかもしれません。

2021年はロボティックプロセスオートメーション（RPA）にとって重要な年でした。注目のIPO（新規株式公開）、合併・買収、そして今後のイベントに関する話題が、興味深い未来を示したのです。IDCによれば、RPAの市場成長は2020年の17億ドルから2025年には90億ドルに拡大すると予測されています。

成功にもかかわらず、RPAには何か奇妙な兆候が見られます。例えば、Sapphire Ventures CIOインデックスによれば、企業が2022年に支出を減らしたいと考えているトップテクノロジーの1つがRPAであると報告されています。この心配なデータからは、ソフトウェアがその変革的な期待に添っていない可能性が示唆されています。Forresterは、2023年までにRPA市場の成長が頭打ちになると考えていて、IDCによると、自動化市場の潜在的な規模は400億ドルであり、RPAに予測されている90億ドルをはるかに上回っています。

RPAは、システム内に格納されたデータを読み取ったり更新したりする代替手段がない場合に最も成功します。例えば、あるサプライヤーの

ウェブページには、プロセスに必要なデータが含まれていますが、このサプライヤーにはデータを取得するためのAPIやその他の仕組みがないとします。RPAは、直接ウェブページとやり取りすることでこのデータを取得するための優れた選択肢です。さらに、RPAツールは、PDFファイルやMicrosoft Wordドキュメントなどの非構造化データソースからデータを取得するのにもよく使われます。ギャップと制約について議論する際に見るように、RPAツールはプロセスの自動化や大量の自動化へのスケーリング、民主化された方法での使用にはあまり適していません。考えてみれば、人間の労働を模倣することは、アウトソーシングのもう一つの形であり、「ボットソーシング」とも言えます。それはまた、洗練されたパッケージでのタスク志向の最も純粋な形でもあります。

●ギャップと制限：

スケール：RPAはスケールが困難で、多くの企業がRPAに基づく広範な自動化イニシアチブに苦労しています。ボットの数を維持する作業は大変であり、その脆弱性と頻繁なサポート要件が必要です。ベンダーがAPI、OCR、AI、またはプロセスマイニングを追加しても、必要なメンテナンスはますます増えるだけです。

ガバナンス：RPAはガバナンスが難しいです。民主化にはガバナンスが必要ですが、RPAプラットフォームは組織全体での導入に苦労します。サーバー・インフラと深い技術スキルに大きく依存するため、全社的な自動化構築の成功は稀です。もし企業が、より広範な構築チームを育成することができたとしても、すぐにガバナンスが問題となります。RPAツールを使用する場合、構築しているシステム、接続しているシステム、扱っているデータを監視・管理することは通常困難です。

メンテナンス：RPAは技術的および経済的な負債につながる可能性があります。RPAは、繰り返しの作業を素早く行う必要がある場合に最適です。ボットの数が増えれば、メンテナンスの必要性も高まります。

要するに、多くのボットを管理するには別の多くのボット・マネージャーが必要となります。ボットが人間の負担を軽減することが意図されていましたが、最終的には人間がボットの負担を軽減する必要があるのです。運用上のオーバーヘッドを注意深く考慮しなければ、楽観的なROI計算はすぐに損なわれてしまいます。

RPAはしばしばローコードソフトウェアと呼ばれますが、それが必ずしもその通りになるわけではありません。通常、学習が容易で、迅速に展開でき、簡単に保守できるわけではないのです。この技術は依然として専門家が自動化を構築し、保守する必要があり、RPAはカスタムコードに頼るよりも使いやすいかもしれませんが、理想的な民主化のキャンバスには遠く及びません。

ビジネスプロセス管理スイート（BPMS）

- 起源：BPMSツールは、FileNetなどのツールによって1980年代初頭から存在していましたが、このカテゴリーはGartnerによって2000年代初頭に定義されました。

- 作成年度：30年以上前

- 別名(他の名前、頭字語、類似ツール)：ビジネスプロセス管理(BPM)、インテリジェントビジネスプロセス管理（iBPM）、ビジネスプロセス自動化（BPA）、ビジネスルール管理システム（BRMS）。

- 焦点：ビジネスプロセス中心のモデリングとワークフローの実行。これは、タスク管理と人間のワークフローステップのためのフォームを使用して行われ、BPMSツールには通常、プロセスの実行モデリング、モニタリング、および分析が含まれています。

●詳細について：

　ビジネスプロセス管理スイート（BPMS）は、ビジネスプロセス管理（BPM）の実践のために設計されたソフトウェアです。BPMSは、プロセスの学問に関連するいくつかのサブカテゴリーのツールを総称しており、この学問はさまざまな形を取ります。例えば、プロセスを視覚的に描く、ビジネスイベントに対応する、システムを接続する、またはルールベースの自動化を定義することなどです。

　BPMプラットフォームが、組織がプロセスをより良く理解し、改善するのを支援するために開発された一方で、ビジネスルール管理システム（BRMS）は複雑なビジネスルールを管理するために設計されています。これらのシステムは、ビジネスアナリストによって作成されたルールセットを使用してビジネスオペレーションを指示します。

　一方で、BPAプラットフォームはビジネスプロセスを自動化するために設計され、時間の経過とともに、同じ能力が特定の機能に特化したアプリケーションに組み込まれました。CRMやERPシステムは良い例です。これらは、営業や財務のようなビジネス機能や部門に関連する一連のプロセスを効率化します。

●ギャップと制約：

　速度：BPMで実現可能な成果は強力ですが、達成までには時間がかかります。成功は数年間を要します。結局のところ、目標は一連の専門家と開発者と共に主要なプロセスを完全に再構築することです。BPMベンダーは市場の成長に肯定的な見通しを持っていますが、BPMコンサルタントエコシステムの大部分はRPAに移行しています。そこでは、より迅速な成功体験、高い利益率、および手の届きやすい成果が得られています。ただし、RPAのセクションで議論したように、これらのコンサルタントは今、RPAの狭い、タスク中心の視点の問題に直面しています。

*規模：BPMツールは、最もミッションクリティカルなプロセスに対して「ビッグアイアン（大規模な鉄）」ソフトウェアと呼ばれることがあります。これは大型船のエンジンのようなもので、巨大で強力なモーターがあり、それを稼働させるための専門家が必要です。BPMは強力な成果を達成できる一方で、置いていかれつつあります。企業はより迅速な結果を求めて、他のより柔軟なカテゴリーに転換しています。ただし、プロセス全体を広く見渡すBPMの基本的なコンセプトは概念的には正しいアプローチであり、BPMとRPAをスペクトルの両端と考えることができます。BPMはプロセスに焦点を当てすぎており、簡単にタスクとシステムアクションを実行する能力に確固たる基盤がありません。その一方で、RPAはプロセスの大局的な視点がなく、タスクに焦点を当てすぎています。よって、解決策はその中間にあると言えます。

統合プラットフォームサービス

- 起源：ミドルウェア。この領域で最初に登場したのはTeknekron Information Busであり、その後にTibcoが続きました。

- 創立：「統合プラットフォーム」は30年以上の歴史があり、「サービス」としては15年の歴史があります。

- 別名（他の名前、頭字語、類似ツール）：統合プラットフォームサービス(iPaaS)、エンタープライズサービスバス(ESB)、ミドルウェア、エンタープライズアプリケーション統合（EAI）。

- 焦点：「配管」とも呼ばれるように、統合技術はプラットフォーム間でデータを移動するためのものです。これは通常、API、ファイル、または直接データベースの接続を使用して行われます。

●詳細について：

　iPaaSプラットフォームは、複数のアプリを統合し、データセットを同期させ、データイベントに基づいて他のツールでアクションを開始します。これにより、データをさまざまなスケジュールで一つのシステムから別のシステムに移動させることができます。これらのプラットフォームは、バッチ統合(毎時、毎夜、毎週など)や、アクションがビジネスイベントが発生するとすぐに処理されるほぼリアルタイムの統合を実行できる能力を提供します。

　これらのプラットフォームは過去30年間で大きく進化してきました。重要なことは、現代のiPaaSソリューションは従来のESBやミドルウェアツールとは大きく異なるということです。現代のiPaaSソリューションは通常クラウド上で実行され、歴史的なESBプラットフォームと比較して複雑なメッセージルーティングには重点を置いていません。

　より現代的なツールには、「as a service」というタイトルが含まれており、これはオンプレミスのサーバーに依存せずにクラウドネイティブサービスとして実行されることを意味しています。通常、これらのツールには以下が含まれます。

*多くのアプリやサービスとの強力な接続性。通常APIはイベント、ファイル、またはデータベースを介して行われます。

強固なデータ変換機能

　ビジネスイベントを管理し、対応し、イベント/メッセージストリーミングサービスとやり取りする能力。これらの機能により、データを1つのアプリケーションからバッチでまたは1つのレコードずつ引き出し、適切な下流アプリケーションのデータを更新することが可能です。例えば、iPaaSはSalesforceを監視するように構成でき、新しい顧客レコードが作成されるたびに、iPaaSはSalesforce APIを使用して新しい

顧客レコードを自動的にダウンロードし、その後Netsuite APIを呼び出してファイナンスシステムに一致する顧客レコードを作成します。その結果、Salesforceに新しい顧客が追加されるたびに、数分以内にNetsuiteに一致する顧客レコードができます。会計チームには手動のデータ入力が不要となるのです。

●ギャップと制限：

　統合は、オーケストレーションおよびエンタープライズ自動化プラットフォームの基盤を形成するための重要なカテゴリーといえます。しかし、従来の統合プラットフォームは、そのレガシールーツから進化するのに苦労してきました。iPaaSの領域では、すべてのツールが同じではありません。

　クラウドの主張：iPaaSであるための主要な要件は、クラウドで実行できる能力ですが、クラウドネイティブプラットフォームと、単にクラウドに移植された従来のオンプレミスプラットフォームとの間には大きな違いがあります。両方が「クラウド」とラベル付けされていますが、クラウドネイティブプラットフォームだけがクラウドサービスが持つ自動スケーリング、障害耐性、およびユーティリティのような利点を実際に利用しています。これについては、後でこの章で詳しく説明します。

　複雑性：この領域におけるもう一つの主な違いは、従来の統合プラットフォームが複雑で技術的なツールであるということです。それらを維持するためには、コンピュータサイエンスの学位とウィザーハットを持った専門家が必要で、伝統的な統合ツールの使用から生じる結果はコーディング、開発、および長い待ち時間を特徴とします。より現代的なプラットフォームは、それらの動作基盤として、ローコードの動きを採用しており、それによって私たちのアーキテクチャーフレームワークの民主化、可塑性、オーケストレーションの強力な候補となっています。し

かし、すべてのiPaaSがこのモールドに適合しているわけではないため、購入者は注意が必要です。

API管理

●起源：APIsがより一般的で価値が高まるにつれて、それらを公開し管理するためのシステムが存在するようになりました。

●設立：正式なAPIMシステムは2009年頃から市場に登場し始めました。
別名（他の名前、頭字語、類似ツール）：APIゲートウェイ、APIポータル、APIプラットフォーム、APIライフサイクル。

●焦点：API管理（APIM）ソリューションは、企業のAPIの管理と新しいエンドポイントの作成に焦点を当てています。ほとんどのシステムの目標は、企業全体で使用するための整理された、標準化された、制御されたAPIセットを作成することです。

詳細について：
API管理ツールは、APIの接続性とAPIの検出可能性という2つの要素に焦点を当てています。ほとんどのAPI管理ツールは、セキュリティやパフォーマンス（接続性など）などのより技術的な要件をオフロードし、企業のAPIを開発者にとって見つけやすくすることに注力しています（検出可能性）。

接続要素は、設定またはコードベースのAPIゲートウェイを使用して提供されます。APIゲートウェイは、API呼び出し元と下流システムの間のレイヤーとして機能し、ゲートウェイは、認証、高度なセキュリティと暗号化、レート制限、キャッシュなどの機能を提供します。この技術要件の管理に焦点を当てることで、バックエンドシステムはデータとその他の機能の提供に集中することができます。API利用者は、すべて

APIゲートウェイを介して接続するため、一貫性のある標準的な体験を得ることができます。

　また、APIMツールは、企業が広範なセットのAPIを管理するのを可能にします。500の異なるアプリケーションを持つ企業を想像してみてください。それぞれが平均50のAPIエンドポイントを持っているとします。これは、開発者が利用できる25,000の異なるAPIエンドポイントです。この時、APIを文書化し管理する中央の方法がないと、開発者がそれらの存在を知ることは難しいばかりか、それらに接続することも難しい場合があります。ここでAPI管理プラットフォームのAPIカタログや開発者ポータルの機能が重要となります。これらのツールは、企業がAPIを開発者が検索できるように文書化し、整理し、公開するのを可能にします。これにより、APIが作成される際に、他のAPIの混乱の中で失われることはありません。

● ギャップと制限：

　pure-playの制約：APIMの焦点は、接続性と検出可能性にあります。ほとんどのAPIMツールで欠落しているのは、APIを構成する論理です。すでにAPIセットを持っており、それを制御し整理したい場合、APIMはそのニーズに適している可能性があります。しかし、これがほとんど唯一のニーズではないことがほとんどです。APIは、ビルディング・ブロックとして使用できるときに最も価値があります。複数の他のAPIを横断する一連のアクションをカプセル化するためのAPIを作成できると、自動化が始まります。ほとんどのAPIMプラットフォームはこれをうまく行いません。彼らは作成と整理に優れていますが、通常は論理を手動のコードに任せてしまいます。その結果、自動化をゼロから作り直すのとほぼ同じ作業量になります。これは最終的には民主化の不可能性と変更を加えるための多くの作業(可塑性がない)を意味します。

　APIは宗教的である：API主導のアーキテクチャーの熱狂により、多くの企業が誤った道に進んできました。API主導のアーキテクチャーの

理論は、膨大なAPIライブラリを構築することがスマートな戦略であるというものです。考え方は、再利用可能なコンポーネントとしてAPIを構築し、それらのAPIを組み合わせてさらにAPIを作成することです。私たちはたくさんのAPIを持っていますが、ビジネスにどれだけのポジティブな影響を与えることができたでしょう。APIをビルディング・ブロックとして活用することは正しい方法です。しかし、単にソリューションの一部としてではなく、ソリューションそのものとしてAPIを構築することは、最終的な成果に焦点を当てることができなくなる結果をもたらします。多くのITチームは、これらのAPI主導のアーキテクチャーを作成するために何百万ドルもの投資をしてきましたが、残念ながらその技術にしか焦点を当てていません。これらの企業はしばしば多数のAPIを持っていますが、ほとんどビジネス価値を生み出していないのです。

ETL（抽出、変換、読み込み）とELT（抽出、読み込み、変換）

- 起源：始まりは統合の最初から起源を持つ。

- 創立：30年以上前

- 別名（他の名前、頭字語、類似ツール）：データパイプライン、データローダー、データインジェスチョン、抽出変換ロード（ETL）、抽出ロード変換（ELT）。

- フォーカス：ETL/ELTは、アプリケーションや他のデータソースから大量のデータをデータレイクやデータウェアハウスなどの中央リポジトリにロードします。

- 詳細：
  ETL（抽出、変換、読み込み）およびELT（抽出、読み込み、変換）ツールは、通常、企業データを一元化するための大規模な戦略の一部です。

最終目標は、データの報告と分析を改善することで、これらのツールは、複数のソースから大量のデータを共通のデータモデルに移動します。ある時点で、ツールはデータをモデルに合わせて変換します。

歴史的にETLは、時折、アプリケーション間のバッチ統合を指すために使用されることがありましたが、この定義は今ではほとんど使用されていません。したがって、このセクションでは、データマート、データウェアハウス、データレイクにデータをロードするために使用されるツールのより現代的な定義を指すためにETLおよびELTを使用しています。

ETLとELTの主な違いは変換がどこで発生するかです。ETLでは、ツールがデータをソースから抽出し、データモデルに合わせるために変換し、それをデータウェアハウスにロードします。一方、ELTは抽出と読み込みに焦点を当て、変換をデータウェアハウスに委ねます。データを抽出し、そのままデータウェアハウスにロードします。

ELTはより現代的なアプローチで、データのロード速度の向上、歴史的データの再変換の可能性、複雑性の低減などの利点があります。これは、Snowflakeなどの最近のデータウェアハウジングプラットフォームの進歩によるものです。

● ギャップと制限：

高いボリュームのみ：ETLとELTツールは、一般的に他の統合および自動化ツールと一緒にまとめられます。これらのツールは多くの同様な機能を実行しますが、それ以外は異なります。ETLとELTツールは、エッジアプリケーションからデータウェアハウスに大量のデータを移動するという非常に狭い利用事例に最適で、これはこれらのツールの利点でもあり欠点でもあります。意図した方法で使用すると、市場の他のツールよりも優れたパフォーマンスを発揮します。

関連する利用事例：これらのツールの制限は、核となる利用事例から

外れたときに現れます。これらのツールは、アプリ間の統合、イベントベースの自動化、またはプロセスのオーケストレーションに苦労します。ETL/ELTツールを使用することは技術的に可能に見えるかもしれませんが、それらを構築するために必要な労力が利益を上回ることは明らかです。これらの利用事例のトラブルシューティングやサポートの難しさを考えると、状況はさらに悪化します。ETL/ELTツールは、専門ツールの究極の定義であり、レポートや分析プロジェクトに使用するべきですが、自動化には使用すべきではありません。

管理されていない自動化ツール

私たちは第4章で、シャドウITの危険性について詳しく話しました。その主な原因の1つは、ビジネスとITの関係が困難なものであることです。ビジネスがITから目標達成のために必要なものを得ていないと感じると、彼らは問題を自力で解決し始めます。それは独自のツールを購入し、独自の人材を雇い、シャドウITへの悪い道に進むことを意味します。

一部のベンダーは、この問題に対処するために、統合と自動化のための使いやすいノーコードツールを提供しています。外から見ると、これらのツールは、本書で述べた要件の多くを満たす素晴らしい選択肢のように見えます。これらはローコードであり、時にはシンプルな複数ステップのプロセスをオーケストレーションすることができます。これらは使いやすく、安価で、素早いため、起業家に愛され、時折ビジネスに受け入れられます。しかし、見かけによらず、これらのツールは欠点があります。エンタープライズのIT部門は、そのようなツールの使用を容認することはありませんし、その理由も十分にあります。また、これらのツールは一般的に優れたユーザー・エクスペリエンスを提供しますが、セキュリティ、ガバナンス、コンプライアンス、モニタリングなどの基本的な機能が欠けていることがよくあります。これらの基本的なニーズを無視してソリューションを構築することは、技術的な負債、データ品

質の問題、セキュリティリスクといった長期的な問題を引き起こすため、たとえ小さな会社であっても、これらの管理されていない自動化ツールの利点と主な欠点を考慮するのが賢明といえます。

クラウド最適化とクラウドネイティブ

SaaSの中核的な付加価値提案は、従来のオンプレミスソフトウェアにおけるインストール、ハードウェアのプロビジョニング、メンテナンス、バージョニングなどといった伝統的な負担が、顧客の懸念ではなくSaaSの懸念となるという事実にあります。これらの利点は、SaaSアーキテクチャーのパラダイムを駆動するクラウドネイティブの原則から生じています。SaaSを利用すると、顧客は小規模から始めて徐々に成長するだけでなく、CapEx（維持するインフラストラクチャがないため）およびOpEx（運用に従事する人員が少ないため）の費用を節約できます。

例えば、Salesforceについて話してみましょう。Salesforceを導入すると、顧客はインフラの設定、高可用性、ネットワーキング、ピーク時の負荷に備えること、DoS攻撃からの保護などを心配する必要はありません。Salesforceの顧客は、セキュリティやスケーラビリティの懸念に対処することなく、安心感を購入しており、また、ボタンのクリックでフル機能の堅牢なアプリケーションを提供していることによる効率性、そして常に最新かつ最高のテクノロジーを実行していることによる将来の投資保証を得ています。これは、Salesforceがクラウドの潜在能力を最大限に活用するためにクラウドネイティブアーキテクチャーに従った結果といえます。

クラウドネイティブの標準的な定義は存在しませんが、「マイクロサービス」「コンテナ化」「コンテナオーケストレーション」という原則に従ってクラウド向けに現代的なアプリケーションを構築することが一致しているとされています。一方、クラウド最適化の観点でクラウドに移

行すること（例：同じコードベースをクラウド上で実行するためのリフト＆シフト）は、基本的にはクラウド上でソフトウェアを実行する能力に焦点を当てており、運用の負担を削減するためではないことに留意すべきです。

さて、代わりにSalesforceがアプリケーションのランタイムをサービスとして提供し、それをどこで実行するか(例えば、どの地域で)、どのように実行するか（例えば、複数のコピーを異なる可用性ゾーンに分散させた高可用性）、そしてどのようにメンテナンスするか(例えば、年に1回または2回のバージョンアップを処理する）は、顧客の裁量に委ねられると想像してみてください。これらの懸念は、組織がオンプレミス時代に対処しなければならなかったものと似ているため、SaaSの全体的な価値提案は低下する可能性があると主張することができます。

したがって、クラウドで生まれなかったプラットフォームは、ピーク時の負荷プロビジョニング、高可用性、観測可能性、バージョンのアップグレード、トレースなど、同じオンプレミスの懸念を引き続き抱えることになります。

組織がクラウドの価値を十分に理解し、ビジネスの問題に焦点を当てるためには、クラウドで生まれたツールを探すべきです。これらのツールは、複雑さを処理するより簡単な方法を提供し、プラットフォームから操作の負担を低減（または完全に除去）するとともに、組織と手を組んでスケーリングできるものです。

プロセスの一例（仮）

企業はこれらのツールを組み合わせてプロセスを自動化し、アナリストは、顧客の旅をガイドするためのフレームワークを構築します。ガートナーはそのフレームワークをハイパーオートメーションと呼び、HFSリサーチはそれをワンオフィス、フォレスターはそれをオートメーショ

ンファブリックと呼んでいます。根本的なアイデアは常に、オートメーションツールは最も適している場所で使用すべきだということです。しかし、これを実践することは、オーケストレーションなしには非常に難しいです。実際には、最良のプラクティスを実現した企業は非常に少ない、もしくはまったく存在しないと言えるでしょう。

現実では、各ツールを適用するための意思決定は、そのツールを購入したチームによって行われます。各チームは、選択したツールを利用し、そしてしばしば過度に利用して、自分たちの途中で発生するすべての問題を解決しようとします。その時点での大局的で意図的な戦略のようなものはほとんど存在しません。

これまでに、さまざまなオートメーションツールのカテゴリーを見て、それらの強みと弱点を説明しました。今度は、中規模企業の架空のプロセスにこれらを適用してみましょう。話している会社は「FusionSoft」と仮定し、SaaS製品を販売しており、約2,000人の従業員がいて、ハイパーオートメーションのアプローチを採用しようとしています。対象となるプロセスは、顧客の購入の請求と履行であり、これはITチームがビジネスの限られた支援を得ながら自動化しているとします。

ほぼすべての企業は、何らかの形でこのようなプロセスに関連付けることができます。顧客の購入は企業にとって重要な出来事であり、購入注文がこれを開始することがしばしばあります。このプロセスは、営業、財務、顧客成功、サポート、および製品など、複数のチームに影響を与えます。

FusionSoftの発注(PO)プロセスについて掘り下げていきましょう。

● パート1：PO処理

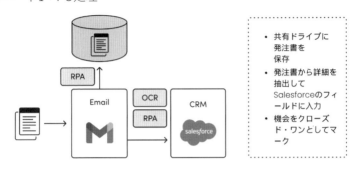

関連するツール

- **光学文字認識** (OCR)
- **ロボティックプロセスオートメーション** (RPA)

　FusionSoftが最初にPOを受け取ると、共有の受信トレイにメールが届きます。これがプロセスを開始するビジネスイベントです。かつては営業オペレーションチームがこのメールボックスを手動で確認していましたが、その煩雑な作業は圧倒的でした。そのため、彼らはPOの添付ファイルを保存し、光学文字認識（OCR）ツールでデータを抽出するRPAボットを作成しました。RPAボットは自分自身の資格情報でSalesforceにログインし、機会とアカウントオブジェクトの適切なフィールドにデータを貼り付けます。RPAボットはまた、フォルダを作成し、POファイルを共有ストレージドライブに保存します。最後に、CRMで機会を「クローズドウォン」とマークします。

●パート2：請求書の配信

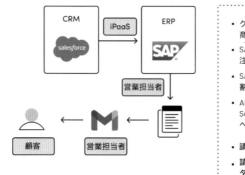

関連するツール:

- iPaaS
- **手動のステップ**

　会社は注文が存在することを知っています。今度は、顧客に請求書を送って支払いを受ける必要があります。ERPのすべての作業は、FusionSoftのITチームが所有しています。彼らはSalesforceとSAPを統合するために、自分たちのiPaaSツールを使用することを決めました。リスナーは成約したこの機会をキャッチし、データは一連のAPIを介して移動して、SAPに顧客レコードと注文レコードを作成します。製品が注文に割り当てられ、関連するSalesforceのアカウントと機会からデータが同期されます。次に、iPaaSはSAPで請求書の生成をトリガーします。その後、営業担当者はそれをダウンロードして顧客にメールで送り返す必要があります。

● パート3：プロビジョニング

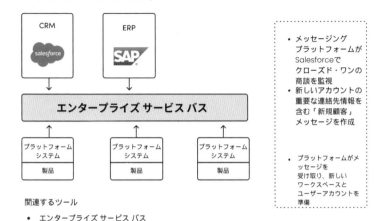

関連するツール

- エンタープライズ サービス バス

　顧客に請求書が送信されたら、彼らは購入した製品にアクセスする必要があります。製品チームはSalesforceのプラットフォームイベントをリッスンするカスタムWebhookを設定しました。これにより、新しいユーザーの新しいライセンスとワークスペースのプロビジョニングに必要な顧客の名前とメールアドレスが含まれたメッセージがメッセージングプラットフォームに作成され、そのメッセージは、製品を構成するさまざまなプラットフォームシステムに送られます。また、新しいユーザーにはオンボーディングのメールが送信されます。

● パート4：成功とサポート

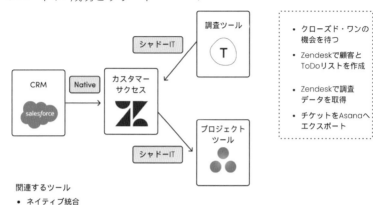

関連するツール
- ネイティブ統合
- シャドウIT統合

　新しいユーザーが設定されると、営業とカスタマーサポートの間で引き継ぎが行われます。SalesforceからZendeskにデータが移動し、アプリ間のネイティブ統合を使用しています。これにはアカウントの詳細、ユーザーの詳細、およびCSがライフサイクルとアップセルの機会を追跡するのに役立つ契約情報が含まれます。サポートチームは（この場合はAsana）チケットを管理するために異なるシステムを使用しているため、シャドウITツールがケースをAsanaに同期させます。チームはまた、顧客調査のためにオンラインフォームツールを好むため、Zendeskに結果を戻すために別のシャドウIT接続が設定されました。

● パート5：製品の使用分析

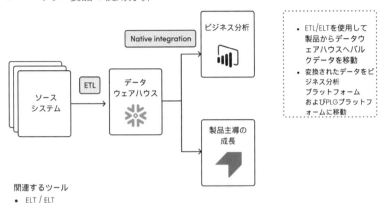

関連するツール
- ELT / ELT
- ネイティブ統合

最後に、契約から数カ月後、製品分析チームは顧客の使用状況を詳細に分析することを検討しています。データ量は、アプリ内のユーザーアクション、頻度、アプリケーション内の時間、およびユーザーの結果に関するもので、数百万行に達します。このデータの量に対処するために、数カ月前にチームは外部コンサルタントを雇い、ETLソリューションを実装してソースシステムからすべての製品データをデータウェアハウスに引き出しました。その後、BIソリューションをSnowflakeにネイティブ統合を介して接続し、データを分析および活用することができるようにしました。

エンド・ツー・エンドの自動化

　私たちの仮説的なプロセスは、典型的な会社で起こることの一部をちらっと見るだけです。もちろん、すべての会社は非常に異なり、各業界のアプリ、手順、要件も異なります。ここで示したように、それは非常に合理的に見えるかもしれませんし、第3章で述べたように、これらの自動化の決定は、それぞれの文脈で見ると完全に理にかなっています。営業オペレーションチームは効率化の機会を見つけ、RPAボットを作りました。ITチームはiPaaSをなじみのある方法で導入しました。CSチームは必要なものを得られなかったため、目標を達成するためにシャドウITツールを購入しました。

　企業はこのアプローチでやっていけますし、多くの企業ではこれが現状です。しかし、私たちは専門化が通常の状態である場合に何が起こるかを考えています。さらに詳しく説明するために、いくつかのシナリオについて話しましょう。

　例えば、Salesforceの管理者が知らず知らずのうちに商談レコードのフィールドのレイアウトを変更したとしましょう。突然、フィールドのレイアウトに依存していたRPAボットは、POからデータを貼り付ける場所がわからなくなってしまいます。顧客が請求書を受け取っていないことに気づくまで数日かかるかもしれません。その後、担当者は営業運営チームに連絡し、なぜSAPに請求書がまだ利用できないのか尋ねなければなりません。営業運営チームが問題を見つけて素早く修正するかどうかはわかりませんが、いずれにせよ、顧客の体験は既に悪いスタートを切っており、プロビジョニングは予想よりも長く遅れ、会社の評判も悪くなります。

　もし営業担当者がパート3でプロビジョニングされる予定の新しい管理者ユーザーのメールアドレスを誤って入力した場合、どうなるでしょ

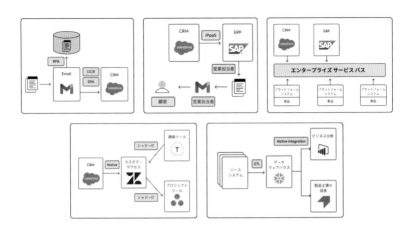

うか？この場合、アカウントは存在しないメールアドレスにプロビジョニングされます。再び、何日も経ってから顧客が問い合わせてきて、何が起こったのか尋ねます。この場合、CSチームによる深刻な捜査作業が必要となり、どこで問題が発生したのか特定する必要があります。再びプロセスが崩壊し、顧客に影響を与える可能性のある、単純でありながら一般的なミスです。

自動化が分離されて専門化されている場合、何がうまくいかなかったかとどこで問題が発生したかを特定するのは難しいです。言い換えれば、問題を追跡することが難しく、組み込みの例外処理がないのです。異なるチームが分離されて作業し、誰もが全体像を見ることができない場合、バイスタンダー効果につながる可能性があります。

重要なのは、何が欠けているかです。プロセスの改善や追加、反復の機会をどのように見つけるのでしょうか？これらの統合は強固なものであり、もしFusionSoftの市場がパンデミックのような出来事で消えた場合、彼らは再構築しなければなりません。新しい製品を展開するか、他の新規事業の機会に切り替えるためにそれを時間内に行うことはでき

ないでしょう。これらのさまざまな解決策はおそらく数カ月または数年かかって構築されましたため、大きな変化は問題外なのです。

Salesforceは、このプロセスのほとんどすべての部分で存在しており、相互に接続されています。しかし、これは欺瞞的です - ERP、Zendesk、および分析ツールはすべて互いに完全に分断されており、データが相互に共有されないまま、チームは独自の切り離された世界で動作し始めます。彼らは一緒に作業するのではなく、それぞれが自分の専門分野に焦点を当てています。

エンタープライズ・オーケストレーションの台頭

新しい自動化のマインドセットとソフトウェア業界が自動化の問題を解決しようとする複数の試みを実現するためには、何かが必要です。言い換えると、異なる問題を作り出すだけでなく、一つの問題を解決するためには離れることが大切であり、自動化の約束を実現するためには、堅牢で統合された戦略的なアプローチが必要です。

この自動化への戦略的なアプローチでは、民主化が可能であり、広範なチームが自動化できるようにする必要があります。アプリ、人々、および専門化された自動化ツールを結びつける接着剤のように機能する必要があります。また、柔軟性を維持するために変更が容易である必要があります。

これは大変な要求のように思えるかもしれませんが、今日では完全に可能なのです。これは、企業がすでに進めていることで、これこそが私たちが「エンタープライズ・オーケストレーション」と呼んでいるものです。

エンタープライズ・オーケストレーション

Chapter 18

「結局のところ、戦略は効果的に実施されない限り、ただの良い意図に過ぎない。」

— **クレイトン・クリステンセン**

この章では、AI時代の自動化マインドセットに必要な技術的およびビジネスの能力について見ていきます。各考え方に必要な能力を以下にまとめました。

この領域の異なる技術は、異なる機能をカバーしていることがわかります。しかし、これらの技術の中には、ビジネス価値よりも技術的な価値が高いものもあります。TPS（1秒あたりのトランザクション数）に最適化することもありますが、これは1秒あたりに処理される「メッセージ」やイベントの数を測定するものです。技術に焦点を当てるとカッコいいですが、ビジネスにとって具体的に何を意味するのでしょうか？統合ツールのTPS評価は、ビジネスのスピード、機敏さ、効果には影響しません。ではなぜそれを見るのでしょうか？

性能と機能は重要ですが、私たちが望む結果の文脈の中でのみ重要です。非常に高いTPSは特定のシナリオにおいて重要かもしれませんが、それはすべての利用事例に必要ということを意味するでしょうか？5000のうち2つにしか適用されない場合、それは要件となるべきでしょうか？ それとも、それら2つの利用事例に特化したツールの必要性を強

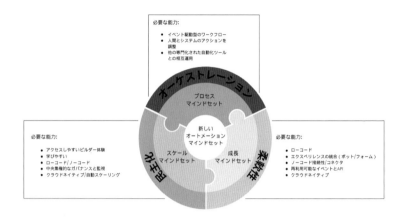

調しているのでしょうか?

　企業は、これらのような技術中心の世界観に陥ることで損をします。多くの企業は、エッジケースに対応するために、5000の利用事例に重要な機能を犠牲にしています。現在の自動化エコシステムは、このアプローチで満ちている。AI時代の自動化マインドセットは、技術ではなく、望むビジネスの成果に合致するより広い視点を求めている。これは、私たちが合理化しようとしている「もの」に焦点を当てること、つまりビジネスプロセスに焦点を当てることに帰結します。

　すべてのビジネスプロセスは、1つ以上のサブプロセスで構成されています。

　それぞれのサブプロセスは以下の要素で構成されています：
- 人間の相互作用
- 人間のタスク（経費請求のレビュー、休暇時間の承認、来年の予算の決定など）
- 「Insights（新たに契約が締結されたことの通知、トップ顧客の週次レポートなど）」
- システムのアクション
- データイベント（請求書の受領、新しい従業員の採用など）

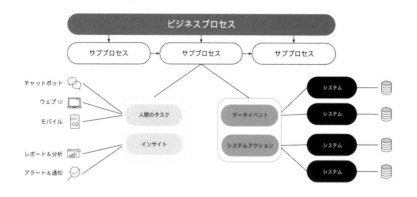

- システムのアクション（顧客レコードの更新、月末処理の開始など）
- 自動化されたプロセスは、ビジネスのダイナミックな環境内で動作する必要があります。これは、これらの人間のタスクとシステムのアクションが相互作用する必要があることを意味します
- メール、モバイル、ウェブサイト、チャットボット、その他のコラボレーションツールなどのコミュニケーションチャネルを通じて
- オンプレミスアプリ、SaaSアプリ、クラウドインフラを含むアプリを使用している
- データウェアハウス、データレイク、データベース、ファイル、ドキュメント、その他の場所に保存されているデータを利用
- 私たちのパートナーやサプライヤーと協力して、私たちの会社内だけでなく、外部の人々やシステムも含めたプロセスを可能にするために

より詳しく見てみると、私たちが完全にビジネスプロセスを自動化するためにサポートする必要がある統合能力の3つの柱を特定することができます：

- 経験：人々との連携に関連する能力-従業員、顧客、および他の主要な関係者との連携に関連する能力

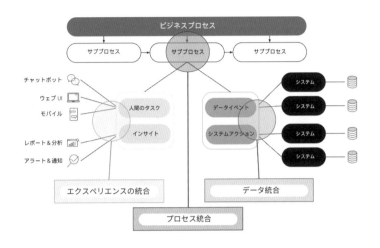

- データ：データの一貫性、システムの更新、およびデータ内のビジネスイベントの監視のための複数のシステム間でのデータの統合の能力

- プロセス：これらの人間とシステムのアクションを結びつけ、例外パスとイベント駆動のアクションを活用したエンド・ツー・エンドのフローを実現するための機能

これらの統合要件をスケールでサポートするために、複数のアーキテクチャースタイルを許容する必要があります。これらは、それぞれの利用事例とそれを実装する人物の異なるニーズに対応しています。良いアーキテクチャーは、チームが操作、テスト、スケールが容易なソリューションを構築することを可能にします。また、再利用可能なアセットを共有することで、車輪の再発明を削減することも可能にします。

再利用可能な資産と能力は、私たちが解決する各問題の副次的な結果です。これらの能力はさらに組み合わせ可能な自動化に組み合わせることができます。例えば、新しい従業員が採用されたときにアクティブディレクトリのアカウントを作成する自動化を考えてみましょう。新しい

従業員が採用されたときに発火するロジックは、他の自動化でも再利用することができます。したがって、再利用可能なサービスまたはイベントとして保持する必要があります。この問題は、私たちのチームがプロセスのマインドセットを持っていると自然に解決されることがよくあります。プロセスのマインドセットとは、アクティブディレクトリのアカウントを作成するというタスクを超えて考えることです。むしろ、優先順位は従業員のオンボーディングプロセスを自動化することです。全体のプロセスを考えると、新入社員のロジックの再利用性は明らかです。

私たちは、世界を技術中心の視点で見ることが私たちを制限することが多いと述べました。それから、私たちは主に技術の概念について話しました。皮肉なことに！成功した自動化プログラムの鍵は技術ではなく、運営モデルです。それは非常に重要であり、次の章全体が適切な運営モデルの選択について詳しく説明しています。要するに、運営モデルは次のように定義されます。

- チームがどのように組織されているか
- 自動化の機会を特定するためのプロセス
- デザインする自動化
- ビルディングオートメーション
- 継続的にそれらの自動化をサポートし、進化させる。

オペレーティング・モデルは、「民主化」といった概念を導入する場所です。

適切な技術と適切なアーキテクチャーを選ぶことは戦いの半分です。見かけ上良いツールとアーキテクチャーの選択をした後でも、苦労した企業の例は多くあります。以下の例は、これを実証しています。

Example 1：FinanceCoは、開発者が大好きな最高評価のテクノロジーを購入しました。彼らはクールなイベント駆動型アーキテクチャーを構築することを選びました。しかし、彼らはビジネスのニーズの文脈で自分たちの運用モデルを考えずにいました。2年と膨大な予算を費や

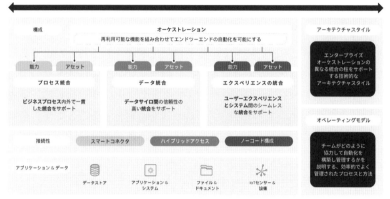

した後、FinanceCoはいくつかのことを自動化しましたが、ビジネスはそのペースにうんざりしています。そして、彼らは運用モデルを再考し、新しいモデルに合わない高価なテクノロジーに気付くのです。

Example 2：RetailCoは市民開発を有望なアイデアと見ています。彼らは最新のローコード・テクノロジーを購入します。彼らはそのプラットフォームを会社の全員に開放して、自動化作業を開始します。しかし、彼らはガバナンスを運営モデルの一部として考慮していませんでした。2年後、彼らは何千もの自動化プロジェクトを抱えています。それらの自動化は不安定なプロジェクトまたは未完成のアイデアです。彼らは会社をセキュリティリスクにさらし、ビジネスを遅らせています。彼らが自分たちの間違いに気付いたとき、彼らは必要なガバナンス機能を持たないツールを選んだことが明らかになります。

これらの失敗は、技術やアーキテクチャー、オペレーティング・モデルの精神のせいではありません。問題は、これらの3つの要素が互いに連携せず、大きなビジネスの成果を支えるために整合していなかったことです。

これらの要素の整合性を取ることを企業の自動化と呼びます。

　企業の自動化は、ソフトウェアのカテゴリーではなく、統合と自動化への戦略的アプローチであり、方法論、技術、目的に基づいた運用モデルの組み合わせから成り立っています。これにより、CIOやITリーダーは、プロセスの自動化、データの一貫性、および構成の課題に対処し、適切に管理された民主化によってビジネスの自動化要件に包括的に対応することができます。

　以下のURLにアクセスして、エンタープライズ・オーケストレーションのアプローチについてより詳しく学ぶ無料のコースをご覧ください。

　discover.workato.com/enterprise-automation-certification

エンタープライズ・オーケストレーションプラットフォーム

　企業の自動化は、自動化の推奨される戦略的アプローチである場合に、「どのツールを使うべきか？」という問いにまだ答える必要があります。私たちは特定の利用事例や技術的な問題を解決するためのツールについて話しているわけではありません。私たちは、人々、システム、そして特化した自動化ツールを一緒にまとめるための何かが必要です。そうすれば、最適化したいビジネスプロセスに再集中することができます。今では、それを実現するための新しいツールがあります。私たちはそれらを「企業自動化プラットフォーム」と呼んでいます。

　私たちは、企業の自動化プラットフォーム（EAP）の最も重要な機能の1つから始めます。前の章で議論したように、ローコードの自動化技術は可塑性と民主化の両方を可能にする上で重要な役割を果たしています。ローコードにより、私たちは自動化の景色を迅速に適応させることができ、同時により多くのビルダーを可能にします。自動化の設計と構築には、組織全体から参加することができます。すべての構築者が共通のプラットフォームを使用することで、サイロ化を解消し、サイロ化したデリバリーチームにありがちな知識の断片化をなくすことができま

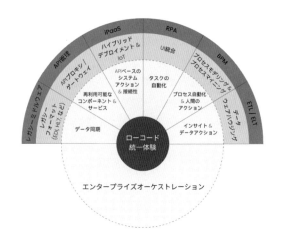

す。部門横断的なコミュニケーション、可視性、トラブルシューティングが改善され、最終的に組織は1つの統合された力として機能するようになります。チームを団結させる技術なしには、自動化への一貫したアプローチという目的を達成することはできません。したがって、ローコード/ノーコード(LC/NC)は、EAPの中心的な要件です。

この統一された体験の核心は、プロセス、データ、および経験の統合のニーズに対応するための幅広い能力によって支えられる必要があります。次の能力マップは、この目標を達成するために必要ないくつかの核心能力と、それらが従来の統合および自動化技術とどのように重なるかを示しています。

上記のように、私たちはEAPがAPIM、iPaaS、およびRPAなどの複数のソフトウェアドメインを横断する機能を必要とすると考えています。しかし、同時に、そのようなプラットフォームが他のすべての既存のカテゴリーのスーパーセットになることはできないし、なるべきではないと認識しています。つまり、特化した自動化ツールは、より広範な自動化戦略において非常に重要な役割を果たしていますが、それらが解

決するために作られた特定の利用事例に使用するべきです。EAPを活用すべき場所と、特化したツールとの共存がより良いアプローチとなる場所を明確に定義することが重要です。上記の図は、このラインを引く方法と、既存のツールを使用するタイミングと場所を定義するための出発点を提供しています。

もし企業の自動化を少し建築的な視点で見ると、以下のようなものになります。

私たちのEAPは、必要に応じて専門の自動化ツールによってサポートされており、プロセスとデータ、そしてエクスペリエンスの統合を作成し、プロセスを統合するための共通プラットフォームを提供します。しかし、EAPはまた、私たちの運営モデルと必要なさまざまなアーキテクチャースタイルもサポートする必要があります。この成功を収めるために必要なアーキテクチャーについて詳しく見てみましょう。

アーキテクチャーのスタイル

これは成功した企業の自動化戦略の中核的な原則の一つであり、EAPの重要な要件でもあります。EAPがサポートしなければならないシナリオの幅広さは膨大であり、したがって単一のアーキテクチャーパラダイムを使用して実装することはできません。

例えば、レガシーデータの統合のようなシナリオを見ると、高度に特化したリソースがこれらの機能を構築するために関与する場合、マイクロサービスとAPIに焦点を当てた再利用に重点を置いたアーキテクチャーを活用することは当然のことです。この場合、チームの能力は解決策とアーキテクチャーのアプローチにマッチしています。

一方、自動化の民主化プログラムがあれば、技術的な経験は少ないかもしれませんが、豊富なビジネス知識を持つチームメンバーは、ポイントツーポイントアーキテクチャーによりより適合するでしょう。このア

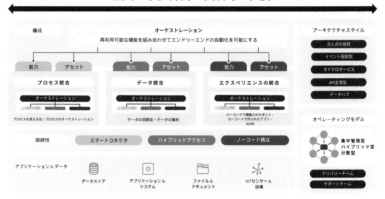

プローチでは、彼らは以下に焦点を当てることができます。

「これはアーキテクチャーパターンの聖杯です」というような発言は通常注意が必要です。

したがって、過度な設計やリソースの無駄を招く可能性がある単一のアーキテクチャーパラダイムを押し付けるのではなく、複数の堅牢なアーキテクチャーをツールボックスの一部としてサポートする必要があります。『これこそがアーキテクチャーパターンの聖杯だ』といった発言は通常、警戒すべきサインです。これらの発言は通常、「再利用性を可能にすることで、組織内のすべての問題を解決する」と結びつけられますが、常に慎重に考える必要があります。

適切な問題には常に適切なツールやパターンがあります。したがって、もし何か「マントラのような」メッセージに触れた場合は、常に戻って評価し、特定のパターンがAI時代の自動化マインドセットの異なる側面をどのように扱っているかを確認してください。さらに、それが以下の点について技術的なサポートを提供しているかどうかを確認してください。

オーケストレーション
プラスチシティ

民主化

ITに関連する他のテクノロジーセントリックな解決策と同様に、それはおそらく自動化ニーズの一部しかカバーしないでしょう。特定の問題を解決するのには素晴らしいかもしれませんが、単一のアーキテクチャープローチが万能な解決策ではありません。

キーアーキテクチャーパターンは、エンタープライズ・オーケストレーションのための本です。

以下は、EAPによってサポートされるべき最も基本的なアーキテクチャーです。

ポイント・ツー・ポイント（P2P）

ポイント・ツー・ポイントの統合または自動化ソリューションとは、2つ以上のアプリケーション間で基本的な自動接続を行っている場合を指します。通常、上位レベルのアーキテクチャーパターンを含まないソリューションは、P2Pのバケットに入れられます。他の場所に適合しない場合、デフォルトのパターンです。従来の統合プラットフォームでは、P2P統合はしばしばアンチパターンと見なされます。過去の統合問題への対応方法です。これらの問題は、チームが複雑でカスタムの技術を混ぜて数百の管理されていない、監視されていない統合を作成したときに発生しました。これは運用上の悪夢であり、P2Pパターンを実装する正しい方法ではありません。悪い評判にもかかわらず、P2Pアーキテクチャーは現代の自動化プラクティスにおいて適切な場所と時間を持っています。

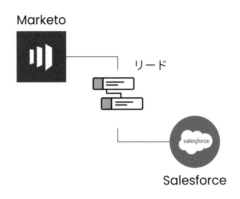

　技術的な知識が少ない人々が自分自身で自動化を始めたいと思う必要性について考えてみましょう。彼らは異なるシステムとのやり取り方、異なるデータ構造の理解、さまざまな例外の考慮方法を考えなければなりません。これらの基本的な自動化を作成するためにはこれらが必要です。それに加えて、再利用可能なAPIやマイクロサービスも作成することを彼らに期待すると、彼らを失敗に導くことになるでしょう。代わりに、これらの組織内の先見の明のあるITチームは通常、これらの自動化ビルダーが使用するための再利用可能な資産とサービスを作成します。これにより、サービスは中央チームによって適切に管理される一方で、これらの技術的な知識が少ない人々はポイント・ツー・ポイントのソリューションを通じて価値を提供することに集中することができます。これらのソリューションが共通の適切に管理されたプラットフォーム上に構築されると、過去の伝統的なP2Pの問題の多くが解消されます。

●イベント駆動型アーキテクチャー(EDA)

　EDAはおそらく最も古い統合形態の一つです（その直後にP2Pがあります）。長い間、イベント駆動型アーキテクチャーは開発者やアーキテクトの注目を集めてきました。これは、EDAの反応性と非同期性が、プロセスの実行を処理するために通常最も効率的でスケーラブルで信頼

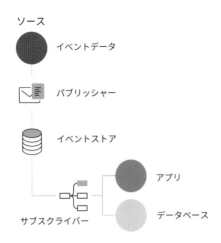

性のある方法と考えられているからです。

　基本的に、イベント駆動型アーキテクチャーとは、組織全体のさまざまな活動を"イベント"に変換することである。例えば、買掛金のメールボックスを監視するシステムがあるとします。新しいメールを受信すると、請求書が添付されているかどうかをチェックします。もし添付されていれば、請求書PDFファイルへの参照を含む「新規請求書受領」イベントを生成します。そこから、"new invoice received"イベントがトリガーされるたびに別のプロセスを開始し、データを抽出してこの請求書をERPにアップロードします。

　では、単純なポイント・ツー・ポイントのソリューションとどう違うのでしょうか？このパターンの威力が発揮されるのは、この自動化をさらに拡張したい場合です。例えば、郵送で請求書を受け取ることがあるとしましょう。請求書をスキャンし、スキャンしたPDFを指す"新規請求書受領"イベントをオートメーションに作成させることができます。このイベントによって、請求書をERPにインポートするプロセスが自動的に開始されるため、ワークフローの残りの部分を心配する必要はあり

ません。このように、既存のオートメーション・フローに素早くプラグインして拡張できることが、イベント・ドリブン・オートメーションを非常に強力なものにしています。

ただし、EDAは通常、複雑なメッセージングシステムやサードパーティのコンポーネント（例：AWS SQS）の必要性があるため、これまで使用するのが複雑すぎるとされてきました。幸いなことに、現代のEAPはEDAの利点をもたらしながら、関連する複雑さを商品化しています。これにより、メッセージキューやルーティング、イベント処理の複雑さを管理し、ビジネスイベントに集中できるようにします。つまり、量子物理学の学位が必要なく、企業はイベント駆動型アーキテクチャーを構築することができます。

マイクロサービスとAPIアーキテクチャー

マイクロサービスは、システムの抽象化（例えば、Netsuiteで販売注文を作成するための必要な呼び出しをオーケストレートするAPI）や価値のあるビジネス機能（例えば、「顧客作成API」で、関連するすべてのシステムに顧客レコードを作成する）を明確に定義するための素晴らしい方法です。マイクロサービスとAPIは通常、一緒に考えられる概念であり、REST APIはおそらくマイクロサービスの機能を公開するための最良の方法です。

マイクロサービス/APIを使用することで、企業は再利用可能なロジックをカプセル化し、サプライヤーやパートナーとデータを共有し、モダンなユーザー・エクスペリエンスを提供し、さらにはビジネスプロセスをサービスとして公開することができます。APIの作成とこれらのAPIの利用は、どのEAPにとっても重要な要件です。

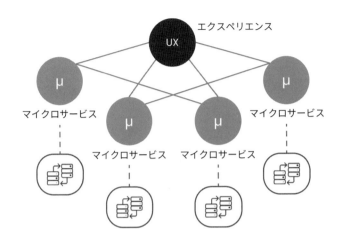

データハブアーキテクチャー

データハブアーキテクチャーの目標は、軽量なマスターデータ管理（MDM）ソリューションのアーキテクチャー的相当物であることです。これは、コアビジネスデータエンティティ（例：顧客、従業員）の「ゴールデンレコード」を構築することに焦点を当てており、それに関連するビジネスイベント（例：新規採用、顧客オンボード）も含まれます。

重要な数の自動化は、しばしばコアビジネスレコード（従業員、顧客、請求書、契約、製品など）に直接リンクしています。そのため、EAPはこのアーキテクチャーパターンを許可し、可能にすることが重要です。例えば、顧客が会社とのライフサイクルを経る間に、他の自動化アクションをトリガーしたい場合があります（ウェルカムメール、請求、ギフト、イベント招待、調査など）。顧客レコードのさまざまな側面を含む10の異なるシステムからこれらの自動化をトリガーする代わりに、データハブアーキテクチャーを使用してこのデータを集約します。これにより、すべての顧客関連の自動化が単一の中央データおよびイベントソースから行われるようになります。

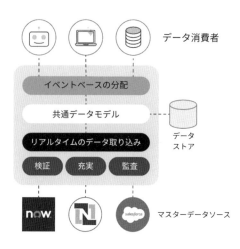

　このアーキテクチャーは、将来の自動化のプロセスを大幅に簡素化し、それによって技術的な知識の少ないチームメンバーが関与し、自動化する能力をさらに促進することができます。

企業の自動化の柱

　前述の通り、企業の自動化の3つの主要な柱をプロセス統合、エクスペリエンス統合、データ統合と定義します。しばしば、プロセスの個々のコンポーネントやステップがこれらのカテゴリーのいずれかに該当することがわかります。ここでは、各柱に必要ないくつかの主要な考慮事項を詳しく見ていきます。

プロセス統合：
オーケストレーション：
　EAPは、依存するリソースやアプリケーションを含む異なるプロセスを接続できるようにする必要があります。典型的なビジネスプロセスのタイミング要件と論理パスの範囲を処理することが重要です。
　●信頼性のある処理：ビジネスイベントが確実に配信されることを

前提にプロセスを実行する必要があります。

1つの欠落したレコードやトランザクションは、自動化ソリューションへの信頼を大幅に損なう可能性があります。
- トランザクションの整合性：トランザクションのエラー発生時には、適切なロールバックや補償ロジックがサポートされていることが必要です。簡単に言えば、何か問題が発生した場合には、EAPは問題を解決できる必要があります。
- データ統合：Connectivity（接続性）：接続性は、アプリケーションレベルで発生するすべてのイベントとデータの隔離を捉えるための鍵です。異なるアプリケーションに理解し、接続する複雑さを取り除くことは、開発スピードを大幅に向上させ、より多くのビルダーがプラットフォームを使用できるようにすることができます。
- メタデータ：EAPは、私たちが取り組んでいるさまざまなシステム、アプリケーション、およびデータストアを理解するために必要なメタデータを提供するべきです。例えば、自動化ビルダーは提供すべきです。アプリケーションに接続している場合、レコードタイプとフィールド名を表示できます。これにより、開発が大幅に加速され、より多くのビルダーが可能になります。
- データ変換：数多くのアプリケーションやデータ構造が存在するため、すべての自動化で見られる必要なデータ変換を処理するために、堅牢かつシンプルなアプローチが必要です。

経験の統合：
- 統合プラットフォーム：一部のソフトウェアベンダーは、完全な機能を備えた製品を手に入れるために買収を試みました。しかし、顧客の現実は「統一された請求書」であり、完全に壊れたユーザー・エクスペリエンスでした。統合プラットフォームの約束は、エンタープライズ・オーケストレーションを受け入れるために最初から構築されたプラットフォームからのみ生まれることができ

ます。
- ローコードのチャットボット：エクスペリエンスは、顧客（または従業員）がいる場所で彼らに会うことに関してです。現在、SlackやTeamsなどのプラットフォームは、「新しいUI」となり、より速いリリースサイクルとアプリケーションへの普遍的なアクセスを可能にしています。したがって、EAPはチャットボットを第一級の市民としてサポートする必要があります。
- ローコードアプリケーション：チャットボットのようなものに沿って、LC/NC開発はソフトウェア開発のあらゆる側面にますます浸透しており、UIも例外ではありません。したがって、EAPは企業の自動化の文脈でのローコードアプリケーションの構築をサポートする必要があります。

共通のプラットフォームを通じてチームを結束させる

EAPの最も重要な側面は、従来のエンタープライズサービスバス（ESB）やロボティックプロセスオートメーション（RPA）などの他の代替手段とは異なり、組織全体のさまざまな人物に対して参入の障壁を下げることでアクセスを民主化する能力です。

自動化がビジネスプロセスとビジネスの結果に直結しているという事実は、これらの自動化を構築する人々が豊富なビジネス知識を持っているべきだということを意味します。ほとんどの場合、これらの人々は特化した統合開発者ではありません。したがって、自動化プラットフォームをチームの多様な技術スキルを持つビルダーたちに合わせる唯一の方法は、異なる技術スキルレベルのビルダーが協力できるようにするローコードのエクスペリエンスを提供することです。

ただし、自動化をより多くのビルダーに開放することは、計画なしに行うべきではありません。これは制御されたかつよく組織された方法で

行う必要があります。チームが自動化を構築し、管理するために協力する方法を効率的かつ適切に定義することが、成功する運用モデルと成功する自動化の実践につながる最終的な要因です。これについては、次の章で詳しく取り上げていきます。

　最近、このアプローチのもう一つの興味深い利点が見られました。EAPがビジネス全体のチームにアクセス可能であることは、一部の従業員にとっても仕事の特典になっています。従業員は、自分の仕事を改善するためのツールにアクセスしたい、同僚と結束したい、会社に意味のある影響を与えたいと思っています。次の10年で、この傾向が進展するでしょう。従業員は、自動化を誤った方法で行う会社との仕事に対して、もはや忍耐や興味を持たなくなるでしょう。ビジネスを自動化するための断片化されたアプローチを持つ会社は、埃をかぶることになります。彼らは必然的に追い越され、業績を上回るでしょう。自動化を一貫した戦略として捉え、従業員を結束させ、自社を真に差別化するための手段とする企業によって、優位性が常に得られます。ビジネスにおいては、常に先行者が有利です。

19

ザ・ニュー・オペレーティング・モデル

Chapter 19

「私たちは結束している限り強くあり、分かれている限り弱い」
— J. K. ローリング

「もし作れば、彼らはやってくる」というのは、映画『夢の野球場』でケビン・コスナーが自分のトウモロコシ畑で耳にした言葉です。彼の野球場にはうまくいったかもしれませんが、技術に対しては最悪のアイデアです。"Build it, and they will come"という考えは、新しいテクノロジーがすぐに企業を良く変えるという一般的な誤解です。残念ながら、数百万ドルの失敗したテクノロジープロジェクトがそれを否定しています。マッキンゼーは、大規模なテクノロジープロジェクトの70%が目標を達成できないと結論づけました。これは技術の不足ではなく、明確で実行力のある運営モデルの不足によるものです。この章では、それが取り上げられます。

適切なオペレーティング・モデルの選択

ダンは、PowerCoというエネルギーインフラ会社で働いている建築家です。彼は過去に大規模な技術プロジェクトを手がけました。次の挑戦が彼の前に立ちはだかりました。その会社は、10,000人以上の従業員を抱える買収を行いました。彼のプロジェクトは、両社の人事プロセスを統合し変革することでした。プロジェクトには厳しいタイムラインがあり、もし締め切りを逃すと、何万人もの従業員が医療給付を受けら

れなくなり、給料さえも受け取れなくなる可能性があった。プレッシャーなんてないですよね？

最近のヘッドラインで政府の人事給与プロジェクトの失敗が明らかになり、プレッシャーはさらに高まりました。年間7,000万ドルの節約になるはずのものが、22億ドルの無駄になってしまったのです。このプロジェクトを構成する約100の人事プロセスが大問題であることは明らかでした。

ダンは、この自動化の課題が成功するために彼ができる基本的な変更を見ることに決めました。いくつかのインスピレーションを見つけるために、彼は会社が過去に行ったプロジェクトを調べました。彼が歴史を見ていると、興味深いものを見つけました。失敗した技術プロジェクトの長い連続がありました。統合と自動化の提供がしばしば根本的な原因でした。同じ話が何度も繰り返されるようでした。

1. プロジェクトチームは、統合と自動化に使用する技術を選択します。
2. 少数の専門家だけが新しい技術を使用する専門知識を持っており、それが配信のボトルネックを作り出している。
3. タイムラインがずれ、ステークホルダーは進捗の不足にイライラする。
4. スコープはコストとタイムラインを管理しようとして削減される。
5. プロジェクトは約束されたものを提供できなかった。

ダンは過去を繰り返したくなかった。

「OK、だから私は単にもっと開発者を雇えばいいんだよね？」ダンは自分自身に考えました。「それはおそらく外部のコンサルティング会社から手に入れることができるかもしれない。」残念ながら、彼は間違っていました。これらの種類の専門家は利用可能でしたが、その数とその能力に見合うコンサルタントの費用は彼の予算をはるかに超えていまし

た。また、彼の会社はこれらのプロセスを自動化した後もこれらの専門家の軍団を長期間維持する余裕がありませんでした。

ルートの問題が突然明らかになった。ダンは過去のプロジェクトがなぜ失敗したのかを理解した。PowerCoには、データ、プロセス、アプリケーションに関する膨大な知識を持つ数千人の人々がいたはずなのに、どうしてかなんとなく「これらの自動化を作成するのに誰も役に立てませんでした。これらのプラットフォームの技術的な機能の不足ではなく、チームの95%が使用できなかったことが原因でした。誰も使わないツールは非常に価値がありません。ダンは、既にチームにいる人々を使って会社がこれらの自動化を提供する方法を見つける必要がありました。そう考えると、答えは明らかでした。給与、福利厚生、人材、その他の人事機能をサポートするシステムとプロセスについての深い知識を持つプロジェクトの多くの人々がいました。彼らはすべて」必要なのは知識であり、彼らが使えるツールが必要だったのです。

彼は、このような大人数のチームメンバーにアンコン自由に何でも作れるアクセスを制限しないと、混乱するでしょう。仕事はやらなければならないが、結果が安定し、安全で、長期間にわたって簡単に操作できることも確保しなければなりません。彼は一歩引いて、これを達成するために使用できるさまざまな運用モデルを考えました。

自動化オペレーティング・モデル

多くの企業は、自動化をどのように提供するかについて考えることを止めません。彼らはしばしば単に今日使用しているアプローチにデフォルトします。あなたは次のようなことを聞くでしょう：

「ITのスティーブは、私たちの統合と自動化を構築しているので、彼はそれを解決できます。」

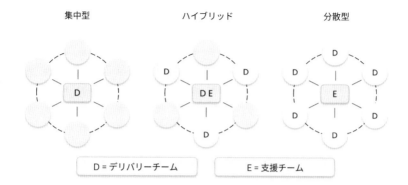

　スティーブはおそらく素晴らしく才能のある人物ですが、自動化は会社内の一人の責任ではありません。それは会社のDNAに組み込まれる必要があります。これには、組織全体のチームが協力して会社を変革するためのよく考えられた運営モデルが必要です。

　集中型モデルは、企業が自動化を展開するために選ぶ一般的な方法です。それは、中央のチームが企業の他の部署からの自動化の要求を受け付けることから始まります。このチームは、その後、自動化を優先し、構築し、運用します。

　ハイブリッドモデルは、中央のデリバリーチームを持ちながら、いくつかの追加チームも自動化プロジェクトを提供しています。中央のチームも自動化を行いますが、彼らは新しい役割も担当し、すべてのチームが一貫した方法で構築していることを確認し、効果的になるための支援とガバナンスを提供します。

　分散モデルは通常の中央モデルを逆転させます。それにより、多くのチームが自動化を行い、中央のチームは有効化とガバナンスにのみ集中します。

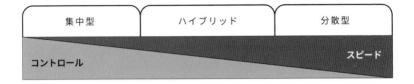

各モデルは異なる目的に最適化されています。

集中型は制御に最適です。これはすべてを単一の中央チームを介してルーティングすることによって実現されます。分散型はスピードに最適であり、会社全体の多くの人々やチームを活用します。

これは、集中型が速くないわけではないし、分散型が無秩序で制御が欠けているわけでもないということを意味しています。集中型の場合、制御は自然に行われ、速度は綿密な努力と投資が必要です。分散型では、速度は自然に得られますが、制御とガバナンスを可能にするために投資と焦点が必要です。

会社はこれらのモデルを段階的に使用することが最も一般的です。始めたばかりの場合、集中型モデルを考慮することをお勧めします。これにより、最初の自動化を実現する際により多くの制御が可能になります。また、自動化プラットフォームを立ち上げ、ガバナンスを確立し、最初の数プロジェクトから学ぶこともできます。組織がこの新しいディシプリンに熟練してくると、会社内のさらなるチームでそれを複製することができるようになります。これにより、ハイブリッドモデルに移行します。会社が自動化でより多くの成功を見て需要が増えるにつれて、中央チームは自動化の提供からエンエーブルメントとガバナンスに重点を移すことができます。これにより、会社は完全に分散型モデルに移行することができます。ゆっくりと始めることで、会社は早期に制御とガバナ

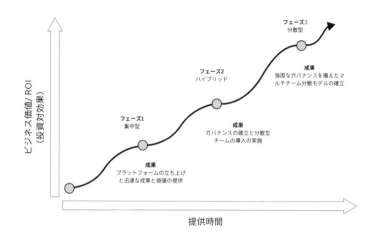

ンスに投資し、後で分散型アプローチのスピードを解放することができます。強力な中央ガバナンスチームを維持することは、成功した分散型デリバリーアプローチにとって重要です。このオペレーティング・モデルは、民主化を成功裏に達成するための鍵です。

ダンは、PowerCoを分散型の運用モデルに移行するために、徐々なアプローチを取ることに決めました。彼は自動化の中心となるエクセレンスセンター（COE）を導入し、統合と自動化プラットフォームを評価し始めました。彼は過去のプロジェクトの失敗から、すべてのチームが使用できるプラットフォームを選ぶことが、この新しい運用モデルの成功には重要であることを知っていました。多くのツールを評価した後、彼らはローコードで使いやすく、スケーラブルで強力なガバナンス機能を持つプラットフォームを見つけました。

「チームは、最初のHRプログラムの自動化を構築しました。同時に、彼らは強力なガバナンスプロセスと新しいチームを自動化するためのエンエーブルメントプログラムを作成しました。プログラムが勢いを増すと、彼らは給与-財務の調整などのクロスファンクショナルなプロセスを自動化し始めました。彼らは財務チームのメンバーをオンボードしま

した。これにより、PowerCoは複数のチームがプラットフォーム上で構築するハイブリッドモデルに移行しました。」

チームはその後、自動化リソースセンターを構築することで、自動化に関する啓蒙活動をさらに強化しました。それは、オートメーションに興味を持つ新しいチームが、どのようにオートメーションに関わるかを学ぶために利用できるウェブページであった。彼らはまた、人々が互いにアイデアや成功談を共有するためのコミュニティも作った。これは、チームが学ぶための方法であると同時に、次のようなものでもあった。自然な表現で書き直した結果は次の通りです：自動化に関心を持つ方法。会社内の他の人々も気づき始め、彼は複数のチームから自動化の取り組みに参加するように要請を受けるようになりました。

HRプログラムは大成功でした。プロジェクトは予定通り、予算内であり、HRプロセスを大幅に近代化した。従業員の体験は大幅に改善され、HRチームは大喜びでした。彼らは過去に行っていたように、単にライトを点け続けるために残業するのではなく、より戦略的なプロジェクトに集中することができました。ダンと彼のチームは、PowerCoのCEOから個人的なメールを受け取り、このような成功したプロジェクトに対して祝福され、会社への影響に感謝されました。その結果、ダンは組織内でより上級の役職を引き受け、ビジネスのさまざまな部門で自動化を推進するのを手助けしました。

PowerCoの物語は、適切な運営モデルが常に失敗と広範な成功の違いになることを示しています。それは自動化の方法についてです。私たちは強力なコントロールを持ってより速く実行する必要があります。技術は邪魔になるべきではありません。もし私たちの技術が適切な運営モデルの選択を妨げるのであれば、異なる技術が必要です。

リーディング・ザ・チェンジ

　プロジェクトを把握し、自分たちに適した運用モデルを選んだとしましょう。では、もう自動化していますか？

　ゼロからヒーローになるための自動化は、私たちのリーダーシップ能力に完全に依存しています。これは変化の道を会社に導くことです。ビジネスのあらゆる角度に自動化を適用することは大きな問題であり、従業員が仕事をする方法をほぼ確実に変えるでしょう。それは良い変化かもしれませんが、それでも変化です。

　「600ポンドのゴリラを移動する」という課題を人々はそう呼んでいます。あなたが動物園の飼育員であり、一つの部屋から600ポンドのゴリラを別の部屋に移動させる必要があると想像してください。それを一人で押し続けることはできますが、せいぜい非常に疲れるだけで、最悪の場合は怒ったゴリラになります。クルーが必要です、動物園はゲストがいなくなる必要があり、展示物が空になる必要があります。何よりも重要なのは、協力的なゴリラが必要です。

　会社での変化は、人々に何をすべきかを押し付けたり伝えたりすることではめったに起こりません。ゴリラと同様に、それは怒りと欲求不満を引き起こすだけです。そのため、自動化に向けて会社を押し進めようとしてもうまくいかない場合、多くの人々は諦めて、その課題は取り組むには大きすぎると感じます。だからこそ、ゴリラを移動させる問題に対してよく計画されたアプローチが重要なのです。

　結論は、ゴリラは動きたいと思う場合にのみ動くということです。したがって、ゴリラを動かすことについては考える必要は少なく、ゴリラが動きたいと思うようにすることについて考える必要があります。たぶん、ゴリラの好物を別の部屋に積み重ねるかもしれません。たぶん、私たちは圧力をかけて、部屋に小さなゴリラの集団を入れて、600ポンドのゴリラの好奇心をかき立てることができるでしょう。

私たちは愚かな類似性をあまりにも遠くまで持って行ってしまったかもしれませんが、成功する大規模な組織変革を実現するための技術はまったく同じです。適切なインセンティブと適切な社会的圧力の組み合わせは、どの企業でも正しい方向に進むのに役立ちます。自動化においては、適切な運用モデルを導入し、自動化の文化でそれを支えたいと考えています。このような変化は企業全体の多くの人々に影響を与え、彼らは変化に参加する必要があります。自動化戦略を実施しようとする際に考慮する必要のある主要な人々は、3つのカテゴリーに分類することができます。

1. リーダーシップ：自動化の広範な利用には、会社の最上位層からの賛同と支援が必要です。
2. 自動化ビルダー：会社のために自動化を構築し維持する人々は、新しいスキルを学び、新たな課題に取り組む必要があります。
3. 自動化の受取人：ビジネスプロセスを自動化する際には、その自動化の結果として仕事が変わる可能性がある従業員や契約業者の範囲が広がります。

各グループには非常に具体的なインセンティブがあります。彼らに何をすべきか伝えることは通常うまくいかないでしょう。代わりに、私たちは彼らのインセンティブを本当に理解し、彼らにどのように助けを示すかを示したいと思っています。

改善される。以下の表では、各グループ、彼らの典型的なインセンティブ、およびこれらのチームに共鳴すると考えられる主要なメッセージをリストしています。

これらのキーメッセージが浸透し始めると、会社内で動きが見えてくるでしょう。そのポイントに到達することは、短いメールやパワーポイントのプレゼンテーションではありません。これらのキーメッセージは疑念やある程度の抵抗に直面するかもしれません。したがって、これらのキーメッセージを共感させる最も効果的な方法は、言葉で語るのでは

なく、証明することです。

　高い影響力と高い可視性を持つプロセスを自動化することから旅を始めましょう。この成功事例は、自動化が企業をより良く変革する実証された現実の例を提供します。これにより、単なる言葉だけでなく、証拠をもとにメッセージをサポートすることができます。私たちはこの最初の自動化を「クイックウィン」と呼びます。リーダーシップチームに対して、このクイックウィンを使用して、自動化後のプロセスの速さの向上、手作業の削減、および従業員や顧客の体験の改善を示すことができます。リーダーシップチームに対して自動化の影響を示すために、彼ら自身のプロセスを使用します。自動化が実現できるビジネス価値を示す最も効果的な方法です。CEOであっても、このアプローチによって自動化が期待に応えることに対する信頼感が高まることがあります。

　この同じ成功事例は他のチームにも適用できます。自動化ビルダーの場合、簡単にできたこととその影響の種類を示すことができます。従業員が同僚が自動化を構築し、大きな影響を与えているのを見ると、「彼らができるなら、私もできる」という気持ちになります。この話を共有することで、創造的なアイデアが生まれます。個々の人々は、それぞれの部門でプロセスを自動化する方法について新しいアイデアを考え始めます。

　最後に、クイックウィンは自動化の受取人に自動化が仕事をより簡単にすることの例を提供します。おそらく、彼らは優先順位の高い仕事に集中するための時間を増やし、残業時間を減らすことができ、または休暇を取ることができました。これらの初期の成功は、反自動化の見出しによって植え付けられた恐怖を克服するのに役立ちます。馬鹿げて聞こえるかもしれませんが、それは本当の懸念です。クイックウィンのストーリーは、自動化を恐れるものではなく、ワクワクするものであることを示すことができます。

最後で最も重要な役割は、あなたの役割です。あなたが誰であり、会社内でどこに座っているかに関係なく、あなたは自動化のチャンピオンになることができます。すべての会社には、自動化の機会を見つけ、ビジョンを描く人が必要です。この本を読んでここまで進んできたという事実は、あなたがこれを可能だと信じていることを意味します。今、あなたは壁から壁までの自動化を実現するために必要な知識を持っています。これにより、あなたは自動化の理想的なチャンピオンになります。あなたがITアーキテクト、財務アナリスト、またはCEOであるかどうかは重要ではありません。組織は、これらの役割の人々が主導し、主要な自動化イニシアチブを推進するのを見てきました。

　自動化の重要性と、会社でこの変化を実現する方法を知りました。することはもう一つだけ残っています。始めましょう！

20 エンタープライズの未来

Chapter 20

「今日、他の人がしないことをやって、明日他の人ができないことを成し遂げることができるようにしよう。」
── シモーネ・バイルズ

2006年のニューヨーク・タイムズの記事で、「インターネットはレゴの時代に入っている」と発表されました。その記事では、開発者が織り合わせて作り上げた構築ブロックがWeb 2.0としてリストアップされました。これらの構成要素の1つは、Amazonからの最近の発表であるS3、またはSuper Simple Storageでした。これがAmazon Web Services、またはAWSとして知られるものの基盤となりました。

今日、AWSはクラウドコンピューティングの基盤となっていますが、そのプラットフォームは単純な始まりを持っていました。2006年に世界に新しく登場しましたが、その起源は2000年までさかのぼります。当時、Amazonはサードパーティのベンダー向けに電子商取引のソリューションを展開しようとしていました。当時のアマゾンのCEOであるアンディ・ジャシー(当時はジェフ・ベゾスの首席補佐官でした)によれば、彼らの開発者たちはインフラストラクチャを構築し維持するために費やしている時間に不満を抱いていました。彼らは車輪の再発明をしているような気がしました。彼らが顧客のために構築しようとしていたものは、彼らのソフトウェアスタックでは不可能でした。2000年に、私たちはサービス企業になり、サービス志向アーキテクチャーについて

本当に信念を持つようになりました。ジャシーは2017年の講義でそう述べました。

彼らはAmazonで他のチームが利用できるように、すべての技術チームによく開発されたAPIを持つように求めました。その姿勢は、Merchant.comのためのサービスを提供するための俊敏な構造を彼らに与えました。また、彼らにアイデアを与えました。もし彼らがこの問題に直面しているなら、他の企業もおそらく同じ問題に直面しているでしょう。

Amazonのイノベーションは、AI時代の自動化マインドセットの最初の知られた例です。ある意味では、ニューヨーク・タイムズの記事が述べたように、それはレゴのようなものです。必要なブロックが手元にあり、インフラストラクチャーとのオーバーヘッド作業がないため、特別なものを生み出すにはわずかな創造的な考えが必要です。

Amazonにとって、その特別なものはAWSでした。AWSのインフラストラクチャは、現在もAmazon内部で使用されており、毎年25億のパッケージの配送をサポートしています。しかし、本当のストーリーは、AmazonがAWS製品を一般に提供し始めたときに起こりました。2020年におけるAmazonの利益（利子や税金を除く）の59%はAWSが占めていました。

多くの企業がこれまでにAmazonの手法を模倣しようと試みてきました。しかし、Amazonは自社のビジョンを実現するために世界最高の技術的な才能の軍団を抱えています。Amazonの手法を模倣した企業は、それを実現するために多くの高価な開発者を雇ってきました。

インターネットの初期の日々において、AmazonはAI時代の自動化マインドセットの3つの要素をすべて示しました。

1. プロセスのマインドセット：リーダーシップは、顧客のために

何を達成しようとしているかと比較して、構築されたものを見ました。彼らは最終的に顧客が必要とするものを構築できることに気付きましたが、それは良い長期的なアプローチではありませんでした。彼らはすべてを構成要素に分解し、結果に焦点を当ててゼロから再構築しました。
2．成長マインドセット：Amazonが取り組んでいたシステムは8年の歴史がありました。キャリアはそれにかけられていました。数十億ドルの取引がそれを通じて行われていました。しかし、Amazonは変化を受け入れ、すべてを忘れる覚悟がありました。彼らは再び始めることを思いました。彼らはMerchant.comの計画から逃げる代わりに、実際にそうしました。
3．Scale mindset：「Low code」という言葉は、現在のようには存在していませんでした。しかし、Amazonは創造的なアイデアを持つ人々に建設の機会を与え続けました。

アンディ・ジャシーは、当時の平均企業がインフラの維持に70%の時間を費やし、創造に30%の時間を費やしていることに気付きました。彼は、そのバランスを逆転させる方法を見つけることができれば、それは価値があると考えました。今日、インフラへの必要な投資は減少しました。これまで以上に多くの人々が自分のアイデアを実現し、創造しています。

本日、ローコードはAI時代の自動化マインドセットが誰にでも利用可能であることを意味します。あらゆる規模の企業はもはやAmazonのようになることを夢見る必要はありません。彼らはAmazonのようなプロセスと構造を最初の日から構築することができます。2つの実際のスタートアップのストーリーを見てみましょう。

絶滅の危機からIPOへ

第1章のToastの話を覚えているでしょう。「彼らの素早い思考のおかげで、彼ら自身と何千ものレストランを救いました。この章では、彼らの物語と影響を詳しく見ていきます。」

レストランは評判の悪いビジネスです。レストラン経営者は低い利益率、高い離職率、厳しい顧客に立ち向かい、自分の情熱に従っています。多くの人々は食への愛情で、他の人々はコミュニティへの情熱でそれを行っています。しかし、一つ確かなことはあります。誰もがレストランビジネスを書類作業のために始めたわけではありません。

レストランが自分たちの情熱に集中できるようにしながら、煩雑な作業を簡素化することは、Toastの最初の原則の一つです。『レストラン業界は世界でも最も多様で働き者の業界の一つです。多くの面で、デジタル経済への近代化において、テクノロジーや金融サービスによる支援が不足していると言えます』とChrisは述べています。ToastのCEOであるComparato氏によると、ToastのPOS(販売時点)プラットフォームは、レストランが対面での食事に対して簡単にクレジットカード決済を受け付けることができるようになっていました。事業は順調に進んでおり、2020年2月には同社は50億ドルの評価額で4億ドルを調達しました。しかし、CNBCの言葉によれば、その巨額の資金調達の1か月後、ほとんどすべてが崩壊しました。

2020年3月、レストランの収益は80%減少し、Toastは困難な状況に立たされました。Toastの初期投資家の1人であるKent Bennettは、「毎日が過ぎるたびに、私たちはそれを失うだろうと思っていました。」と述べています。Toastは、最高の市場に対する最高の戦略を持っていたのに、まったく市場を持たない状況になりました。店を閉める代わりに、Toastはパンデミック初期の苦しんでいる顧客にさらに力を入れました。

2020年4月初旬、CEOのコンパラート氏は公開書簡で「世界的なパンデミックを乗り越えるための手引書はありませんが、Toastではコミュニティをサポートし、あらゆる規模のレストランのための主要なプラットフォームになるための取り組みを倍増させます」と述べました。

次の数カ月で、Toastは急速に再建されました。彼らは新しいピックアップとデリバリーのダイニングの世界に合わせた製品を発売しました。その中には、Toast Go 2モバイルPOSデバイスの導入と、Toast Order and Payの非接触決済があります。これらの提供は、レストランが急速に変化する健康アドバイザリーに追いつき、ダイナーを安全に保つのを容易にするために設計されました。

彼らは新しい製品を作る必要があるだけでなく、顧客のオンボーディング方法も変える必要がありました。以前はライブで行われていたことの多くは非接触にする必要がありました。Toastのミッションはレストランを助けることでした。レストランはこれまで以上に助けが必要であり、そのギャップを埋めるためにToastが介入しました。Toastは2021年10月にIPOを申請した時点で、その年に6億4400万ドルの収益を上げており、2020年の収益の約5倍でした。その時点で彼らは48,000以上のレストランの場所をサポートしており、2019年の20,000から増加していました。

「Toastは真に新しい自動化のマインドセットを具現化していたため、彼らは迅速に市場の危機に対応し、他の数千の小規模ビジネスを支えることができました。それは感動的な物語です。」

「The New Automation Mindset」を終着点と考えることは魅力的です。魔法の山の頂点に到達すれば、旅が完了したと思いがちですが、それは真実ではありません。可塑性と成長マインドセットは、新たな挑戦を受け入れ、自己を再発明することを意味します。常に改善し、より機敏になる方法を探し続けることを呼びかけています。Toastは栄光の

IPOを祝って満足していることができましたが、代わりに彼らはこれまで以上に努力して、将来の数十年に繁栄することを望む止まらない企業を築くために取り組んでいます。

パンデミックの勢いを利用して、上位市場を押し上げる

Navan（旧称：TripActions）は、素晴らしいストーリーを持つ別の会社です。彼らもパンデミックの影響に対してほぼ完璧な対応をしました。2020年3月以前は、ビジネスは好調でした。彼らは4億ドルの評価額で最近の資金調達ラウンドを完了し、年末にはIPOを計画していました。しかし、パンデミックが襲来すると、ビジネス旅行は消えました。Navanの顧客は旅行予算を削減し、契約から抜け出そうとしていました。この危機により、収益は95％減少しました。一時的に、会社は生存モードに切り替え、顧客の契約を守り、従業員を残留させるよう説得しました。

前の話のスタートアップと同様に、Navanはビジネスを維持するために製品を非常に速く変更する必要がありました。Navanが立ち上げた実験的な支出管理製品であるNavan Expenseは、当時わずか43人の顧客しかいませんでした。観察者たちは、Navan Expenseが混雑した法人カード市場で成功することはできないと懐疑的でした。Navanが直面している断崖絶壁に立ち向かうために、リスクを取り、全力で取り組むことが唯一の選択肢でした。

Navan Expenseは、従業員が飛行機のチケット、ホテル、食事、車のレンタル代を支払うのを助けることを目的としていました。パンデミックの時期には、支出の重点が変わりました。従業員は今、在宅勤務用の物品を購入する方法を探しています。デスクやモニターなどの提供、または食事の配達など、さまざまなサービスを提供しています。会社は迅速に変化し進化することを目指して作られていたため、危機的な状況

でも賭けをすることができた。結果として、Navan Expenseはスタートアップ企業で最も成長している事業部門となりました。

Navan Expenseの成功により、Navanはビジネス旅行が再び活発化するまで生き残ることができました。最初は、これはエンタープライズセグメントでのみ起こっていました。多くの小規模企業が旅行費を削減する中、一部の大企業はその費用を維持しました。また、パンデミックが進行するにつれて、彼らは予算を早く回復させました。これを見て、Navanはエンタープライズ向けの機能をさらに充実させました。

Navanは手柄に満足せず、次に何をするかを考えていた。2022年中頃、私はNavanのCIOであるキム・ハフマンに次の展望を尋ねました。彼女は3つの優先事項を共有しました。

* レジリエンス：柔軟性とスケーラビリティのために継続的に構築すること
  成熟度：タスクを超えて企業の総合的な能力を向上させることを考える
  成長：会社が新しい成長セグメントに迅速に転換できるようにする

この物語を読むと、Navanは既にこれらの価値をすべて具現化していると言えるかもしれません。そして他の企業と比較しても、彼らはそうです。しかし、AI時代の自動化マインドセットを持つ企業は、目標達成に満足することはありません。彼らは常に変革を遂げています。キムはまだ会社がポイント・ツー・ポイントの統合が多すぎてAPIが不足していると感じていました。彼女はサービス指向アーキテクチャーを構築し続け、より俊敏な方法を見つけることを望んでいました。Navanが会社として成功を築くことに関心を持っています。

本日、ビジネス旅行が復活したことで、Navanは急上昇しています。彼らは今まで以上に強く、成功しています。パンデミックの課題は、彼

らを強くした面もあります。2020年3月には収益が95％減少しましたが、2022年10月には、SaaS市場が過去最も厳しい状況であるにもかかわらず、92億ドルの評価額を発表しました。彼らの発表のタイミングは注目に値します。なぜなら、成長のためにあらゆるコストをかけて作られた企業がベルトを締め直している時期に行われたからです。従業員を解雇している。世界の他の地域が新たな市場の嵐に耐えている間、Navanは止まることを知らない。彼らは企業の未来の素晴らしい例です。

エンタープライズの未来と、止められない存在になること

AI時代の自動化マインドセットは、技術について考える新しい方法であり、ビジネスについて考える異なる方法ですが、その核心には、止められない企業を構築するための道があります。以前、私たちはアンチフラジリティという複雑な概念について議論しました。これは、ナシーム・タレブが自然と進化のプロセスを観察して生み出した概念です。適応力のあるものや強靭なものは、困難に直面しても同じままでいることができます。しかし、より強く、より良く、より強力になるものは、古代神話のヒュドラに似ています。一つの頭を切り落としても、二つの頭が生えてきます。タレブは言います。強靭なものはショックに耐え、同じままでいようとしますが、アンチフラジャイルルなものはより良くなります。

2000年代初頭、Amazonは何かを見つけていました。多くの人々が彼らが書店を再発明していると思っていましたが、ベゾスはより大きなビジョンを持っていました。サービス指向アーキテクチャーを基にした会社を構築することは、より良い方法であることがわかりました。彼らが構築したものは非常に強力であり、史上最も成功した企業の一つとなりました。AWSはクラウド革命を開始し、何百万人もの人々のキャリアを支え、無数の他の企業を成功に導きました。これを構築するために、Amazonは多数のエンジニアを雇わなければならず、他の誰もができな

かったものを構築しました。Amazonは新しい自動化のマインドセットのオリジナルと言えるでしょう。

　ソフトウェアの変化する風景は、ローコード/ノーコードの革命が進行中であるため、これらのような企業はアマゾンのようになる機会を利用しています。結果は自己証明です。今日、止められない企業を築くチャンスはこれまで以上に手に入りやすくなっています。AI時代の自動化マインドセットはもはやエンジニアの軍隊を雇える企業だけのためのものではなく、通りの向こうの車ディーラーから100年の歴史を持つフォーチュン500の巨大企業まで、どんな企業にも利用可能です。

　不可避な企業は、頑丈なバンカーに隠れるのではなく、脅威を受け入れてそれを利用して強くなることができます。可能性は非常に興奮するものであり、可能性は無限大です。しかし、そこに到達するためには、私たちのマインドセットを変えなければなりません。

21

新しいキャリアの道

Chapter 21

「常に前進し続けることで、あなたはエリートであり続ける。」
— **ボブ・マイヤーズ、2回のNBA年間最優秀選手**

　1908年、ダイムラー・モトーレン・ゲゼルシャフトは初めての自動車を発売しました。それはしばしば「王の車」と称されました。年間約1000台の車を生産するために1700人の従業員が手組みで作っていた、富裕層向けのものでした。後にメルセデスとして知られるようになり、車の所有者にとっては夢となりました。今日でもコレクターにとっては人気があります。

　その成功にもかかわらず、メルセデスは輸送に革新を起こした車ではありませんでした。その栄誉はヘンリー・フォードのT型に帰属します。組み立てラインのおかげで、フォードはメルセデスの技術革新を一般家庭が手の届く価格で提供しました。デビッド・ハウンシェルは「組み立てラインが誕生した当時、産業社会は高度に発展していました。しかし、一度誕生すると、それは非常に生産的であり、その後はほとんどのものがラインなしでは作られなくなりました」と述べています。1908年、フォードは1万台のT型を生産しました。1925年までに、1日に9,000台と驚異的な生産台数を記録しました。一部のアナリストは、フォードがアメリカの中流階級を作り出したと評価しています。彼の労働者たちは、T型を買う余裕があるだけでなく、フォードが週40時間労働制を導入したおかげで車を運転する時間も持つことができました。

T型ではなく、フォードの本当の革新は移動組み立てラインでした。それは単に自動車の時代を切り開いただけではなく、仕事を永遠に変えました。それにもかかわらず、フォードの他の産業生産の洞察力と同様に、組み立てラインは多くの労働者から憎悪と疑念の目で見られました。革命的な革新から何年も経つと、変化への恐怖が忘れられていることは驚くべきことです。

　変化への恐怖は人間の本能の一部です。今日、多くの人々がロボット、AI、自動化によって私たち全員が不要になるのではないかと心配しています。一部の政治家やジャーナリストは、この古くからの恐怖の上にキャリアを築いています。この恐怖はテクノロジーに限らず広がっており、特に生成型AIの急速な進歩によって、テクノロジー業界の人々も疑問を抱き始めています。技術が私たちの働き方を変えることを約束すると、私たちは自然と以下のように反応します：

- 私のキャリアパスはどのように変わるのか？
- どのような新しい役割が価値を高めるのか？
- 一歩先に居続けるには何をすればいい？

　この本では、自動化の利点とアプローチについて議論してきました。個々の切実な疑問に答えることで締めくくることがふさわしいと思います。次の技術革命に備えるために、最善を尽くしたいです。また、私たちのキャリアに影響を与えるであろう避けられない変化について、率直かつ明確にお話ししたいと思っています。最後に、これらの変化が社会にとって何を意味するのかを探求したいと思います。

　変化は絶え間ないが、組み立てラインのような社会に大きな影響を与えるものも中にはあります。良いニュースは、私たちは以前にもこのようなことを経験しているということです。歴史は私たちの味方であり、技術は毎回、より多くの機会を創出してきました。実際、MITの研究に

よれば、今日のすべての仕事の60%は1940年代以前に存在していませんでした。

経済的価値の爆発

自動化が仕事を生み出す力の素晴らしい例は、音楽の自動化です。

野心的な18世紀の発明家たちは、ロボットのバイオリニストや楽器を演奏する他の人間のレプリカを作ることで、長年にわたり音楽の自動化を試みました。しかし、ロボットのバイオリニストは音楽を変革しませんでした。むしろ、録音された音楽の発明が音楽の自動化をもたらし、創造性と価値の爆発を引き起こしました。

1800年代後半、録音された音がすべてを台無しにするのではないかという懸念がありました。コリン・サイムズは、彼の著書『真実を明らかにする』で次のように説明しています。音楽のエリートたちは...蓄音機が音楽の美的・道徳的な条件を脅かすと恐れていました...その導入はワシントンの公務員たちの間で産業不安を引き起こし、蓄音機が多数の人員削減につながることを恐れていました。実際、1890年の全国フォノグラフ協会の創設大会で最初に議論されたのは、この問題と蓄音機による『技術的失業』の恐怖をどのように緩和するかということでした。結局、レコードを回すだけで音楽家を雇う必要がなくなってしまうのですから、当然のことです。

結局のところ、この予測は大外れでした。今日の録音音楽のリリースが成功したことは、まったく逆の効果をもたらしています。数千もの新しい仕事がこの一つの革新から生まれました。人気アルバムのリリース後の完売したアリーナコンサートツアーは、録音音楽によって解き放たれた経済的な力の素晴らしいショーケースです。ローディからコンサートプロモーター、グッズブースのマネージャーまで、誰もが録音音楽のおかげでキャリアを積むことができます。新しい音楽の配信と収益化

のための新しいチャンネルが成長するにつれて、新しい産業が生まれました。

録音がなければ、人生はずっと退屈なものになっていたでしょう。確かに、ラジオ、テレビ、Spotify、Alexa、またはポッドキャストは存在しなかったでしょう。Steve JobsはiPodを発売しなかったでしょう。私たちは進歩の糸をたどることで、さまざまな興味深い方向に進むことができます。結局のところ、iPodがなければiPhoneは存在したのでしょうか？もし19世紀のエリートたちがEdisonの録音の革新を押し潰していたら、私たちの世界は劇的に違っていたでしょう。

自動化がキャリアパスをどう変えているか

人間の仕事を模倣するボットや生成型AIモデルが注目を浴びている一方で、エキサイティングなキャリア革命が静かに進行しています。ローコード/ノーコードの自動化プラットフォームが企業内で新たな創造性の爆発に拍車をかけています。もし本書をここまで読み進めてきたのであれば、AI時代の自動化マインドセットが人々や企業にこれまで以上の機会を生み出す方法について、よく理解できているはずです。

ローコード自動化が生み出す機会に気づくビジネスリーダーが増えています。例えば、最近のDavid Peter- sonの記事「なぜ『ノーコードオペレーション』が次のビッグテックジョブになるのか」は、それをうまく捉えています。「もし今スタートアップに参入する方法を考えているなら、すぐにこれらの[ローコード]ツールでビルドを始めるだろう。さらに良いことに、これらのツールだけで副業として自分のビジネスを始めることもできます」と。

ローコード/ノーコード技術に焦点を当てた役割が何千もの企業に登場しています。その多くは「オペレーションズ」という言葉が役職に含ま

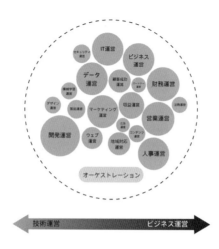

れています。多くの企業で、ITはこれらのオペレーターをサポートし、よりアクセスしやすい技術を利用可能にすることが求められています。オペレーターの能力の向上は、この種の仕事への需要を引き続き高めるでしょう。誰もが自分のキャリアをこの変化に合わせる新たなチャンスを持っています。世界中の企業でオペレーションのキャリアが急速に広がっている様子をもっと詳しく見てみましょう。

新しいオペレーター（またはオプス）の役職は、営業からセキュリティまで、会社のあらゆる角に現れています。ソフトウェアスタックが各部門で成長するにつれて、これらの役職はそれらをサポートします。これらの専門家を中心に形成されつつある成長するエコシステムは、BigOps（ビッグオプス）と呼ばれています。

それほど昔ではないが、「マーケティングオペレーションズ(MOps)」というフレーズは意味を持ちませんでした。しかし今では、何千人もの人々にとって主要で実現可能なキャリアパスとなっています。巨大なマーケティングテクノロジー環境が、これらの役割の存在を余儀なくさせています。多くのマーケティングチームは、ITに頼らずにプロセスを最

初から最後まで管理している。こうした専門家への需要は高まる一方です。2021年末までに、アメリカのLinkedInユーザーだけで25万人以上、世界中で60万人近くが自分のプロフィールに「マーケティングオペレーションズ」と記載していました。その時点で、サイト上にはマーケティングオペレーションズの求人募集が1万5000以上掲載されていた。

BigOpsは単なる仕事のカテゴリーではなく、それに加えてビジネスがどのように変革し、何が重要になっているかを示すものとなっています。

ビッグオプスの動きは、プロセス・マインドセットと人材、プロセス、テクノロジーを組み合わせる能力が、ほぼすべてのビジネスにとって基本的な要件になりつつあることを示しています。もしすべてのビジネスがビッグオプスを必要とするならば、オペレーターはますます重要な存在になるでしょう。

MOpsの役割の初期には、さまざまなマーテックアプリの最適化が中心的な仕事でした。今日では、MOpsの役割は拡大しています。自動化はMOpsの役割においてより中心的な存在になる予定です。彼らは潜在的なイノベーターの例であり、適切な技術を持っていれば、影響を与えることができます。彼らの価値は、テクノロジーによって制約されることなく、創造性を発揮できるときに価値が高まります。

同様の機会はどの企業にも存在します。BigOpsエコシステムにおける仕事は重要性が増していきます。その他の例に以下のものがあります：
- HRオペレーション・マネージャーは、採用から退職まですべての人事プロセスを自動化します。新入社員の音ボーディングも完全に自動化されます。
- 営業オペレーション・マネージャーはリードのルーティング、SDRの報酬、そしてタイムリーな営業電話の準備を自動化します。
- セキュリティー・オペレーション・マネージャーはセキュリティアラートの管理を自動化します。セキュリティポジションが最新であ

ることを確認するために、自動チェックを実行します。

いずれの例でも、これらのオペレーション担当者は既にその役割の技術的な側面において専門家です。会社全体のプロセスを自動化することで、彼らの成功をさらに促進することができます。

ITの役割がどのように価値を高めていくか

ビジネスの役割が変わっていることについては話しましたが、ITはどうでしょうか？先ほど述べたように、ITは注目度の高い、大きな影響力を持つガイド役に昇格する必要があります。この役割は、会社全体におけるAI時代の自動化マインドセットを促進するために重要です。その結果、ITの専門家も自動化がより一般的になるにつれて、仕事にいくつかの変化を経験することになります。

ITにおいて大きな変化は珍しいことではありません。過去10年間で、ITはサーバーのラッキングやスタッキングからクラウドへの移行を行わなければなりませんでした。ITマネージャーはオンプレミスのインフラスでビットとバイトを管理するのではなく、クラウドベンダーやコンピュート環境を管理するようになりました。これにより、ITは新しいDevOpsパイプラインを設定し、クラウドの独自の機能を活用してよりダイナミックなアプリケーション構築プロセスとアーキテクチャーをサポートすることができました。開発者がより優れたソフトウェアやサービスを開発できるようにすることで、彼らのITスキルの価値は高まりました。

ITマネージャーはかつて、自分に投げかけられるすべての要求に応えるために人員と予算の取り合いをしていました。パンデミックによって、それは一時的にひっくり返りました。ITプロの迅速な動員が、営業し続けるための鍵でした。リモートワークを可能にするために、予算はかなり緩やかになりました。しかし、荒れたパンデミック後の経済に入ると、

これらの予算は通常に戻っています。需要は再びリソースを上回っている状況に逆戻りです。

IT予算が再び縮小しても、ITの範囲は拡大し、進化しています。アプリ・ビルダーやBigOpsのプロがローコード・ツールを使用するようになり、企業はよりITに集中するようになるでしょう。このモデルの変化は、IT部門がセキュリティとガバナンスにおいて、主導的な役割を担うことを意味します。アプリを作成し、ワークフローを自動化する能力を民主化することで、これまでIT部門を悩ませていたボトルネックが、ビジネスの専門家によって解消されつつあります。IT部門内の業務も変化しています。自動化はIT部門にとって戦力となり、タスクの自動化が進むにつれ、IT部門の時間はリーダーシップのために解放され、新たなキャリアが生まれつつあります。

組織全体の労働者は自動化から価値を生み出すことができる一方で、統一されたアプローチが必要です。多くの場合、自動化の専門家は事業部のマネージャーに報告することになります。そのため、他部署の自動化の専門家と接触しないことがなく、容易に進めることができます。全体をまとめ、取り組みをリードするために、中央のチームが必要です。このチームはセンター・オブ・エクセレンス（CoE）をリードし、事業部間で知識を共有します。これらの自動化の役割もますます重要になっています。最近では、自動化ディレクターや最高自動化責任者などの役職がさまざまな企業で見られるようになっています。

カタリストになる

うまくいけば、今頃はオートメーションにおけるエキサイティングな未来に思いを馳せていることでしょう。新しい機会、アイデア、挑戦、そして効率性が、発見されるのを待ち望んでいます。必要なのは、やる気と能力のある人が立ち上がり、会社や自分のキャリアの軌道を永遠に変えるような何かを作り上げることだけです。それは影響力のある物語

になるかもしれません。

　これはそのような物語の一つです。スーパーマーケットの棚を6年間補充した後、ジア・ヤン・リーという若い女性は変化が必要だと感じました。彼女は新しい仕事を探し始め、最終的に、彼女はWorkatoという100人未満のスタートアップ企業でエントリーレベルの人事管理のポジションを見つけました。時間の経過と共に、ジア・ヤンは自動化プラットフォーム（Workatoの製品）をいじくり始めました。彼女は自由な時間にその使い方を独学で学び始めました。彼女は担当している人事プロセスの自動化のためのアイデアが浮かび始めました。これには、バックグラウンドチェック、内定通知書、新入社員の手続きなどから成る新入社員のオンボーディングプロセスが含まれます。彼女は主導権を取り、自動化を始めました。やがて、会社の新入社員はこのオンボーディング体験がこれまで働いたどの会社とも異なることにコメントするようになりました（良い意味で！）。"うまくいった！"と一人が言いました。"私は初日から始めることができました"とまた別の人が言いました。

　ジア・ヤンはリーダーシップチームにすぐに注目され、会社が拡大するにつれて、新しい役職に昇進しました。この執筆時点では、Workatoの従業員は1,000人に近づいています。彼らの圧倒的な大多数は、ジア・ヤンが構築した自動化ワークフローを使用してオンボードされました。彼女は現在、会社に参加したエントリーレベルの役職の何倍もの給与を得ており、HR組織でトップの自動化の専門家となり、実質的には会社のHRオペレーションの役割を担い、BigOpsエコシステムに参加しています。

　四年間という短い間で、ジア・ヤンはスーパーマーケットの棚を補充することから変革の触媒となる存在になりました。彼女は他人の領域に踏み込んだりすることを恐れませんでした。彼女は適切な技術的バックグラウンドを持っていないことを心配しませんでした。彼女はただステップアップし、創造力を発揮し、会社の構築において重要な役割を果た

しました。

　おそらく、あなたの次のユニコーンのようにレアで才能があり、革新的で価値の高い従業員は、今はどこかのスーパーマーケットの棚を補充しているかもしれません。おそらく、あなた自身が「ユニコーン従業員」で、自分の仕事に自動化がどのように影響するかを考えたり、新しいキャリアを始めたりしているかもしれません。AI時代の自動化マインドセットがより多くの企業で浸透するにつれて、ジア・ヤンのようなストーリーが増えるチャンスはエキサイティングです。私たちに必要なのは、潜在的なイノベーターにチャンスを与えることだけです。リーダーとしては、彼らが活躍できるように、できる限りのことをするのが得策です。変化には触媒が必要です。次の10年間で、ステータスクオを挑戦する自動化の触媒は、会社全体で最も貴重なリソースになるでしょう。彼らは、デジタル変革の新時代において、競争に打ち勝つための重要な役割を果たします。私たちは今、会社にAI時代の自動化マインドセットを構築することで、彼らを力を与え始める時です。

リスクは高い！

　ビジネスは経済の重要な一部ですが、社会の構造においても欠かせない存在です。会社で下す決定は、会社の外にも影響を及ぼします。そのため、経営者は企業市民としての役割を果たし、持続可能性から包括性まで、社会に貢献し、正しい決定をし、企業を率いるよう、ますますプレッシャーは大きくなっています。

　自動化はあまり注目されていません。しかし、自動化に関する私たちの意思決定はインパクトがあります。それらは人々の生計、家族、そして最終的には私たちが世界で目にする結果に影響を与えます。

　自動化は驚くほど強力です。誤った方法で大規模に適用されると、社会にダメージを与えることがあります。それは人々を悪い政治体制や信念に引き寄せ、たまった怒りやフラストレーションに対するカタルシス

を提供することもあります。

　経済学者やシンクタンクは、長い間自動化を追跡してきました。例えば、MITの研究者であるダレン・アセモグルは、「そこそこの技術」という言葉を作り出しました。これは、企業にとってはコスト削減となるが、人々にとっては何にメリットもない低品質の自動化を表すものです。そこそこの技術は仕事を減らし、労働を顧客に押し付けます。例えば、人間を模倣する技術、セルレジの列、または自動化された顧客サービスホットラインなどがあります。

　ブルッキングス研究所は、これらの「そこそこの自動化」をコマンド＆コントロール（C&C）スタイルの自動化として説明しています。これにより、従業員を意思決定から遠ざけ、トップダウンによる命令によって仕事が自動化してしまいます。彼らの研究は、C&Cスタイルの自動化と世界中の独裁政府の台頭を関連付けています。

　ブルッキングスは、コマンド・アンド・コントロールによる自動化の対極にあるもの、つまり、本書を通して取り上げてきた民主化アプローチと対比しています。民主化されたアプローチは、人間の代わりをするための鈍器として機能するのではなく、人々が自らの仕事を変える力を与えます。また、社会にポジティブな波及効果をもたらします。C&Cオートメーションが社会を辛辣でポピュリストなものにするならば、ローコードで民主的なオートメーションは、社会により民主的な結果をもたらします。「ローコード／ノーコードの自動化技術を開発することは、すべてのデジタル・ユーザーがデジタル世界の積極的な参加者となることを奨励することであり、それによって民主的なデジタル・シチズンシップの理念を拡大することになります」。

　自動化の手法を社会という大きなものに結びつけることは大袈裟に聞こえるかもしれません。しかし、もしヘンリー・フォードが利益を最大化し、手作りの高級車を製造していたメルセデスと同じ値段をつけていたら、社会はどのように影響を受けたでしょうか？また、18世紀のエリートが音楽家の仕事を守るために録音を非合法化していたらどうでし

ょうか？世界中の社会は間違いなく悪化していたでしょう。

　たとえ一人のビジネスリーダーの決定でさえ、歴史の進展に大きな影響を与えることがあります。古い自動化の考え方に固執すると、企業の失敗を招くだけでなく、社会の中で最も重要な機関へのサポートも侵食してしまいます。AI時代の自動化マインドセットを取り入れることは、すべての企業にとって正しい道です。それによって劇的なビジネスの成果が生まれるだけでなく、個人のキャリアを加速させることも可能になります。結果として、より幸せな人々とより健全な社会を実現につながります。技術はそこにある。先人たちの例がある。私たちに必要なのは、私たち自身が触媒としての役割を果たすことだけです。

Appendix

付録 A：Key Roles for Democratization

　ビジネスと技術のチームの概念は直感的に理解できるように思えますが、各企業にはさまざまな役割、スキルセット、組織構造が複雑に組み合わさっていることを知っています。明確にするために、健全な民主化に関与する主要な役割をもう少し詳しく見てみましょう。

　会社内の役割は、「ビジネス」と「IT」だけではなく、図に示されているように複雑です。この本では読みやすさのために簡略化していますが、会社内で民主化を実施する際には、さまざまな役割の微妙な違いを理解し、自動化に含めるべき人物の境界線を把握することが重要です。この視点で特定した役割の一部には、以下のような一般的なタイトルがあります。

　「ビジネスパワーユーザー」と「ビジネスステークホルダー」のタイトルが同じであることに気づくかもしれません。それはタイプミスではありません。これら2つの人々のカテゴリーの根本的な違いは、プロセスの自動化に参加する意欲と欲望です。例えば、1人の売掛金会計士はプロセスの自動化に非常に傾向があるかもしれませんが、別の人は興味や欲望がないかもしれません。

　さて、各役割があなたの民主的な自動化の実践にどのように関連するかを見てみましょう。

　テクニカルスペシャリスト：これらの技術の専門家は、より広範なビルダーのコミュニティを支援、ガイド、サポートする役割に昇格するべきです。また、最も困難で技術的に複雑な自動化の使用例においても活用されるべきです。テクニカルスペシャリストは共有サービスを構築するべきです。ガードレールや他のコンポーネントは、他の技術的に少ない自動化ビルダーをサポートするために使用されます。

　IT管理者：これらのチームメンバーは豊富な技術知識を持ち、適切なツールを使用して多くのIT業務を効率化し自動化することができます。

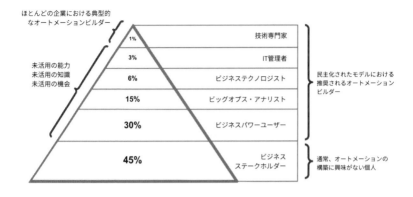

必要に応じて、特定の技術的な専門知識を提供するための融合チームの一部にもなることができます。

ビジネステクノロジスト：これらのチームメンバーは、強力なビジネスの洞察力と、アプリケーションやデータに関する詳細な知識を持っているため、自動化を構築することも、エラーハンドリング、パフォーマンス、セキュリティなどの概念に関する追加の知識を提供することでビジネスパワーユーザーをサポートすることができます。

BigOpsアナリスト：BigOpsは、多くの場合、企業内の自動化の最大の推進力となる新しい役割を創造する動きです。これらの個人は、ビジネスプロセスを熟知しています。また、レポート作成に頻繁に関与することから、アプリケーションとその基礎データにも深い専門知識を持っています。これらの役割は、ITまたはビジネスラインのいずれかに存在することができます。私たちは、ITとビジネスの両方から多くの個人がBigOpsの役割に移行しているのを見ています。

ビジネスパワーユーザー：ビジネスパワーユーザーは、どの部署でもどの役割でも働けるチームメンバーを指します。これらは、組織に対してポジティブな変化をもたらす強い意欲を持つ個人です。彼らはプロセスを改善したいと考えており、それを支援したいとも考えています。彼

らが自動化を構築するための適任者であるためには、ビジネスプロセスと関連するデータやアプリケーションの基本的な理解が必要です。

ビジネスステークホルダー：このグループはどの部署でもどの役割でも働くことができます。彼らは主に、個人的にプロセスを自動化する意欲がないという事実によって特定されます。これにはさまざまな理由がありますが、私たちの推奨はこの希望を尊重することです。誰かを自動化プログラムに参加させることは成功の秘訣ではありません。これらの人々の多くは、最終的にはビジネスパワーユーザーやBigOpsアナリストに移行するでしょう。これらのチームメンバーはアイデアや要件を共有することがよくありますが、自分自身で自動化を構築することはありません。

もうひとつ、このリストで紹介していない役割があります。自動化によって、"デジタル・ワーカー"という概念が生まれました。デジタル・ワーカーとは、組織が自動化によって生み出される価値を明確にする方法です。この概念を使えば、自動化によって相殺されている人員数を、経営陣全員が理解しやすい指標で簡潔に把握することができます。例えば、自動化によって232人のデジタル・ワーカーが確保されています。

これらの役割を超えて、私たちは自動化戦略にとって重要なリーダーシップの役割も持っています。それらのいくつかについて簡単に説明しましょう。

* 自動化のスポンサー：すべての自動化戦略は、Cスイートの誰かによってスポンサーされるべきです。理想的には、CEOが自動化をフルカンパニーの戦略としてスポンサーし、しかし、CIO（最高情報責任者）、CDO（最高デジタル責任者）、またはCAO（最高自動化責任者）がイニシアチブをスポンサーすることも適切です。この人の仕事は、自動化の目標を設定し、資金を提供し、ビジネスの近代化に対して拡張リーダーシップを責任を持っています。

自動化の布教者：スポンサーは執行支援と障害の解消を提供しますが、布教者の役割は自動化の文化を築くことです。これには、この本で議論したマインドセットを共有する手助けをすること、自動化の利点を

布教すること、成功した自動化の事例を共有すること、そしてビジネスのあらゆる部門で自動化のチャンピオンを作り出すことが含まれます。

自動化リード：自動化リードは、会社全体での自動化を運用する責任を持っています。通常、彼らは中央の自動化チームまたはエクセレンスセンターをリードします。このリーダーのチームはガバナンスを確立し、自動化プラットフォームを所有・運用し、会社全体のビルダーの活動を支援する主要な役割を果たします。

ビジネスリーダー：会社全体のビジネスリーダーは自動化において重要な役割を果たします。自動化の結果として改善されるビジネスメトリクスを最終的に所有するのは、これらのリーダーです。これらのリーダーは、自動化がビジネスに与える影響について教育を受ける必要があり、自動化を支援し、自然な表現で書き直した結果：

自社のチームに自動化を促す。ビジネスリーダーが自動化が自社の最大の課題を解決する方法を理解すると、彼らはしばしば自動化の最大の支持者になる。

これらの役割があると、実際の自動化プロジェクトでそれらがどのように連携するのかを理解するのは時々混乱することがあります。各人はいつ参加し、何をするのでしょうか？民主化を使用する場合、これらの役割がどのように連携するかを示すクイックシナリオを進めてみましょう。

LindaはAcmeCoで働くHRアナリスト（ビジネスパワーユーザー）です。彼女はチームの最新情報を共有していた四半期のHR全員会議から出てきました。チームリーダーである人事部長のTanyaは、今四半期の離職率が高いことをチームに伝えていました。彼女は、人々が自分のキャリアが進まないと感じ、学ぶ相手がいないという理由で会社を辞めていると述べました。Lindaは、会社内には知識を共有する意欲のある人々がたくさんいることを知っていましたが、これらの人々がつながることができていないのです。彼女はアイデアを持っていました。

最近、ITチームのトッド（自動化のエバンジェリスト）が、会社の誰でも自動化を構築できる方法についてプレゼンテーションを行いました。

リンダは少し緊張しましたが、試してみることにしました。彼女はトッドに連絡し、彼は彼女をローコードの自動化プラットフォームの簡単なオンボーディングとトレーニングに案内しました。彼女は1日未満でそれを完了することができました。彼女は今、自分のアイデアを実現することが本当に可能だと知っていました！

Lindaのアイデアは、会社全体のチームメンバーがMicrosoft Teamsを使用して自己を特定し、メンターを希望していることを示す方法を構築することでした。他の人は、メンターになる意思があることを示すことができます。その後、自動化されたシステムがこれらの人々を互いにマッチングし、始めるための紹介ミーティングを自動的にスケジュールします。彼女はそれをMentorBotと呼ぶつもりでした。

彼女が飛び込む前に、彼女はいくつかの箇所で助けが必要かもしれないと知っていました。彼女のトレーニングは、彼女が彼女を助けることができるいくつかの重要な人々からなる融合チームを組織することが推奨されていると伝えていました。彼女はアドバイスに従い、Workday管理者（ビジネステクノロジスト）であるレイと、Automation COE（自動化スペシャリスト）のジューンとのミーティングを設定しました。レイは彼女を思っていました。アイデアは素晴らしく、カスタムな「メンター」フィールドをWorkdayに追加することで、メンターシップの関係を一箇所で追跡できるようになりました。Rayはまた、Workdayの人事データを使用するためのいくつかのヒントも教えてくれました。Juneは、問題が発生した場合のサポートリソースとしても存在し、彼女の自動化が本番に移行する前にレビューも行いました。

レイとジューンの指導のもと、リンダはすぐに自動化を作成しました。ジューンは自動化をレビューし、セキュリティが確保され、基準に従って構築され、十分にテストされていることを確認しました。その後、本番環境に展開されました。数百人の従業員が新しい自動化を使用し始めました。エンジニアリングチームのジェイソン（ビジネスステークホルダー）は、メンターとつながる能力に感謝していました。彼はそれが自分のキャリアを新たな方向に導いたことを述べ、リンダに永遠に感謝し

ていました。リンダは以前メンターを受けた従業員が自らメンターになるように促すためのいくつかの素敵な改善策を考えました。彼女は自分の自動化を素早く修正して展開することができました。

半年後、Tanya（人事部長）は最新の離職率が大幅に低下していると発表しました。以前のキャリアの進展の不満はほぼ解消されました。Tanyaは、この大幅な改善の主要な要因として、Lindaが作成した自動化を評価しました。彼女はHRチームのメンバー全員に、他の方法でプロセスを自動化することを考えるように促しました。Lindaはこのプロセスをとても楽しんだため、最終的にHROps（BigOpsアナリスト）になりました。これにより、彼女はHR全体のさらなるプロセスの自動化に取り組むことができるようになりました。

謝辞

　自動化とAIがすべての人に提供される時代において、新たなムーブメントに向けて私たちのアイデアとビジョンを統合し、本にすることは、多様な専門家のコミュニティの支援に大いに頼る旅に乗り出すことです。ユニークな才能と揺るぎない献身を持つ特別なグループの人々に囲まれて、私は信じられないほど幸運です。皆さん一人ひとりに、このプロジェクトへの貢献に対して、謙虚に深い感謝します。名前を挙げるとキリがありませんが、それはこの作品の創造において、アイデア出し、執筆、編集、改稿に至るまで、コミュニティ全体の力が傾注されていたかを物語っています。

　第一に、Workatoのお客様やパートナーに心からの感謝の意を表したいと思います。あなた方は私たちのインスピレーションであり、私たちの原動力であり、アイデアの源であり、私たちがこの仕事を理由です。この本に含まれる概念や戦略の基盤となるのは、あなた方の経験と知識です。いつも私たちを後押ししてくれて、協力してくれて、やる気を与えてくれて、ありがとうございます。

　私は共著者のスコット・ブリンカーとマッシモ・ペッツィーニに感謝しています。あなたたちの洞察力、知恵、指導力、エンタープライズソフトウェアの知識、そして励ましは、私自身とこの本にとって非常に貴重なものでした。あなたたちがビジネスで可能なことに対する共有の情熱は、感染力があります。

　このプロジェクトおいて、アレックス・ラマスカスとダン・ケネディという2人の重要な協力者にも感謝しています。彼らなしでは、この本は最初の段階を超えられなかったでしょう。アレックス・ラマスカスがアイデアの集まりを本にする提案を持ってきたのは2021年5月でした。その後の2年間、Aアレックスはこの旅を始めから納品、そしてローンチまでリードし、管理してくれました。ダン・ケネディは2022年1月か

らプロジェクトに参加し、企業アーキテクチャーの深い知識からリーダーシップ、執筆、デザインのスキルまで、彼の驚異的な多芸多才を活かしてくれました。ダンは数多くの理由でチームに不可欠な存在であり、この本への協力に感謝しています。

私はこれまでいくつかの総戦力が必要となる場面に遭遇してきましたが、これについては言葉が見つかりません。アレックスとダンがこのプロジェクトを乗り越えるのにどれだけ助けてくれたかは信じられません。短期間で新しいコンテンツを作り出し、必要なすべての大きな概念とアイデアに取り組むために必要な知識を駆使する作業量は、(いくつかはかなりのオリジナルな創造力が必要でした) は驚くべきものです。多くの人々が多くの貢献をしましたが、この2人がそのエンジンでした。彼らには感謝してもし切れません。

特に、私たちの才能あるデザイナー、ナタリー・ブルーサードとキャシー・オマリー、そして私たちのブランドリーダー、シミ・パテルに感謝の意を表します。彼らはこのプロジェクトに創造性と視覚的なセンスをもたらし、私たちの目標達成のために長時間働くこともありました。彼らの献身、努力、そしてデザインへの鋭い眼差しに心から感謝しています。

フィードバック、執筆、提案でこのプロジェクトの品質向上に大きく寄与してくれた、以下の共同研究者やレビュアーにも感謝しています：Andres Ramirez、Gaby Moran、Markus Zirn、Bhaskar Roy、Bharath Yadla、Carter Busse、Derek Roberts、Tridivesh Sarangi、Todd Gracon、Husain Khan、Karuna Mukherjea、Thomas Ream、Shail Khiyara、Kristine Colosimo。あなた方が私たちと時間や知識、専門知識を共有してくれたことは、このプロジェクトの成功に不可欠でした。Workatoの創設者や他のリーダーにも感謝したいと思います。

あなたのお客様への献身と情熱が、これをすべて可能にしています。私は、あなたが日々行っていることにとても感謝しています。この本の多くのアイデアは、私たちの共犯者であるゴータム・ヴィシュワナタンとの密接な協力や、お客様との長年にわたる取り組み、そしてこのマイ

ンドセットのビジョンを磨く中で生まれました。

　このプロジェクトを完成させるために、昨年の休暇シーズンのほとんどを家族から離れて過ごした時のように、特に家族のサポートと忍耐なしではできなかった。

　この旅の一部となっていただきありがとうございます。

— ビジェイ・テラ

著者について

― **ビジェイ・テラ**

　ビジェイ・テラは、自動化プラットフォームWorkatoの創設者兼CEOです。この会社は、彼の企業自動化と消費者向けソフトウェアの分野での先駆的な仕事の集大成です。

　彼はエンタープライズ・オーケストレーションの分野で、20億ドル以上の製品を2つ創設しました。これには、業界初のミドルウェア製品「The Information Bus」（TIB）が含まれます。彼はTeknekronでコアテクノロジーグループの副社長として、1994年にTeknekronがReutersに2億7500万ドルで買収された際にこの役割を果たしました。その後、彼はTibco Softwareの創設SVPとなり、同社は1999年に上場し、現在では年間売上高10億ドル以上、4,000人以上の従業員を抱えています。彼はその後、オラクルの最高戦略責任者となり、2008年に退社するまで、Oracle Fusion Middleware（FMW）プラットフォームを26億ドルの事業に育て上げました。現在でも、FMWはOracleのビジネスアプリケーションの技術的な基盤となっています。

　消費者向けソフトウェアの領域では、ビジェイはQikという消費者向けビデオアプリを共同設立し、2011年にSkypeに買収されました。この消費者技術への深い探求は、成功した企業の自動化において、私たちが消費者アプリから期待しているユーザー・エクスペリエンスが重要な欠落要素であることに気付かせました。2013年、ビジェイはこれらの2つの視点を組み合わせて、単一の企業自動化プラットフォームであるWorkatoを設立しました。Workatoの美しく使いやすいユーザー・エクスペリエンス（シリコンバレーではこれをローコード/ノーコードと呼んでいます）は、クラウドアプリから期待されるものに似ていますが、裏側には強さと信頼性があり、高性能なエンタープライズソフトウェア（例：Tibco）と関連しています。

Workatoは最近、Forbes Cloud 100、Deloitte Fast 500、CNBC Disruptor 50、および初のCNBC Top Start-ups for the Enterpriseに選ばれました。

「共著者について」

スコット・ブリンカー

「マーテックの教父」として知られるスコット・ブリンカーは、15年以上にわたりマーケティングテクノロジーを分析してきました。彼はchiefmartec.comの創設者兼編集者であり、広く引用されているマーテック・ランドスケープの先駆者でもあります。彼はHubSpotのプラットフォームエコシステムの副社長であり、ベストセラーの書籍『Hacking Marketing』の著者であり、Workatoのアドバイザーでもあります。

マッシモ・ペッツィーニ

Massimo Pezziniは、独立したIT戦略アドバイザーであり、Workatoのエンタープライズ・オーケストレーションの未来の研究の責任者です。この役割では、MassimoはWorkatoチームの戦略アドバイザーとして、急速に変化するビジネス環境をサポートするために自動化技術がどのように進化するかに焦点を当てています。

MassimoはIT市場で45年以上の経験を持ち、リサーチアナリスト会社のGartnerで25年間副社長兼優れたアナリストとして活躍しました。Gartnerでは、Massimoは自動化と統合技術に関する画期的な研究において主導的な役割を果たし、これらの市場での動向について深い理解を持っています。彼はグローバル2000企業を含む世界中の数百の組織に対して、統合と自動化技術を戦略的に活用してデジタルトランスフォーメーション計画を効果的かつ効率的にサポートする方法について助言してきました。

著者について

この本を組織内で活用するために、同僚がコピーを手に入れる方法を

学び、自分自身の自動化の考え方についてもっと学ぶために、www.workato.com/bookにアクセスしてください。

AI時代のマインドセット
ビジネスの調和を生み出すオーケストレーション

2024年12月3日　第1刷発行

著　者——ビジェイ・テラ／スコット・ブリンカー／
　　　　　マッシモ・ペッツィーニ
発　売——ダイヤモンド社
　　　　　〒150-8409 東京都渋谷区神宮前6-12-17
　　　　　https://www.diamond.co.jp/
　　　　　電話：03-5778-7240（販売）
発行所——ダイヤモンド・リテイルメディア
　　　　　〒101-0051 東京都千代田区神田神保町1-6-1
　　　　　https://diamond-rm.net/
　　　　　電話：03-5259-5923（編集）
ブックデザイン—ダイヤモンド・グラフィック社
印刷／製本—ダイヤモンド・グラフィック社

©2024 Vijay Tella / Scott Brinker / Massimo Pezzini
ISBN 978-4-478-09092-3
落丁・乱丁本はお手数ですが小社営業局宛にお送りください。送料小社負担にてお取替えいたします。但し、古書店で購入されたものについてはお取替えできません。
無断転載・複製を禁ず
Printed in Japan